宋初經學發展述論

馮曉庭◎著

自　　序

　　自宋人吳曾在《能改齋漫錄》一書中指出宋代初年（指宋仁宗慶曆以前）的經學研究者大多僅是篤守「章句注疏之學」後，學者對本時期經學發展便一直無法跳脫這個窠臼；除了《能改齋漫錄》的敘述之外，晚於吳曾的宋代學者如陸游、王應麟等人也都抱持著這個看法。由於在時間上與宋初相去不遠，具有強烈的說服力，這些記載及觀念於是成爲歷代學者討論宋代初年經學發展的指標與依據，晚近的幾部經學史如皮錫瑞的《經學歷史》、馬宗霍的《中國經學史》，日人本田成之的《中國經學史》、安井小太郎等人的《經學史》等書，在敘述宋初經學的發展時也都因襲著以往所述，沒有超越性的說解。

　　事實上，就學術演進的規律來看，某種學風的形成與普及，不可能是突然發生，也不會是一蹴而就，轉變的過程以及痕跡通常是緩慢而且模糊含混的。在唐代後期，「新經學」已經稍有發展，而慶曆之後，經學新風氣又是表現地如此強烈，宋初八十餘年在時代順序上位居二者之間，其間的學術發展絕對不可能如吳曾、王應麟、皮錫瑞等人所稱述的如此因循守舊、平陂無波；相反地，根據筆者的觀察，宋代初年的經學發展應該是有因有開、保守與創新並蓄，蘊藏著許多值得深入討論的命題。

　　一九九三年夏季，林師慶彰基於對中國經學史的深刻認識，擬定了「宋初經學發展述論」一題，囑咐筆者勉力爲之。由於筆者學質淺漏，對於研究涵蓋範圍如此龐大的命題實在力有未逮，而且前人的撰述鮮少，後學無從依據入手，因此在寫作期間，可謂備嘗艱辛，雖然在林師慶彰的指導下能夠略窺宋

初經學發展的初步面貌，卻無法入其堂奧，所得仍然相
當有限。

　　本文之撰寫，無論是在命題、觀點與章節架構上，皆得自
林師慶彰的啟迪與教導，撰作期間，辨難析疑，裁定章句，更
是煩勞師門，今值本文初成之際，中心銘感，師恩浩蕩，無日
或忘。而程師元敏、劉師兆祐二先生，對筆者多方指導，摘正
勉勵；王師國良、黃師文吉二先生，師母陳美雪女士，於論文
撰寫期間，對筆者關注有加，心中感念，實為筆墨所難形容。
此外，張廣慶、陳恆嵩、張曉生三學長，汪嘉玲、張惠淑、游
均晶三學妹，於論文寫作期間，或惠借資料、或代為處理事務，
在此亦致上最深的謝忱。本文撰寫匆促，誤謬頗多，加上筆者
識見不足，疏漏必有不少，其中不確實處，尚祈海內外賢達不
吝賜教。

2000 年 10 月馮曉庭序於台北士林

目　　次

緒　論

上　篇

結　論

參考書目

緒　　論

緒　論

西元九六〇年，趙匡胤發動兵變，成立宋政權，結束了自唐代安史之亂以來長達二百多年的紛擾。建國之初，除了因襲舊有體制之外，趙宋的君主更力行改革，試圖帶領宋王朝從五代積衰的歷史循環中跳脫。經過一連串的革新之後，宋代政府不論在中央集權、官僚體制、地方政策、財稅結構、科舉教育及社會風氣各方面都有優於前代的表現。所以，當學者在論述這個階段的文化蘊涵時，總是會涉及宋代文明在中國文化史上承先啟後的命題，例如陳植鍔的《北宋文化史述論》一書就如此說：

> 最近幾年來宏論中國文化傳統影響於近代者，也每每以十一、二世紀作為中國文化的座標，以宋代作為傳統文化的代表。一方面是先秦、漢、唐以來儒家傳統文化的總結，一方面又是近代中國文化的開端。(第一章〈時代背景〉，頁1)

在這段文字之中，陳氏所謂「傳統文化的總結」、「近代文化的開端」，很明顯地是指所謂「承先啟後」的現象。宋代文明既然在中國文化的發展歷史中扮演著「承先啟後」的重要角色，那麼深入探討這個時期的文化表現自然也就成為學者研究中國文化的必要工作，而討論改變如何產生——也就是分析宋代文化的初期面貌，則是這項工作的重要環節之一。基於以上認識，筆者於是選取「宋初經學」為主題，希望能夠藉著討論的進行廓清當時經學發展的真正面貌，並且彰顯宋初經學在經學發展

史中的地位與價值。

第一節　宋初經學涵蓋的範圍與研討價值

一　宋初經學涵蓋的範圍

在論題涵蓋的範圍方面，本文既然是以「宋初經學」為題，所指涉的對象自然有二：一是「宋初」，一是「經學」。

所謂「宋初」，簡單地說就是「宋代初年」。太祖建國、肇基之初，不但政治權力由後周轉移至趙宋皇朝，一切學術活動也自此進入由宋人操控的時代，研究宋初經學必須以此為起點，應該是無庸置疑的。至於宋代初年的下限，諸家對宋代經學風氣演變的記載可以作為判定的標準：

> 慶曆以前，學者多守章句注疏之學。（吳曾：《能改齋漫錄・事始》，卷2，頁26）
>
> 漢儒至於慶曆間，談經者守故訓而不鑿。……陸務觀（陸游）曰：「唐及國初，學者不敢議孔安國、鄭康成，況聖人乎？自慶曆後，諸儒發明經旨，非前人所及。」（王應麟：《困學紀聞・經說》，卷8，頁774）
>
> 經學自唐以至宋初，已陵夷衰微矣。然篤守古義，無取新奇；各承師傳，不憑胸臆；猶漢、唐注疏之遺也。……據王應麟說（即前引《困學紀聞》），是經學自漢至宋初未嘗大變，至慶曆始一大變也。（皮錫瑞：《經學歷史・經學變古時代》，8，頁237）
>
> 宋初經學，猶是唐學，不得謂之宋學。迄乎慶曆之間，

諸儒漸思立異。(馬宗霍：《中國經學史‧宋之經學》，第
10篇，頁110)

綜合上述文字可以知道：從宋代到清末，學者在討論宋代經學
研究風氣的轉折情況時，都一致認為仁宗慶曆（1041—1048）
以前，宋人治經的態度是因循守舊的，一直到了慶曆年間，經
學風氣才逐漸有轉變的跡象；在這些看法之下，宋仁宗慶曆時
期儼然成為經學史研究者分別宋代學風的指標。就經學史的實
際發展狀況來看，仁宗慶曆之後新經學大量而且急速地湧現，
是不爭的事實，以往文獻針對這個部份的紀錄可以說是確實
的，為了呼應文獻記載與學者的認識，本文所謂「宋初」，即是
指宋太祖、太宗、真宗三朝以及仁宗慶曆以前約八十年的時間。[1]

　　所謂「經學」，指的是與經書研究相關的所有活動。在個人
學者方面包括了詮釋經書、創造經說、建立經學思想與方法體
系等行為，在政府機構方面則包括了統一經書文字、樹立經說
標準、藉人才選拔制度推行官方經學思想等項目。
　　透過以上的敘述，本文以宋代立國至仁宗慶曆之前八十年
間的經學活動為討論範圍的主要架構，應該已經清楚地呈現了。

二‧宋初經學的研討價值

　　在長達二千年的經學發展歷史之中，宋初短短的八十年只

---

[1] 按照這個標準，本文所涵蓋的經學家應該是活躍於這八十年間的學者，而卒於
慶曆五年（1045）的石介，就是符合這個要求的最後一人。其他雖然在慶曆年
以前就已經小有成就，但主要活躍於慶曆以後的學者，則不予列入。

不過是其中的一個小環節，對於經學研究是否有貢獻，歷來並沒有專門性的討論，而這個時期學術的潛在價值，學者更是未曾述及。爲了闡明宋初經學在經學發展史中的意義，凸顯其研究價值，茲就以下兩個重點略作說明：

（一）新經學的接續與拓展

自從唐代後期專研《春秋》學的「啖趙學派」與著重經書義理追尋的「古文家」在學術舞臺上嶄露頭角之後，與「漢唐注疏之學」差異頗多的「新經學」也隨之出現。在「以己意解經」思想的主導之下，「新經學」的推動者開始批判「注疏之學」、提倡「回歸原典」、實施「議論解經」，進行「疑經改經」，不但鼓吹追尋經書中的「聖人義理」，也爲經書修補了亡失的篇幅。到了宋代初年，在探求經書義理與「以己意解經」風氣的籠罩下，柳開、石介主張揚棄注疏、從經書直探聖人本意，王昭素、胡旦改易經書文字、更動經書篇章，王禹偁、釋智圓成熟運用議論方式解經，柳開全面爲經書修補亡篇，「新經學」的重要方式與思想在這個時期獲得了確立與拓展。就此而言，仁宗慶曆以後經學風氣之所以產生全面而且劇烈的變動，宋初經學家對新學風的堅持與開拓可以說影響甚鉅，因此，要討論宋代經學的整體風貌，宋初八十年是不可輕忽的重點。

（二）「十三經注疏」體系的建構完成

自唐初校勘《五經》文字、編纂《五經正義》，以「注疏之學」爲基礎的官方經學於是樹立。從此，在科舉考試以及政治威權的主導下，學者對經書的詮釋依照《五經正義》的體制全面規格化，而經書體系也由《五經》增加爲《九經》、《十二經》。到了宋代初年，政府不但完成十二部經書的印製發行，更藉著編纂「三小經」的《注疏》，整理《五經正義》以及「二《禮》二《傳》」的解說，建立了完整的官方經學系統。在這些措施之

下，除了《孟子》之外，被學者稱為「十三經注疏」的漢唐經學體系可以說至此完全成立。就官方的立場而言，「十三經注疏」的建立只是中央教育政策的一部份，沒有大書特書的價值；然而對於歷代的經學研究者來說，不論是否喜好「漢唐注疏之學」，「十三經注疏」不但是研讀經書的基本依據，甚至還是研究漢唐經學的唯一指歸，因此，討論「十三經注疏」成立的歷史、原因、時代背景、編纂人物，也就成為研究經學史的重要課題之一。「十三經注疏」體系完成於宋代初年，討論宋初學者的經學思想，對於了解「十三經注疏」特質與價值，自然會有很大的幫助。

宋代初年的經學研究在經學發展歷史上既然存在著上述兩項重要貢獻，自然應該予以重視並詳加研議，而歷代學者卻多數未能顧及，以至於宋代初年經學研究的真正面貌至今仍然無法釐清，殊為可惜。筆者以「宋初經學」為題進行討論，並不是為了指摘前人是非，也不敢侈言解決難疑，只是希望藉著討論的實施凸顯宋初經學的重要性，為經學史研究者指出一個值得深入探討的命題。

第二節　前人研究成果與本文的討論方式

一 •前人研究成果檢討

　　歷來學者宋代初年經學發展的載述與討論，可以區分為兩種類型：

（一）•純粹記載

　　這類作品均為古代典籍，主要有三類：

1 •書目

　　王堯臣等：《崇文總目》。

　　晁公武：《郡齋讀書志》。

　　陳振孫：《直齋書錄解題》。

　　「書目類」作品主要是提供研究者經學家的學術背景、思想或經學著作的特色。

2 •類書、政書

　　章如愚：《群書考索》。

　　王應麟：《玉海》。

　　馬端臨：《文獻通考》。

　　「類書類」與「政書類」作品因為蒐羅範圍大，所以能夠提更給研究者的資料較多。官方整理經書經說的全程、個人學者的經學思想、經學作品的性質，幾乎都有詳盡的敘述。此外，類書針對經學議題特別鈔集的文字，也有助於學者取得已經亡散的資料。

3 •讀書筆記

　　吳曾：《能改齋漫錄》。

　　王應麟：《困學紀聞》。

「讀書筆記類」作品主要是登錄個別經學家的經學觀、解經的特殊之處或者整體經學研究風氣的轉折。

根據以上的分析,可以知道這些作品大多屬於文獻學的範疇,並非經學專著。所以,即使有簡略的描述,也只是點到為止,學者很難自其中發現討論宋初經學的高深意見,然而在宋初經學作品亡佚殆盡、文獻記載缺乏的情況下,這些記載不但是討論的重要根據,也可以視為前人研究宋初經學的成果。

(二) 敘述討論

清代晚年經學史、文化史的觀念逐漸形成之後,討論整體經學歷史或某時期經學研究面貌的作品逐漸出現,其中曾經針對宋初經學提出討論的重要著作有以下幾部:

1・經學史

皮錫瑞:《經學歷史》。

馬宗霍:《中國經學史》。

本田成之:《中國經學史》。

「經學史類」作品由於涵蓋的範圍橫亙綿長,所以大多著眼於整體經學研究的重要環節,很少有細部的討論,因此,宋初經學所占的篇幅相當微小,往往只有寥寥數語。而且這些作者大多沿用舊有觀念,認為當時的經學研究完全處於因循守舊狀態,不但沒有深入探討宋初經學研究的真正面貌,更因為個人意見誤導了學者的認識。

2・思想史、文化史、學術史

張躍:《唐代後期儒學的新趨向》。

陳植鍔:《北宋文化史述論》。

金中樞:《宋代學術思想研究》。

上述三書是近來討論宋代學術思想的著作,各有所長:在《唐代後期儒學的新趨向》一書中,晚唐「新儒學」是討

論的主題，議論宋初儒學的只是該書的遺緒，[1] 並非研究重心，而且張氏所述多在思想史的範圍內，對宋初經學的闡述並不充分。《北宋文化史述論》著重於「傳統儒學在北宋時期的發展和演變，及其對同時代其他文化層面的滲透和影響」（《北宋文化史述論・引言》，頁 7），雖然陳氏已經注意到科舉制度對經學發展的影響、柳開對「注疏之學」的批駁，頗有啟迪之功，但是該書必須照顧的層面太廣，經學只是其中的一部分，而且敘述涵蓋整個北宋時期，對於宋初經學因此也就沒有深入的論究。《宋代學術思想研究》[2] 一書所討論的問題比較符合經學研究的範圍，不但對於宋初經學家聶崇義、王昭素、柳開、胡旦、刑昺、孫奭等人都有敘述，對於當時「新經學」與「注疏之學」的發展概況也都有檢討，可以說是比較完整的作品。然而金氏將說解的重心設定在宋人解經「撥棄傳注而提倡經義」（〈緒論〉，頁 1）的認識上，將當時經學活動一概納入這個觀點之下討論，對於其他如「疑經改經」、「議論解經」等經學方式則置之不論，就完整性來說顯得有些不足。

3・經學專題討論

葉國良：《宋人疑經改經考》。

本書以討論宋人「疑經改經」的實質內容與風氣為主題，研究範圍縱貫宋代，對於宋代初年「疑經改經」的學者王昭素、范諤昌（疑《易》）、樂史（疑《儀禮》）曾經作過探討，對於學者了解宋初學風的梗概頗有助益。

在檢討過前人討論宋初經學的著作之後，可以發現：

---

[1] 第六章〈唐代後期儒學的意義和影響〉，頁 163—180。

[2] 第一章、第二章〈宋代經學當代化初探〉，頁 17—179。

其一，由於認識上的誤差，在以訛傳訛、未曾深究的情況之下，歷來學者都認為宋初經學凋弊衰微、沿襲守舊，沒有研究的價值，於是討論本時期經學的風氣一直不興盛，相關的專門著作也一直沒有出現。其二，即使某些作品對宋初經學有所討論與肯定，也都是依附在其他主題之下，很難體現當時經學研究的真正面貌，對於學者認識宋代初年的學術風氣顯然略有不足。

二 本文的討論方式

本文分為上下兩篇，上篇專門討論宋初經學的整體面貌，下篇則針對個別經學家進行討論。

由於宋初經學包含了官方經學（即「注疏之學」）與「新經學」兩部份，因此上篇分為兩章：第一章敘述官方經學，以唐代《五經正義》的編纂為啟始，以經書的刊刻、經說的編校、科舉考試的施行為重點，探討宋代初年官方經學的整體面貌。第二章敘述「新經學」的發展，以形成於唐代後期的新學風為啟始，以「批判注疏之學」、「疑經改經補經」、「議論解經」、「以己意解經」等項目為重點，探討宋代初年「新經學」的發展狀況。

宋代初年在經學研究工作上表現較著的學者，與官方經學和「新經學」並立的整體環境相表裡，可以分為官方經學家與推行「新經學」的學者，因此下篇可以歸類為兩個部份。第一部份討論「御用經學家」的經學，為第一章，分別討論聶崇義、邢昺、孫奭等官方學者在為政府編撰的經說之中展現的經學思想。第二部份討論服膺「新經學」思想學者的經學，分為二、三章：第二章敘述「古文家」的經學，分別討論柳開、王禹偁、石介的經學思想；第三章敘述「僧人隱逸」的經學，分別討論

王昭素、釋智圓的經學思想。事實上，宋代初年在經學研究方面有所表現的學者並不只如此，根據金中樞《宋代學術思想研究》一書的登載，宋初對經學研究有貢獻的學者還包括胡旦、范諤昌、黃敏求、崔頤正、杜鎬、馮元、种放、穆修、李之才、黃晞等人；然而這些學者不是著作已經亡佚殆盡，[3]就是表現並不值得立專篇加以討論，[4]對於這些無法成爲單獨討論主題的學者，筆者將在上篇之中大略敘述其成就。

---

[3] 如胡旦有《演聖通論》六十卷、范諤昌有《易墜證簡》一卷、黃敏求有《九經餘意》四百零九篇，都是頗有見地的著作，但是都已經亡佚。

[4] 如崔偓佺、崔頤正、杜鎬、馮元等人，雖然都曾經參加政府校正編定經書經說的工作，但是在經學研究的實際表現上並不突出；又种放、穆修等人，雖然極力排佛，對儒家思想推崇有加，但是卻沒有值得重視的經學著作。

上　篇

第一章　承繼與設限

——宋初官方的經學政策

第一節　唐五代官方經學政策略述

　　貞觀四年（630），唐太宗因為「經籍去聖久遠，文字訛謬」，所以詔令顏師古考定《五經》（《周易》、《尚書》、《詩經》、《禮記》、《左傳》）文字，之後，又命房玄齡針對顏氏所訂「集諸儒重加詳議」；在工作過程中，由於當時學者「傳習師說，舛謬已久」，所以對顏、房二人的更改都抱持著否定的態度，面對這些質疑，「師古輒引晉、宋以來古本，隨方曉荅」，而因為顏氏的解說「援據詳明，皆出其意表」，於是「諸儒莫不嘆服」。在一切異議消彌之後，太宗於貞觀七年（633）十一月「頒其所定書於天下，令學者習焉」，《五經》文字因而具備了官方認定的標準本，這是唐代中央政府首度正定統一經書文字，也是唐太宗整理經學的第一個步驟。接著，自貞觀十二年（638）起，顏師古與孔穎達等人又因為「文學多門，章句繁雜」而受命「撰定《五經疏義》」。貞觀十六年（642），《五經疏義》編成，太宗下詔改名為「《正義》」；其後，太學博士馬嘉運「每掎摭之」，對《五經正義》多有指正，太宗因此又命馬氏加以「詳定」，然而因為馬氏「未就而卒」，一切工作遂告停止，李唐皇朝對經書解釋的規畫於是初步終結。[1]

---

[1] 本段敘述取材自：

一：《貞觀政要·崇儒學篇》，卷7，頁345。

　　《五經正義》初步完成九年之後（高宗永徽二年、651），
長孫無忌、張行成、高季輔以及國子監諸位學官開始針對《五
經正義》的「遺謬」部份進行「刊正」，中央政府對經學的編定
工作又重新展開，永徽四年三月一日，《五經正義》上呈，高宗
下詔「頒於天下，每年『明經』，依此考試。」（《唐會要・貢舉
下・論經義》）《五經正義》從此便成為士子研讀經書與參加科
舉考試的絕對標準。單就記載文字的表象而言，《五經正義》只
不過是總結了漢代以來諸家經說，為士子提供了參加科舉考試
的標準依據，在意義上很單純。然而從經學發展史的角度來說，
孔穎達等人對各家注解的取捨態度，卻顯示出唐初經學家認
同、崇奉活躍於漢末與魏晉時期的學者如鄭玄、王弼、杜預諸
家經學思想的實質精神內涵；至於《五經正義》在說解經書時
所採用的形式，則說明了「義疏」是當時最完善而且成功的解
經方式，至少官方學者認為如此。另一方面，透過對科舉所擔
負的功能與所蘊涵的強烈官方色彩，《五經正義》所採納與認同
的經說，從此規範了其後經學研究者的思考路線，中央政府於
是完全掌握了經學研究發展的主導權。

　　《五經正義》編撰完成之後，中央政府對儒家經典的正式
整理與討論也就暫告停止，一直到玄宗開元七年（719），李唐
政權才又展開另一波研討活動。根據《唐會要》、《唐大詔令集》
以及《舊唐書・玄宗本紀》、《新唐書・藝文志》的記載，玄宗
時期對經學的檢討可以分為三項，一是對於《孝經》的議論、
二是對於《尚書》文字的訂正、三是對於《禮記・月令篇》的

二・《舊唐書・太宗本紀下》，卷3，頁43。

三・《唐會要・貢舉下・論經義》，卷77，頁1661－1669。

四・孔穎達為《五經正義》撰寫的各篇〈序〉。

刪定。

唐代學官因爲《孝經》而引發的爭議發生在開元七年。該年四月，《史通》作者劉知幾上呈〈孝經注議〉，除了舉例證十二則說明「今文《孝經》」鄭氏《注》並非出自鄭玄之手外，更認爲該《注》「言語鄙陋」，不足以負擔解釋聖人典籍的任務，實在不應該「示彼後來，傳諸不朽」、立於學官；相對於鄭《注》的缺失，劉氏又以爲依附著「古文《孝經》」的孔安國《傳》「出孔壁中，語其詳正，無俟商榷」、「經文盡在，正義甚美」，超越鄭氏《注》許多，所以應該「行孔廢鄭」，以「古文《孝經》」以及孔安國《傳》爲標準。對於劉知幾的建議與觀點，支持「今文《孝經》」與鄭《注》的國子祭酒司馬貞提出反駁，認爲「今文《孝經》」是「漢河間獻王所得顏芝本」，劉歆用以「參校古文，省除煩惑」，可見該本中文句是相當可靠的；至於鄭氏《注》，雖然只有晉代的荀昶、劉宋的范曄說是鄭玄所作，疑義頗多，但是，從荀昶在《集議孝經》的〈自序〉中說因爲「先達博選，以此《注》爲優」，所以該書在說解上是「以『鄭』爲主」的狀況來看，即使並非鄭玄所作，該《注》在詮釋經書方面「義旨敷暢，將爲得所」的表現，的確是研讀《孝經》不可捨棄的依據，況且孔《傳》「中朝遂亡其本」，當時所見，只是「近儒欲崇古學」而「妄作」的僞書，「非宣尼之正說」；基於這些看法，司馬氏以爲「今議者欲取近儒詭說、殘《經》缺《傳》，而廢鄭《注》，理實未可。」因此，他主張「《孝經》鄭《注》，與孔《傳》依舊俱行。」對於二者的意見，掌握學術發展動向主導權的玄宗認爲：「間者諸儒所傳，頗乖通議。敦孔學者，冀鄭門之息滅；尚『今文』者，指『古傳』爲誣僞。豈朝廷並列書府，以廣儒術之心乎？」於是裁示鄭《注》「可令依舊行用」、孔《傳》「傳習者稀，宜存繼絕之典，頗加獎飾」。在玄宗的指示下，雖然問

題的根源並未獲得解決，但是政府以威權平抑或指導經學研究紛爭的傾向與實質面貌卻清晰地顯現出來。雖然儒臣們的爭議獲得解決，但是中央對《孝經》學發展的規畫並非到此終止，天寶五年（746）二月二十四日，玄宗下詔說：「《孝經》書疏，雖粗發明，幽賾無遺，未能該備，今更敷暢，以廣闕文。仍令集賢院具寫，送付所司，頒示中外。」認為所有的相關著作都不能完整地解釋《孝經》，於是重新解說《孝經》，頒布天下，這就是著名的玄宗「御《注》」。至此，唐代中央對《孝經》學的規範工作完全結束，而玄宗的《注》也就隨著政權的推展取代了孔《傳》與鄭《注》，成為學者研究《孝經》的標準依據。

訂正《尚書》文字一事，發生於開元十四年（726）。唐玄宗閱讀《尚書》，至〈洪範篇〉「無偏無頗，遵王之義；無有作好，遵王之道」數句，發現應該「協韻」的「頗」字與「義」字在聲韻方面卻不相合，因此認為「頗」字有誤。「頗」字既然不符合押韻的原則，那麼何者是正確可信的呢？玄宗以為《周易·泰卦·九三爻》〈爻辭〉「無平不陂」的「陂」字「有『頗』音」，而且「『陂』之與『頗』，訓詁無別」，所以「為『陂』則文亦會意，為『頗』則聲不成文」，因此「陂」字才是正確的。循著這個認識，玄宗於是在該年八月十四日下詔將〈洪範篇〉的「無頗」更改為「無陂」，希望能夠藉此「使先儒之義，去彼膏肓；後學之徒，正其魚魯」。在宣示於「國學」之後，玄宗對於經書文字的改動當然也就隨著政治勢力的持續而通行起來，一直到現在，《尚書·洪範篇》經文仍舊因循這次的更動寫著「無偏無陂」。

至於對《禮記·月令篇》的刪定工作，則進行於天寶五年（746）之前。玄宗考辨歷史，認為古代的制度如「堯命四子」僅僅是依照四季指派任務，而「周分六官」則更不是以「月」

為單位來歸納各官職務，《禮記・月令篇》以「月」作為規範官署職務的單位，顯然是「未盡於通體，有乖於大義」。於是，玄宗依照四時的觀念以及時代禮制的需要開始著手刪定〈月令篇〉文字，在完成「〈御刪定月令〉」之後，集賢院學士李林甫、陳希烈、徐安貞等八人曾經為之作《注》，天寶二年（743）三月，玄宗下詔將該篇提昇至《禮記》書首，從此〈月令〉就成為《禮記》首篇；天寶五年正月，玄宗下詔〈月令〉更名為〈時令〉，並且沿用了天寶二年的更改，成為《禮記》的第一篇。這改動的影響一直持續到宋代初年，直到宋真宗大中祥符八年（1015），儒臣孫奭才第一次針對這個問題提出意見，希望能夠恢復〈月令篇〉的舊觀與鄭玄「舊《注》」。經過二百五十年的漫長歲月，檢討的聲音方才出現，不難想見唐代經學風氣嚴重地遲滯不前，而官方政策也確實對經學研究發展產生了強大的影響。

　　「安史之亂」以後，李唐政權逐漸失去優勢，無法再掌控全局，在惡劣的政治環境下，中央政府再也無暇顧及學術發展，官方經學的主導地位於是降低許多，個人經學家紛紛對舊說提出批判，整體情況變得和東漢中期以後相當類似，無獨有偶地，李唐政府也和東漢皇室一樣，在存亡之際為統一經書文字作出最後的努力，刊刻了「石經」。

　　唐人對石經的營造集中於文宗太和七年（833）至開成二年（837），在此之前，代宗也曾下令儒臣對經書文字進行整理，而主持這次整編工作的則是《五經文字》的作者張參。根據張參〈五經文字序例〉的記載，大曆十年（775），代宗因為「《五經》本文，蕩而無守」，經書文字訛誤嚴重，於是詔令「國子儒官」張參等人「勘校經本」，校定經書文字（頁 3─4）；校勘工作結束之後，張參等人所校正的經文被「書於論堂東西廂之

壁」，從此「諸生之師心曲學、偏聽臆說，咸束之而歸於大同」，
經書文字因而又有了統一的標準。由於本次書寫在國子監壁上
的經文是以「土塗」，經過了四十多年，文字逐漸湮滅，於是在
憲宗元和十四年（819），國子祭酒鄭餘慶請求「修理經壁」（《
唐會要・東都國子監》，卷 66，頁 1372），但是當時未及施行；
到了敬宗寶曆元年（825），國子祭酒齊皞、太常博士韋公肅方
才重修「壁經」，一切體制皆依照張參舊式，唯一的不同是此次
是以「堅木」替代「土牆」為書寫材料。（劉禹錫：〈國學新修
五經壁記〉，《劉賓客文集》，卷 8，頁 62—63）

「壁經」重修之後不久，文宗太和四年（830），儒臣鄭覃
因為「經籍訛謬，博士相沿，難為改正」，因而奏請「召宿儒奧
學，校定六籍，準後漢故事，勒石於太學」。（《舊唐書・鄭覃傳》，
卷 173，頁 4490）文宗接受了鄭覃的建議，於是在太和七年（833）
二月先命翰林待詔唐玄度「覆《九經》字體」，在玄度完成工作
並撰成《九經字樣》之後，十二月，文宗下詔「於國子監講論
堂兩廊創立石壁《九經》，並《孝經》、《論語》、《爾雅》」，（《唐
會要・東都國子監》，卷 66，頁 1374）唐代刊刻石經的工作從
此開始，到了文宗開成二年（837）十月，鄭覃「進石壁《九經》」
（《舊唐書・文宗本紀》，卷 17 下，頁 571），前後共費時三年的
刊刻工作全數完成，而唐代中央政府對經學研究的檢討與整理
也從此完全停止。

從以上對李唐政權整編經書、經說過程的概略敘述中，可
以發現：其一，自唐太宗勘定《五經》經文起到後來「壁經」
的書寫與「石經」的雕刻，可以知道唐代中央一直不斷地進行
著統一經書文字，這個現象不但說明了「統一經書文字」應該
是歷代政府推行經學的必要環節，也同時顯示出板刻興盛、士
子無法擁有官學統一「印本」以前，經書文字歧異的情形是相

當嚴重。其二，唐玄宗更動經書文字、刪改經書內容、變易經書篇目次第等行為，可以說完全出自玄宗個人的思考，今日從聲韻學與文獻學的角度都可以體察到其中的不合理，雖然當時經學家或許因為學術經驗積累不足，無法清楚地認識問題與批駁錯誤，但是改動經書滋事體大，就常理而言，至少當時官方學者應該會對此表示意見，然而玄宗卻在毫無阻力的情況下頒布詔令，以自身觀察所得強加於經典，使得這些看法成為學者必須遵守的範式。雖然經書在玄宗的意見下僅僅作了少數更改，但是這些少數異動卻清楚地表示了皇權在經學研究的發展方向上擁有絕對的主導權，玄宗的行為，可以說是後世皇室好惡影響經學風氣的宣告。其三，某家經說因為官方的承認而成為表準典範的事例，從漢代設立「《五經》博士」時便已經存在，因此，李唐政權頒布《五經正義》、「《孝經》御《注》」，為經說樹立標準的行為，或許不一定能夠視為直接援用「故事」，但在經學史發展的過程上卻可以說是前有所承，然而唐代頒布《五經正義》與漢代設置《五經》博士在形式上雖然都是官方掌控經學發展的行為，但是在實質內容上卻有著相當程度的差異。漢代為各經設立博士，固然為經說經解樹立了準則，但是在各經博士「分門授徒」、說解「非止一家」的情況之下（皮錫瑞：《經學歷史‧經學統一時代》，7，頁 211），限制也許並不強烈；至於《五經正義》，不論是否為唐代官方主導經學研究政策的一個環節，在政府頒布之後，配合著科舉的限制而成為士子唯一的讀經標準，其強制性可以說表現地相當明顯。筆者以為，單就兩代官方樹立標準經說在態度上的差異來看，《五經正義》的確代表了唐代中央政府在主導學術發展方面有著比較強烈的企圖心。

除了官方直接頒布、制定的典籍與政策之外，科舉制度也

是政府能夠影響當時經學研究風氣的重要媒介。唐代諸科考試中以經學爲主要應考範圍的最重要項目是「明經科」，從《新唐書・選舉志》的記載中可以知道明經科考試的主要內容是「帖文」與「口試，問大義十條」兩項（卷44，頁1161）。

所謂「帖文」，也稱爲「帖經」，就是經文背誦測驗，測驗的方法爲何？《通典・選舉志》提道：

> 「帖經」者，以所習經掩其兩端，中間開唯一行，裁紙爲帖，凡帖三字，隨時增損，可否不一。……（〈選舉三〉，卷15，頁83）

根據杜佑的敘述，可以知道「帖經」的具體作法是：其一，先掩蓋住應試者所習經書某葉的兩端，空出其中一行經文；其二，在該行經文中以紙條覆蓋住其中幾個字（通常是三個字，但可隨主考的意思增減）；其三，令考生寫出被覆蓋住的經文。這個方式其實與今日的「填充題」相當類似。

至於「口試」、「問大義」，通常被稱爲「口義」，主要是由考官當面詢問考生經書大義，但是因爲當面問答的方式無法再行稽考，於是後來便改爲「墨義」，也就是以書面形式進行考覈。然而不論是「口義」或「墨義」，應考者都必須依照政府編定認可的說解文字照章一字不改地回答，因此雖然被冠上擔負考驗學子對「經書大義」認識的重責，卻也只是應考者背誦能力的再測試。

在大略敘述過「明經科」考試的方式與實質內容之後，學者不難發現背誦能力是「明經科」考試最注重、同時也是唯一的要求。事實上，要求學者清晰地背誦經文，即使在今日仍然不能算是落後的觀念，但是在功名利祿的引導之下，這個方式

開始對經學研究產生不良影響。

在「帖經」方面，根據《新唐書‧選舉志》的記載，作爲「明經科」考試範圍的「正經」有九部，其中：「《禮記》、《左傳》爲大經」，「《毛詩》、《周禮》、《儀禮》爲中經」，而「《周易》、《尚書》、《公羊》、《穀梁》爲小經」，區別的標準很顯然是經書的字數篇幅。至於應考者則有「通二經」、「通三經」、「通五經」的分別：「通二經」者必須研習大經、小經各一部，或者研習中經二部；「通三經」者必須研習大、中、小各一經；「通五經」者則大經必須全通，並且兼習中經、小經各一部；並且，三者都必須研習《孝經》與《論語》。在上述的規定之下，參加「明經科」考試的學子都至少要研習兩部經書，因爲考試是以背誦爲主，爲了能夠比較容易地取得利祿，學子當然會選擇學習篇幅較小的經書。就經書義理的追求而言，文字的多寡並不能成爲經書難易的評斷標準，然而在專注於背誦的制度之下，篇幅的大小就是經書難易的絕對指標。在這個觀念之下，終於形成了「明經科」諸人「以《禮記》文少，人皆競讀」（《唐會要‧貢舉上，帖經條例》，卷 75，頁 1630），「《左傳》卷軸文字，比《禮記》多校一倍，《公羊》、《穀梁》與《尚書》、《周易》多校五倍」，雖然朝廷制定了優待辦法，但是「『明經』爲《傳》學者，猶十不一、二」的嚴重情況（《唐會要‧貢舉中，三傳》，卷 76，頁 1665）。研究經學的人不以時代需要或是學術責任作爲選擇科目的考量，卻以字數的多寡作爲選擇的標準，使某些經書幾乎成爲「絕學」，從此看來，「帖經」給經學發展帶來的影響相當嚴重。

在「口義」與「墨義」方面，背誦的方式除了使學子對所習經書作出錯誤的選擇之外，這個方式本身的規範也給經學發展帶來嚴重影響。「口義」與「墨義」對經學研究者思想的箝制，

唐人柳冕在〈與權侍郎書〉說得很清楚：

> 自頃有司試「明經」，奏請每經問義十道，五道全寫《疏》，
> 五道全寫《注》，其有明聖人之道，盡六經之義，而不能
> 誦《疏》與《注》，一切棄之。（《文苑英華・書二十三》，
> 卷 689，頁 3 上）

雖然柳冕寫這篇文章的主要用意是希望政府能夠以合理的方式
選拔人才，並非用來批判「口義」、「墨義」之法，但是從他的
敘述之中，卻可以發現這個考試方式保守性極強的真正內涵，
應考者面對官方所提出有關於「經書大義」的問題，只能消極
地完全以官方所認定的《注》與《疏》作答，不僅在對經義的
認識方面必須嚴格遵守，就連文字也不能稍有逾越。於是，在
「不能誦《疏》與《注》，一切棄之」的原則之下，官方展現了
非常強硬的態度，這不但代表士子將會為了求取利祿，專心背
誦官方所認定的「標準說解」，也再一次強調了官方標準的不可
懷疑性；同時，既然「明聖人之道，盡六經之義」無助於仕宦
之途，對經書義理的確實追求，也當然要置諸腦後了，所以一
切相關的思考活動也就從此緩慢下來。從上述文字看來，「口義」
與「墨義」以政府認定的注疏作為「明經科」考試的絕對標準，
雖然就考試制度本身來說是公平的，但就在這個標準制度之
下，學者失去了檢討的空間，也喪失了反省批判的能力與勇氣，
所能作的只是一再地因循。筆者以為，《五經正義》之所以能夠
自唐初至宋初暢行三百餘年，極少遭受攻訐，固然是因為該書
「體大思精」，在當時的確「詳實可據」，而科舉制度澈底地箝
制了學者的思想，應該也是重要原因。

　　除了測驗辦法本身有問題之外，主考官員選取試題的態度

也對士子研究經學的意向與方式產生了很大的影響。爲了增加人才選拔的週密與嚴格性，唐代「明經科」考試的精神內容逐漸偏頗；開元十六年（728）十二月，國子祭酒楊瑒就曾經上奏指出當時掌理「明經科」考試的官員往往不詳考經書「述作之意」，而「每至試帖，必取年頭月尾，孤經絕句」爲題。（《唐會要‧貢舉上‧帖經條例》，卷 75，頁 1630）相同地，杜佑在《通典‧選舉志》裡也說道：由於應考士子人數增多，官方爲了嚴格選拔，所以「其法益難」，「有孤章絕句、疑似參互者以惑之；甚者或上抵其《注》，下餘一二字，使尋之難知」。在考官態度日益扭曲與考題難度日益增高情形之下，應考舉子不得不提出對應的辦法，最後竟然產生了「舉人則有驅懸孤絕、索幽隱爲詩賦，而誦習之不過十數篇」的現象。於是，爲了考試及第、應付艱難怪異的試題，學子捨棄了經書研究的正途，僅僅在十幾篇支離的文字中埋首鑽研，最後終於導致讀經者不願意全面研讀經書、對於經書中的「平文大義或多牆面焉」的惡劣狀況。（《通典‧選舉志三》，卷 15，頁 83）筆者以爲，學者既然不願意也不能按部就班、頭尾完整地研讀經書，經學研究層次因此降低，當然是可想而知的結果了。在認識了偏頗的試題給經學研究帶來的破壞之後，可以發現：與考試規則給學子帶來選擇性讀經的錯誤示範相比，唐代考官的命題態度造成經書研究水平全面性降低的困境，對經學發展產生的傷害顯然是更巨大的。

　　從以上有關唐代官方經學政策的敘述中，可以發現當時官方經學主要具有三項特色：其一，統一經書文字。其二，編定標準經解經說。其三，因爲科舉的規範或皇族中個人的喜好而強烈地影響經學研究風氣，即使他們並不一定有心要如此作。上述這三個特點是不是在五代時期持續展現，進而影響宋代初年官方的經學政策，是以下的文字篇幅所想要探討的。

　　西元九〇七年，朱溫篡唐自立，建立後梁，中國歷史開始步入「五代」時期，雖然只持續了短短五十四年（907－960），五代各朝政府卻仍然在唐代固有的基礎上施行了某些可以說對後來經學發展頗有影響的政策。

　　在科舉考試方面，以經書經學為應考範圍的科目仍然保存，其項目則細分為「九經」（修習九部經書）、「五經」（修習五部經書）、「學究一經」（專研一部經書）三者，範圍則與唐代的「《九經》」無異。根據《五代會要》的記載，到了五代末期的後周太祖廣順三年（953），「九經科」要測驗「『帖經』一百二十道、『墨義』二十道」，「五經科」要測驗「『帖經』八十道、『墨義』二十道」，「學究一經」則要測驗「『念書』二十道、『對義』二十道」。（〈科目雜錄〉，卷 23，頁 288）就上述的測驗內容來看，雖然這只是一個取樣，但是背誦經文與注疏的能力依舊是當時考試的唯一重心，卻是不爭的事實，當然，隨著這個方法的繼續，唐代「明經科」考試制度給經學發展帶來的影響也就持續著。

　　在經書文字的統一校勘方面，因為雕板印刷的確實施用，五代各朝政府的表現顯得相當活躍。後唐明宗長興三年二月（932），當時的中書、門下二省官員馮道、李愚「奏請依石經文字刻《九經》印板」，明宗接受了這個建議，於是敕令「國子監集博士儒徒，將西京石經（唐石經）本，各以所業本經句度抄寫注出，子細看讀」，開始了雕刻印板的準備工作；四月，勘讀鈔錄經文與附加《注》文諸事告終，馬鎬、陳觀、段顒、田敏四人又受命擔任詳勘官，再次進行校勘；文字的訂正完全結束之後，明宗接著委任國子監「於諸色選人中，召能書人謹楷寫出」，並「付匠人雕刻」，於是，雕板印刷經書的工作正式開始進行。到了後漢隱帝乾祐元年（948）四月，國子監儒臣上言：

> 在監雕印板《九經》內，只《周禮》、《儀禮》、《公羊》、
> 《穀梁》四經未有印板，今欲集學官較勘四經文字，雕
> 造印板。(《冊府元龜‧學校部‧刊校》，卷 608，頁 30
> 下)

從國子監儒臣上奏的文字中，可以發現當時《周易》、《尚書》、《詩經》、《禮記》、《左傳》五部經書的印版其實已經雕刻完畢，經學史上第一部由政府刊刻發行的經書或許已經在廣爲流傳。另一方面，對於校定刊刻「二《禮》二《傳》」經文、《注》文要求，隱帝作了正面回應，於是儒官聶崇義等人開始進行第二階段工作。後周太祖廣順三年六月，「十一《經》及《爾雅》、《五經文字》、《九經字樣》板成，國子監事田敏上之」，於是，持續了二十一年（932—953），歷經了四個朝代（後唐、後晉、後漢、後周），經書印板的雕刻工程到此完全結束。

除了經文與《注》文之外，五代學官也開始刊印唐代陸德明編纂的《經典釋文》。後周世宗顯德二年（西元 955），國子祭酒尹拙因爲「陸氏《釋文》，唐初撰集」，「綿歷歲月」，以致「傳寫失真」，所以上奏要求「較勘《經典釋文》，雕造印板」，在世宗的支持之下，儒官尹拙、張昭、田敏、聶崇義、郭忠恕等人於是開始進行校勘《經典釋文》。然而這項工作在五代時期並未全數完成，一直到了宋代初年，《經典釋文》的刊本才得以完全通行。[2]

---

[2] 本段敘述取材自：

一‧《冊府元龜‧學校部‧刊校》，卷 608，頁 29 下—31 上。

二‧《五代會要‧經籍》，卷 8，頁 96—97。

三‧《舊五代史‧唐書‧明宗紀九》，卷 42，頁 588。

根據以上的敘述，可以知道：其一，五代的經書刻本在內容上完全因循著「唐石經」的制度，除了《九經》之外，還包括了《孝經》、《論語》、《爾雅》三者，更附加了唐代官方兩次整理經書文字的成果——《五經文字》與《九經字樣》兩書，在這個傳遞之下，不但前後朝代之間政策襲用的痕跡歷歷可見，經書體系逐漸形成的脈絡也顯得相當清晰；同時，《經典釋文》的校勘與付梓，除了證明了該書仍舊是當時學者認識經書的重要媒介外，也是了解「漢唐注疏之學」說解系統成立過程的重要依據。其二，經書印本的發行，除了代表著中央政府從此具備了可以流傳久遠並且影響廣大的有力工具，在統一經書文字方面將表現得更有效率以外，在經典普及的情況下，也同時為後世經書經學的擴大流傳奠定了良好基礎。筆者以為，五代政權發行經書印本雖然並非偉大發明，然而卻是經學能夠在當時紛亂的時勢中得到延續，能夠到宋代重新發皇的重要原因，而宋代官方能夠在立國之初的數十年中完成十二部經書與經說的整理工作，應該可以說是這個從五代時期已經確立的重要政策的延續。

從文獻記載來看，不論是限制或推廣，唐代與五代官方的確都為當時的經學研究設定了許多政策，而雖然在面貌或施行細則上小有差異，兩個時代在政策上的延續關係卻是顯而易

《舊五代史・漢書・隱帝紀上》，卷 101，頁 1348。

《舊五代史・周書・馮道傳》，卷 126，頁 1658。

四・《玉海・藝文部》，卷 43，葉 10 下—14 下。

五・《宋史・儒林傳一・聶崇義傳》，卷 431，頁 12793。

《宋史・儒林傳一・田敏傳》，卷 431，頁 12818—12820。

六・《五代兩宋監本考・五代監本・甲九經三傳》，卷上，頁 1—11。

見，這些持續性的政策與觀念在宋初是不是仍然掌握著官方經學的發展動向，將是以下探討的重心。

第二節　中央政府推動下的
典籍編修與付梓工程

　　宋初太祖、太宗、真宗三朝，趙宋政權對經學研究的推動可以說不遺餘力。在典籍的編修方面，中央政府先後完成了《三禮圖集注》與「三經《注疏》」、《孟子音義》五部經學作品；在經書經說文字的統一方面，當時儒官不但重新校勘十二部於五代時期完成校勘板刻工程的經書、結束了《經典釋文》的審定工作，也檢覈刊定了十二部經書的「《疏》」。這些成績，在對於宋代初年官方經學政策的說明方面不但是重要資料，也是「漢唐注疏之學」發展到極致的重要見證。

一《三禮圖集注》與
　　　「三經《注疏》」、《孟子音義》的編修

（一）《三禮圖集注》的編修

　　宋太祖建隆二年（961）四月，國子司業兼太常博士聶崇義編成《三禮圖集注》二十卷，上奏朝廷，五月，太祖詔令儒臣尹拙、竇儀等人與作者聶氏再就該書圖說進行參酌的商討，在一切研議妥當之後，中央於是下令頒布《三禮圖集注》。（《續資治通鑑長編》，卷 2，頁 7 上）當時趙宋皇朝成立不滿二載，而《三禮圖集注》也就成為宋代官方修定的第一部經學作品。

　　事實上，聶崇義之所以會編纂《三禮圖集注》，並不是出自宋太祖的授意，而《三禮圖集注》的修纂工作也並非開始於趙匡胤建國之後。聶氏的〈自序〉說：

臣崇義先於顯德三年冬奉命差定郊廟器玉，因敢刪
改。……至大宋建隆二年四月辛丑，第敘旣訖。……（《三
禮圖集注》，卷 20，頁 1 上）

這段文字對《三禮圖集注》的主要用途與編纂時間有很詳細的
說明：「差定郊廟器玉」、建立制度，表現出基於禮制禮器的實
際需要而勘定禮圖，是中央政府與聶崇義修纂《三禮圖集注》
的主要動機；而「於顯德三年冬奉命差定郊廟器玉，因敢刪改」，
則說明了《三禮圖集注》早在後周世宗顯德三年（953）已經開
始進行。

聶氏的《三禮圖集注》是為實際制度而作，主要用意不在
解經，從官方將該書收納於《古今通禮》之中（〈竇儼序〉，《三
禮圖集注》，卷 1，頁 2 上），視之為實際禮制參考用書的作法上
也可以得到證明，這個現象，顯示出五代與宋初中央政府對體
制建立的殷實需要。然而除了表現出官方著重於禮制的建立之
外，《三禮圖集注》的編纂也同時說明了宋代初年官方在經學政
策上的因襲性格：其一，聶崇義從後周世宗顯德三年開始《三
禮圖集注》的編輯工作，八年之後，雖然歷經了朝代的更替，
修撰計畫並沒有中斷，在宋初編纂完成《三禮圖集注》於是從
後周官方編修的經學作品一變而成趙宋政府編修的經學著作；
時代的轉折並未造成既定工作的終止，對於宋代初年官方的經
學政策來說，承襲的色彩可以說相當明顯。其實，官方在經學
措施方面的因循現象，本來就是五代時期經學發展的特色之
一，經書雕板的工程由後唐到後周延續了四代才完成，就是最
為顯著的例子。就此而言，宋初官方延續舊例，在政策上繼承
五代餘緒，無論是蓄意或是不自覺，都是可以確定與理解的。
其二，就編纂人而言，總攬《三禮圖集注》纂修工作的聶崇義，

參加商議的尹拙、竇儀，都是由五代入宋的儒臣，其中聶崇義在後漢時已任「國子《禮記》博士」、尹拙於後梁末帝貞明五年（919）「舉三史」（《宋史·儒林傳》，卷431，頁12793、12817），竇儀則於後晉高祖天福年間「中進士」（《宋史·竇儀傳》，卷263，頁9092），他們不但在五代時期官居高位，也同時都是當時經學政策的制定及執行人，除了已知的《三禮圖集注》之外，這些人在宋代初年繼續受到重用，繼續施行著他們在以前就制定的計畫，應該會使宋代初年（至少在太祖朝）官方經學政策的極度因循舊制成為最大特色。

（二）「三經《注疏》」的編修

與《三禮圖集注》不同，「三經《注疏》」的編修在政策上比較不具有獨立性，這項修纂工作可以說是依附在宋初中央政府整理「七經疏義」的工程之下。宋太宗至道二年（996）（《玉海·藝文部》，卷41，頁33上），「監判」李至因為《五經正義》已經雕板印行，而「二《傳》、二《禮》、《孝經》、《論語》、《爾雅》七經《疏》未備」，所以上言請求讎校並雕印「七經疏義」，（《宋史·李至傳》，卷266，頁9177）太宗接受了這項建議，於是在李至與李沆的策畫之下，宋代官方展開了整理「七經疏義」的工作。這次工作的實質內容，王應麟編次的《玉海·藝文部》記載道：

> 凡賈公彥《周禮、儀禮·疏》各五十卷，《公羊·疏》三十卷，楊士勛《穀梁·疏》十二卷，皆校舊本而成之。《孝經》取元行沖《疏》，《論語》取梁皇侃《疏》，《爾雅》取孫炎、高璉《疏》，約而修之，又二十三卷。……（卷41，頁33上）

從這段敘述之中可以發現：其一，對於「七經疏義」中屬於《周禮》、《儀禮》、《公羊傳》、《穀梁傳》四經的部份，由於抱持著完全採用因襲舊有經說的態度，所以宋代學官只負責文字校勘的工作。其二，《孝經》、《論語》、《爾雅》「三小經」，雖然也有舊《疏》可資遵循，而官方採取的卻是刪定修編、改換固有說法面貌成為新解釋的作法。由於官方在基本作法與態度方面有上述的差異，所以即使是同以舊說為根據、而三部「新《疏》」相對於舊《疏》改變的部份或許也不多，「三經《注疏》」仍然被視為是當時完成的經學著作，是經由政府的編修而成書通行的。

在編修時間上，「三經《注疏》」與「七經疏義」的編纂相始終，編輯工作從太宗至道二年李至上書開始，到真宗咸平四年（1001）九月邢昺獻書板完全結束，一共費時六年。在修纂人員方面，先前提的計畫主持人李至、李沆在咸平三年（1000）卸任，真宗下詔改由國子祭酒邢昺接續總領工作。（《玉海‧藝文部》，卷41，頁33上）此外，從舒雅代邢昺作的〈序〉（《爾雅注疏》，卷1，頁1上－2下）與宋代程俱編寫的《麟臺故事》（卷2，頁2上－2下）敘述裡，可以知道參與工作的官員還有杜鎬、舒雅、李維、孫奭、李慕清、王渙、崔偓佺、劉士玄等人。

至於說解內容與形式方面，根據王應麟「《孝經》取元行沖《疏》，《論語》取梁皇侃《疏》，《爾雅》取孫炎、高璉《疏》，約而修之」的記錄，可以知道「三經《注疏》」在編寫工作進行時對舊說有著的強烈倚賴性。事實上，不只《玉海》如此記載，晁公武《郡齋讀書志》在談到《論語注疏》時，也說該書是因襲皇侃《論語義疏》而成（卷1下，頁79）；就連邢昺本人在《孝經注疏》的〈序〉中也承認該書是以「翦截元《疏》」為主、「旁

引諸書」爲輔（《孝經注疏》，卷首，頁1上）；雖然以徵引舊說
爲主並不代表個中毫無新意，但是從這些文字都著重於「三經
《注疏》」是編刪舊說而成書的敘述看來，即使有所更動，篇幅
也不會很大，可以這麼說：參與纂修「三經《注疏》」的官方學
者似乎在經書解釋的形式、內容與精神上仍然是完全因襲著傳
統規範，沒能突破「漢唐注疏之學」舊藩籬。

除了《疏》的內容形式與說解重心無法創新，使當時官方
經學的因襲性格表現得相當明顯之外，就經書說解確立的角度
而言，「三經《注疏》」的修定也爲學者提供了經學發展史與經
書解釋史中某些值得檢討的命題：其一，雖然在「三經《注疏》」
編成之前，國子監刊刻的各經經文都已經附帶著《注》文（王
國維：《五代兩宋監本考‧五代監本‧甲九經三傳》，卷上，頁
7），但是從邢昺等人在編修的過程中仍然對諸家注解有所考量
的情況來看（《爾雅注疏‧序》），至少在「三小經」部份，隨著
經文印板而存在的《注》，並不一定就是經過政府認定的標準經
說，因此，說「三經《注疏》」的完成使得唐玄宗的《孝經御注》、
何晏的《論語集解》、郭璞的《爾雅注》真正具備了官方認可的
地位，應該是合理的。從經書解釋史的角度來說，這也是《孝
經》、《論語》與《爾雅》三部經書第一次獲得官方同意的標準
說解。其二，從邢昺本身的〈序〉以及各家的記載上看，「三經
《注疏》」編輯當時，相關的說解很多，不論卷帙規模、層次高
低、解釋周全與否，眾多的訓解說明了在官方尚未建立標準以
前，學術環境是很活潑自由的。然而「三經《注疏》」完成之後，
經《疏》確立了，面對官方所樹立的標準，學者的創作力降低
了，許久之後，新作品才又開始出現。另一方面，雖然是從舊
《疏》演化而成，「三經《注疏》」的編輯卻阻礙了舊作品的繼
續存在，《四庫全書總目》說邢昺《論語注疏》出而「皇《疏》

微」(《經部・四書類一・論語正義二十卷提要》,卷 35,頁 9
下),就是這個現象的最好說明。從上述的現象,即使當時學官
無意如此作,經由說解的纂編主導或限制經學發展仍舊是宋初
官方經學政策所展現的特色之一。其三,從文獻記載看來,「三
經《注疏》」所繼承的舊說,除了元行沖的《孝經・疏》之外(《新
唐書・儒學傳下》,卷 200,頁 5691),在唐五代時期並未經過
中央政府承認,可以說根本沒有官方地位,既然沒有政策上因
襲的考量,那麼官方在重新編著經書標準時,大可以揚棄舊
《疏》、突破限制,創造能夠真正體現時代思潮的經說。然而,
邢昺等人卻選擇了以沿襲舊說為主要的編輯方式,以增刪資料
為工作重心,在這種態度之下,他們所能夠作的只不過是賦予
舊《疏》一個新面貌、將舊說提昇至官方地位。這些表現除了
說明邢昺等人的經學思想並未與當時已經存在的新思潮有聯繫
之外,也顯示出官方政策所因襲的不只是前代政府已經確定的
路線,更包含著先前已經形成於民間的學術風氣。當然,這些
因循對當時先進的知識分子或經學家來說都是陳舊的。

(三)《孟子音義》的編修

　　與其他作品相比,由孫奭主編的《孟子音義》牽涉的問題
顯然比較少。與《孟子》經文一同於宋真宗大中祥符七年(1014)
完成校勘板刻工程的《孟子音義》(《玉海・藝文部》,卷 55,頁
38 下),篇幅不大,一共只有兩卷,主要的作用是解說《孟子》
一書中重要字辭的音讀與意義;除了孫奭之外,參與編纂者還
有官員王旭、馬龜符、吳易直、馮元等人;根據孫奭所作〈序〉
的說明,本書是趙宋朝廷校定《孟子》本文與趙岐《注》計畫
中的一部份,而書中的說解也並非完全是當時編纂官員的創
作,其中大部份是因襲自前人如張鎰、丁公著的說法。(〈孟子
音義序〉,《孟子音義》,卷 1,頁 1 上－2 上)

　　從《孟子音義》的體制以及篇幅來看，當時的儒官對《孟子》的研究並不深入，或許是因爲《孟子》學受重視的時間不長，所有的相關著作還不足以讓中央政府蒐羅編輯成一部體系完整的作品。雖然宋初官方無法爲《孟子》編纂一部系統完全的著作，但是《孟子音義》的出現，卻是官方已經開始注意《孟子》學的重要標竿。中唐以後，以韓愈爲首的古文家創立了「道統說」，視孟子爲儒家道統、經書義理傳承體系的中堅份子，《孟子》學於是開始受到重視。然而唐代的古文家雖然爲數不少，但是其學說在當時卻一直無法成爲學術主流，因此，《孟子》學只能在有限的空間中發揚。唐懿宗咸通四年（863），古文家皮日休以進士的身份上書，希望政府能夠將合於聖人正道的《孟子》列爲學科、編入科舉考試的範圍之中，懿宗以「不答」作回應，就是當時不重視《孟子》學的明顯例證。（《唐會要・貢舉下・科目雜錄》，卷 77，頁 1658）但是，宋代開國之後，古文家的學說逐漸受到重視，不單是文學創作理論，就連他們的經學思想與方法也被學者大量襲用，《孟子》學於是在這種情形下逐漸受到廣泛重視，宋初古文家如柳開、王禹偁、穆修、石介以及僧侶智圓等多人，都時常在文章中稱述孟子，闡揚《孟子》學，而种放更是藉著寫作〈述孟志〉（又名〈表孟子〉，《全宋文》，冊 5，卷 26，頁 559—561）來闡發孟子思想，學術界對於《孟子》的重視，可以說已經提昇到相當的程度。在政策仍然偏重於因襲舊例的情況之下，趙宋官方能夠對學術趨勢有所認識，開始進行《孟子》經文與《注》文的整編工作，在態度上可以說相當先進開明，單就這點來看，宋初官方經學的掌控者似乎也並不是全然地不知變通，而時代學風的改變或許也正在逐漸影響著保守封閉的官方經學，筆者以爲，上述的思考方向多少說明了官方經學政策在北宋中葉以後產生重大改變的可

能。

二·經文、《正義》、《經典釋文》的整理與付梓

（一）·各經《正義》的校勘與刊刻

根據史料的載述，宋代初年官方所施行的經學政策中，各經《正義》的刊校工程是規模最大、影響最深的一個項目。在這個計畫中，除了《孟子》以外，中央政府為「十三經注疏」體系裡每一部經書的《正義》都進行了文字校勘（或編纂）與雕板刊行的工作。就結果而言，十二部《正義》的整理工作是具有一體性格的；然而從流程來說，諸經《正義》的刊行卻可以明顯地分為兩個階段，先是《五經正義》的校正、後是「七經疏義」的整編。

端拱元年（988）三月，宋太宗敕命國子司業李維等人校刊《五經正義》百八十卷，並詔令國子監鏤版刊行，於是，中央政府規畫的《正義》校正計畫開始施行，到了淳化五年（994）五月，校定《五經正義》初步工程告終，前後一共經歷了七年歲月，可以說費時長遠。至於七年之中工作進度的轉折，王應麟《玉海·藝文部》做了詳盡的敘述：

1·《周易正義》。李維等四人校勘，李說等六人詳勘、再校；端拱元年十月完成雕版、上奏。

2·《尚書正義》。李維等四人校勘，李說等六人詳勘、再校；端拱二年（989）十月完成雕版、上奏。

3·《春秋左傳正義》。李維等二人校勘，王炳等三人詳校，邵世隆再校；[1]淳化元年（990）十月完成雕版、上奏。

---

[1] 根據王國維《五代兩宋監本考·北宋監本》引沈作賓所刊《左傳正義》，當時

4.《毛詩正義》。孔維等五人校勘，畢道昇等五人詳勘，李覺
　等五人再校；淳化三年（992）四月完成雕版、上奏。

5.《禮記正義》。胡迪等五人校勘，李至等詳定，紀自成等七
　人再校；淳化五年（994）五月完成雕版、上奏。（卷43，
　頁15上—16上）

從以上的記載裡，可以發現每一部《正義》都必須經過校勘、
詳校、再校三重手續才能夠進入書寫雕板的步驟，可見宋初朝
廷與學官整理校勘《五經正義》在態度上是相當審慎的；此外，
就參與工作的人數與所耗費的時間而言，《五經正義》的整理工
作確實可以稱為規模龐大。

　　雖然經過繁複的校勘手續，刊板也已經雕印完畢，但是宋
初官方《五經正義》的研議與整理卻尚未結束，就在淳化五年，
《五經正義》雕板印行之後不久，判監李至上言道：

　　本監先校定諸經音疏（《玉海》作「義疏釋文」），其間文
　字訛謬尚多，深慮未副仁君好古誨人之意也。蓋前所遣
　官多專經之士，或通《春秋》者未習《禮記》，或習
　《周易》者不通《尚書》，至於旁引經史，皆非素所傳習，
　以是之故，未得周詳。伏見國子博士杜鎬、直講崔頤正、
　孫奭皆苦心邃學，博貫《九經》，問義質疑，有所依據。
　望令重加刊正，冀除舛謬。（《宋史・儒林傳》，卷431，

與《春秋左傳正義》校勘工作者為孔維、袁逢吉、李覺三人，並非二人；參與
詳校工作者為王炳、陳雅、潘憲、劉若納四人，並非三人；參與再校工作者則
為邵世隆、孔維、王煥三人，並非僅有邵氏一人。王應麟的記載可能有誤差。
此外，王國維依據日人竹添光鴻所藏《毛詩正義》南宋覆本而條列的校勘諸人，
則與《玉海》的記載一致。（卷中，頁20—24）。

頁 12822）

在此，李至講得非常清楚：官方先前整理的《五經正義》雖然
經過三重校勘手續，也已經刊板發行，但是卻因為實際執行者
並非專經人才，所以仍舊存在著「文字訛謬尚多」、內容「未得
周詳」等問題，為了消除其中的訛謬誤差，他希望朝廷能委任
杜鎬、崔頤正、孫奭等人重新校正《五經正義》。根據《宋史·
儒林傳》的敘述，宋太宗接納了李至的意見，但是其後的行動
卻未見任何記載，所以無法了解李至此次建言的影響。也許是
先前的建議未能確實施行，宋太宗至道二年，也就是宋代政府
開始整治「七經疏義」的同一年，李至又上書請求中央任命禮
部侍郎李沆總理《五經正義》的再校勘工作，並且委任杜鎬、
吳淑、崔偓佺、孫奭、崔頤正為執行官員，於是，《五經正義》
的再校工程開始進行。工作持續到了宋真宗咸平元年（998）正
月，蔡州學究劉可名上書言「《詩、書正義》差誤事」，真宗於
是重申勘正的命令；二月，孫奭等人已經改正了《五經正義》
刻板中的錯誤達「九十四字」。咸平二年，由於李沆出任參知政
事，無法繼續監管校勘事宜，因此改由國子祭酒邢昺負責，而
此時舒雅、李維、李慕清、王渙、劉士玄等儒官也加入了工作
行列，就在這一年，學官們完成了《五經正義》的二度校勘工
程，而宋代初年中央政府整理《五經正義》的計畫也在延宕了
十二年之後（988－999）到此圓滿結束。（《玉海·藝文部》，卷
43，頁15下－16上）

　　宋太宗至道二年，當時為校正《五經正義》付出頗多心力
的「判監」李至在《五經正義》尚未完全整理完畢之際，又向
太宗建言，提出了整理「七經疏義」的建議：

《五經》書、《疏》已板行，唯二《傳》、二《禮》、《孝
經》、《論語》、《爾雅》七經《疏》未備，豈副仁君垂訓
之意。今直講崔頤正、孫奭、崔偓佺皆勵精強學，博通
經義，望令重加讎校，以備刊刻。(《宋史．李至傳》，卷
266，頁9177)

在太宗的支持下，由李至與李沆總領其事，中央政府展開了各
經《正義》整理工作的第二階段——「七經疏義」的編校。與
《五經正義》不同，「七經疏義」的整理工作不僅只有文字校勘
的部份，也包括了編刪舊說而成為新作品的修纂部份。修纂部
份就是「三經《注疏》」的編修，先前已經略作說明，此不贅述。
去除了「三小經」《孝經》、《論語》、《爾雅》之後，《七經》只
賸下《周禮》、《儀禮》、《公羊傳》、《穀梁傳》四部，也就是李
至所稱的「二《傳》二《禮》」。早在唐代，「二《傳》二《禮》」
就已經具備了相當詳盡的解說，分別是：賈公彥的《周禮．疏》
與《儀禮．疏》、徐彥的《公羊傳．疏》、楊士勛的《穀梁傳．
疏》。由於這些著作都是標準《疏》體，能夠確實合乎「注疏之
學」解釋經書的要求，而且通過時代的考驗，是可以依據的經
說，因此，中央選擇了這些作品，抱持著完全沿用的態度進行
了校定工作。既然被完全定位在純粹的文字勘定，相對於「三
經《注疏》」在編修上的繁複過程，「四經疏義」的整理過程顯
得相當簡單，而相關的記錄也就相對地比較稀少。事實上，由
於與「三經《注疏》」的編纂相表裡，因此，偏重於「三經《注
疏》」修撰過程記載的歷史文獻，也可以說是為了編校「七經疏
義」的整體工程而設立的，在這種情形之下，了解了之前有關
於「三經《注疏》」的敘述，其實也就等於釐清了「七經疏義」
整理工作的全部過程。

在大致敘述了宋代初年中央政府整理各經《正義》的過程之後，可以知道，十二部《正義》的整編完成，不但有助於說明當時官方的經學政策，在經學發展史上更展現了重要的指標意義：其一，宋初官方之所以會實行《五經正義》與「七經疏義」的整編計畫，從表面上看來是因為要「副仁君垂訓之意」、「舉前朝之墜典，正歷代之舊章」、「釋不刊之典垂，永代之規」（孔維：〈校勘五經正義請雕板表〉，《全宋文》，冊 2，卷 47，頁 59－60），事實上卻隱藏著對前代經學政策與科舉制度的延續。就科舉考試的需要而言，當時以經書經學為考試範圍的「九經」、「五經」、「三禮」、「三傳」、「學究」等科目仍舊是以「帖經」以及「墨義」為主要的測驗方式（《文獻通考‧選舉考三》，卷 30，頁 283）；既然作為「帖經」標準的經書刊本已經印行，那麼作為「墨義」依據的各經《正義》，在科舉考試的需要下也完成整理刊刻，是可以就官方的立場而推知的。就政策的傳承而言，唐代政府完成了《五經正義》的編纂與石經的彫刻，五代政府襲用唐制，不但在科舉上遵循《五經正義》的規範，在經書文字的統一上也以唐石經為藍本而完成了經書的雕板印行；宋初政府繼承了五代經書的雕板，也延續了以《五經正義》為主軸的科舉制度，繼續雕板發行各經《正義》，就是這種政策繼承狀態的表現。其二，在咸平四年「七經疏義」完成整編工作之後，除了《孟子》之外，「十三經注疏」體系中所採納的《注》與《疏》，到此可以說完全底定，從此，這些經說便成為被後來學者稱為「漢學」的經學系統的代表。從經學史的角度來說，「十三經注疏」體系的確立代表著「漢學」發展達到頂點；從文獻學的角度來說，宋代政府編修板刊各經《正義》，則使得經說文字確定、文獻得以保存；除此之外，十二部《正義》的形成，也提供了經學史研究者一個應該注意的問題。十二部《正義》

之中，屬於官修的有《五經正義》與「三經《注疏》」，官方色彩的強烈性不言可喻；至於「二《傳》二《禮》」部份，雖然是民間學者的著作，也通過唐五代學者的檢覈考驗，卻仍然需要官方的承認才能確立地位；另一方面，比這些《正義》更早問世的各經《注》，也幾乎都是在《正義》的編纂整理過程中取得官方認可與標準地位的；這些現象都說明了一項事實——「十三經注疏」體系是在官方的主導之下成立的。在認識了官方在「十三經注疏」形成過程中展現的強制性格之後，筆者以爲，「十三經注疏」之所以能成爲「漢唐注疏之學」的代表，固然是經由官方的主導，但是中央政府強制應考人士、學子與經學家都必須接受這套不可更動的標準，造成了後來學者全面性整體推翻式的反動現象，官方主導性格是難辭其咎的。從另外一個角度來推敲，如果官方不經由科舉考試的形式強迫學者接受統一的標準，不編輯某些特定的經學著作充當教科書，只單純地進行文獻保存的工作，將判定經學著作的存在以及經學思想的良莠與否的責任與權力還原到經學研究者身上、讓經說因爲經學界的實際需求而自行調整與淘汰，或許「漢唐注疏之學」就能夠在經學家們的自由選擇之下去蕪存菁，因爲時代的需要調整內容，而不會遭到後世「宋學家」的全面反對與批駁。其三，雖然表現著宋代初年朝廷宰制經學發展的強烈企圖，但是就文獻學的立場而言，十二部《正義》的編校與印本的發行，不但確保了基本層面上的經學研究仍然在持續著，對經學研究的普及性也產生了重大影響，主持經《疏》整理工作的儒臣邢昺就曾經說過自己年少「從師業儒時」，因爲學者沒有能力鈔寫篇幅巨大的各經《正義》，所以「《經》具有《疏》者百無一二」，但是到了宋初政府完成十二經《正義》刊板之後，「板本大備，士庶家皆有之」（《宋史·藝文志》，卷431，頁12798）。筆者以爲，

宋代學者之所以能夠在隨後針對經學研究提出大量意見、衝破舊思想的限制，經書、《正義》通過刊刻手續而變得更爲普及易見，直接造成了研究參與者的增加以及整體研究水平的提昇，應該是被納入考慮的重要因素。

（二）經文、《經典釋文》的整理與刊刻

淳化元年，宋太宗因爲刊刻於五代的「經書板本」中經常有田敏依照本身意思刪改的部份，因而詔令孫覺與孔維二人負責「詳定」，（《宋史·儒林傳》，卷 431，頁 12821）宋代官方整理經書刻板的工作於是自此揭開序幕。在孫覺、孔維之後，宋真宗咸平元年正月，學究劉可名又上言諸經版本多舛誤，真宗諭令「擇官詳正」，負責推行本次計畫的則是儒官崔頤正等人（《宋史·儒林傳》，卷 431，頁 12822）。

宋真宗景德二年（1005）之後，官方開始進行規模較大的整理工作。首先，真宗因爲「群經摹印歲深，字體訛缺」，所以下令國子監重雕印板，並且由杜鎬、孫奭兩人負責校勘，初步工作完成，邢昺等人又受命從事再校工作，經過兩層手續，宋代官方完成了《尚書》、《論語》、《孝經》、《爾雅》四部經書的再板。到了大中祥符七年（1014）九月，陳彭年、馮元二人奉命校正《周易》、《詩經》重刻板，經過這次工程之後，凡是經書與《經典釋文》刊板中「有訛缺者」，官方都已經「重校刻板」、補刊完畢。（《玉海·藝文部》，卷 43，頁 18 下）

宋初中央政府最後一次整理經書刊板是在宋真宗天禧五年（1021）五月，當時政府因爲「經書印板歲久刓損」，所以委任國子監重刻印板，（《玉海·藝文部》，卷 43，頁 18 下）大概就是因爲先前有這項指示，儒官劉崇超於是在七月上奏，建議重新雕造《孝經》、《論語》、《爾雅》、《禮記》、《春秋》五部經書與《爾雅釋文》印板，（〈乞重雕孝經等書印板奏〉，《全宋文》，

冊 7，卷 268，頁 246—247）從劉氏的建議之中，可以知道宋代初年官方最後一次整理經書的實際內容。

關於《經典釋文》的整理，由於後周學官已經完成了大部分，所以宋初中央政府處理的部份並不多。宋太祖建隆三年，崔頌等人上《禮記釋文》，開啓了趙宋皇朝與《經典釋文》整理工作的接觸；開寶五年（972）元月，陳鄂、姜融等四人完成《孝經》、《論語》、《爾雅》「三小經」《釋文》的最後一部份校刊工作；從後周延宕到宋初的整理工作到此可以說完全結束，《經典釋文》從此具備了完整的標準刊本。

就規模而言，相對於《五經正義》與「七經疏義」編刊的浩大工程，宋代初年中央政府對經文與《經典釋文》的整理工作顯然要小得多，雖然影響不大，這兩項計畫的施行卻很明顯的表現出當時官方經學政策的因循性：其一，在《經典釋文》的校勘工作方面，趙宋政府從未進行過任何新規畫，不但未曾對前代已經完成的部份再作審核，就連在宋代進行的部份也依照著後周儒官的規範，承續的痕跡非常明顯。其二，就諸經刊板的再整理而言，除了說明宋初政府仍然持續著前代統一經書文字的政策之外；官方在朝代改換之後並未廢棄舊有書板而開雕新板，在進行刻板文字校勘時並未因爲錯誤繁多而完全捨棄舊板，在舊板漫爛訛誤不清、需要重新雕造時依舊因循舊制，都說明了宋代初年官方與前代的經學政策之間充滿著強烈因循沿襲的重疊部份，即使是在某些硬體上的枝微末節處。

第三節　科舉制度主導下的宋初官方經學

　　唐代後期中央政府完成了石經的雕鑿以後，經書文字統一的目的達成了、儒家基本經典的範圍確定了，另一方面，石經的板式也無形中成爲標準模式；接著，在印刷技術進步到足以負擔書籍刊行任務的情況之下，五代官方於是因襲唐石經制度，完成了十二部經書刻板印行的重要工程；到了宋代初年，趙宋政權延續著經書經說雕板印行的固有政策，完成了十二部經書《正義》的校定、修纂、頒布與發行。從表面與制度推行的程序性來看，宋代初年中央政府對經學政策的推動可以說存在著強烈的延續性，然而就實際的內容來說，當時的科舉考試制度卻是官方經學所有表現的控制因素，雖然宋代初年的科舉制度也是前有所承。

　　由於對固有制度的依循，曾經於唐五代時期給經學研究發展造成不少傷害的科舉考試制度，到了宋代初年仍然持續著，依照文獻記載，宋初以經學爲考試範圍的科目可以分爲「九經」、「五經」、「三禮」、「三傳」、「學究」五項。五科之中，「九經科」必須「『帖書』一百二十帖，『對墨義』六十條」，「五經科」必須「『帖書』八十帖，『對墨義』五十條」，「三禮科」必須「『對墨義』九十條」，「三傳科」必須「『對墨義』一百一十條」。至於「學究科」方面，《毛詩》、《尚書》、《周易》是主要的研究範圍；在宋太祖時期，該科舉子必須全數研習；到了太宗雍熙二年（西元九八五）四月，朝廷因爲《尚書》、《周易》篇幅較小，於是將二書合併爲一科，而《毛詩》則單獨成爲一科，此外，不論專研的科目爲何，「學究科」舉子都必須要兼習《孝經》、《論語》、《爾雅》「三小經」；因此，從太宗之後，參

加「學究科」考試的舉子除了要測驗《毛詩》「墨義」五十條或者《尙書》、《周易》「墨義」各二十五條之外，還都必須要測驗《論語》「墨義」十條以及《爾雅》、《孝經》「墨義」共十條。事實上，無論考試科目與範圍經過了多少次改革修正，就上述文獻的整體表現看來，唐五代科舉考試的方式及其內在精神在宋代初年可以說完全被襲用，並未獲得任何修正，所以，背誦經文與《注》、《疏》在當時仍舊是測驗的重心，而「鈔節《注》、《疏》，計誦字數」使經學研究水平嚴重降低的情形也就跟隨著制度的保留依然存在著。[1]

雖然在形式與精神方面毫無改變，但是透過《宋史·選舉志》的記載（卷 155，頁 3604—3605），可以知道在通過唐五代時期長達三百多年的施用之後，不但是「明經科」被細分成爲「九經」、「五經」以及「三禮」、「三傳」、「學究」等科目更形確立，以經書經學爲考試範圍的科目在實質內容方面也已經不是一成不變：除了科目涵蓋範圍的擴大使「九經」、「五經」二科的應考者必須研讀更多部經書之外，「三禮」、「三傳」兩科的測驗方式從原本形式較爲模糊含混的「問大義數十條」（《新唐書·選舉志》，卷 44，頁 1161）轉變成爲確定的「墨義」，「三小經」《論語》、《孝經》、《爾雅》從只是測驗「帖經」修改成必

---

[1] 本段敘述取材自：

一·《宋史·選舉志》，卷 155，頁 3604—3605。

二·宋太祖：〈毛詩尙書周易三經學究併爲一科詔〉，《全宋文》，冊 1，卷 7，頁 159—160。

三·宋太宗：〈毛詩與周易、尙書各爲一科並復置明法科詔〉，《全宋文》，冊 2，卷 64，頁 433。

四·蔡襄：〈論改科場條制疏〉，《全宋文》，冊 24，卷 1004，頁 730—731。

須測驗「墨義」，則是具有影響的更重大轉變。在「三禮」、「三傳」只籠統地測驗「大義數十條」的時期，這些科目是不是有政府提供的確定解釋標準，對於主考官與考生而言其實並不是最重要的，但是如果考試的方式被定位在應考者必須要依照《注》文或者《疏》文一字不易地回答問題時，經過官方承認的經說準則就絕對有存在的必要了，因此，除了原本就已經成為官方經說、存在於《五經正義》之中的《禮記正義》與《左傳正義》之外，趙宋朝廷又為了「三禮科」與「三傳科」考試的需要校勘印行了「二《禮》二《傳》」的《正義》；同樣地，在「三小經」逐漸成為考試重點，政府規定應考者必須通過針對三者的「墨義」測驗之後，《論語》、《孝經》、《爾雅》三書也開始需要官方承認的標準經說，於是，編纂「三經《注疏》」也就成為官方經學家必須要完成的工作了。事實上，促使中央政府全面重視各經《正義》編纂工作的並不只是新經書的加入與個別科目考試方式的變更兩個因素，當時凡是以經書為考試範圍的項目都以「墨義」為重，在十道試題為一個單位，其中包括「《疏》義六道，經《注》四道」或者「《疏》義四道，經《注》六道」的制度之下，官方顯然在認可或整編、頒行經學作品以滿足科舉考試需要上面臨著相當沉重的責任壓力。然而，無論改變的原因與項目為何，壓力的成因與輕重如何，學者在閱讀了以上所述的資料後，應該都會同意科舉制度是宋代初年官方經學發展路線的最重要主導者。

　　在確定了官方必須為了滿足科舉制度的需要而有所創制的實際情形之後，了解宋代初年中央政府如何建構完整的經學體系以及探尋該體系的重心所在便成了經學史研究者必須重視的課題：首先應該討論的是各經《正義》成為宋代初年官方經學骨幹的過程。先從《五經正義》說起，《五經正義》於李唐政權

初期編纂完成之後，作為科舉考試的官方標準已經有三百多年，在經學風氣沒有全面而且重大轉變的狀況下，在變動較為遲緩的官方經學體系中持續受用是很自然的，因此，宋代官方之所以會選擇「注疏」作為解經的標準方式，從政策施用方面來說主要是因為沿用了以《五經正義》為中心的舊制度；另一方面，當時參加科舉考試的學子除了「帖經」之外，不是必須背誦《注》，就是必須背誦《疏》，從實際需要來說，以「注疏」形式為主要解經方法的《五經正義》最能合乎要求，當然是比較合適的選擇。既然科舉制度決定了《五經正義》在各方面的適用性與存在的必要性，在官方的統一標準之下，隨著考試範圍的擴張與形式的改變而必須增設的其他經說，當然在形式上與說解重點上也必須要符合《五經正義》所設定的規範，於是，宋初中央政府在進行「七經疏義」整編工作時選擇與撰述了與《五經正義》系統相容的經說，完成了十二部經書經《注》與《正義》的頒布與樹立，官方經學也從此建構了完整體系。事實上，官方為了因應科舉所需，透過承認各經《正義》而建立的經學架構，從實質內容與後世的稱述來看，其實就是所謂的「注疏之學」，經過這次經說整理活動之後，「漢唐注疏之學」的十二部代表作品全數成為標準說解，「漢唐注疏之學」的體系則可以說到此完全成立。然而除了這些對後來經學發展有重大影響的成果之外，對當時經學研究影響最巨的莫過於中央政府尋獲了屬於官方經學的中心體系，從此之後，官方更加堅持絕對尊崇「注疏之學」的立場，透過科舉考試限制了學子的經學思想與研究方法，對立場不同的說法採取威權式的壓制與批判，直接造成了學者「篤守古義，無取新奇；各承師傳，不憑胸臆」，完全遵守「漢唐注疏」遺風的保守現象（皮錫瑞：《經學歷史‧經學變古時代》，8，頁237）。

　　宋初官方通過權威與科舉打擊「異說」的最明顯例證發生於宋真宗景德二年（1005），當時應考士人賈邊與李迪雖然都「有聲場屋」，但是到了「禮部奏名」時，兩人都不在及第名單之內，主考官「取其文觀之」，發現「迪賦落韻；邊論『當仁不讓於師』，以『師』為『眾』，與《注》、《疏》異」，於是特別上奏，請求讓二人參加「御試」。消息傳出，當時的參知政事王旦提出意見，認為「落韻者」，「失於不詳審耳」，純粹是李迪的無心之過，至於賈邊「捨《注》、《疏》而立異」，嚴重違反了政府認定的標準，在「恐士子從今放蕩無所準的」的考量之下，因此決定「取迪而黜邊」。事實上，賈邊、李迪二人參加的是「進士科」考試，文章聲韻是主要評選項目，經書並非重要考試範圍，而且賈氏雖然沒有依照《論語·衛靈公篇》的《注》與《疏》將「師」解釋為「師傅」，卻也是按照當時已經成為科舉考試範圍的經書《爾雅·釋詁篇下》「師，眾也」的解釋作答，並不像王旦所說的「放蕩無所準的」。就此看來，王旦的考慮實在過當而且有欠公平，但是就因為王旦的堅持，才更強烈地表現出宋代初年官方經學完全以「注疏之學」為重心、不容許「異說」存在的基本精神。在這段記錄中，除了王旦強烈的官方立場之外，賈邊的行為也是可供研議的題材：從文字記載上來看，賈邊在當時既然「有聲場屋」，對於科舉考試的禁忌與規定應該不會不了解，但是終究因為干犯禁忌而導致落第，實在令人百思難得其解；就所犯錯誤的性質看來，賈邊的所作所為似乎並非出於無心，應該是在對各家解釋有了通盤認識之後所作的決定，根據這些情形，說賈邊有懷疑注疏、挑戰官方經學權威的傾向，也許是推論太過，但是說當時學者可能已經有了反省的能力，開

始思考官方爲經學研究設立的標準與限制是否合理，則是恰當的。[2]

　　經過以上的敘述之後，可以發現宋初官方經學完成的過程與中心除了表示「注疏之學」仍然透過科舉掌握當時經學研究動向之外，並且凸顯了某些經學史中值得思考的問題：其一，唐初政府編定《五經正義》，並且用來作爲考試的依據，就政策與經學實際發展的整體考量而言是因爲「注疏之學」在當時的各類經說之中是系統最完整、能夠全面詮釋經書的方式，從這個角度來看，說初唐政府依賴「注疏之學」而建立了「明經科」考試制度，應該是合理的。然而在隨後科舉制度施行的數百年中，測驗的方法被固定下來，利祿的爭取也掩蓋了對經學研究的反省，在「帖經」、「墨義」等僵化的體制下，重要的已經是外在形式，而非針對內在的思考，於是原本指導著考試《五經正義》逐漸轉變爲科舉的傀儡，只能被動地配合科舉制度的要求，因此，到了宋初官方整編十二經《正義》的階段，科舉的需要反而成爲經說選擇與編纂的依據，而「注疏之學」從此也就必須依賴科舉制度的存在才能艱困地保有一席之地。其二，在認識了「注疏之學」與科舉制度二者之間地位的轉換過程後，筆者以爲，如此強烈的對比其實顯示了政府政策對經學研究自

---

[2] 本段敘述取材自：

一・《論語注疏》，卷 15，頁 10 上。

二・《爾雅注疏》，卷 2，頁 4 下。

三・《續資治通鑑長編》，卷 59，頁 13 下—14 上。

四・《文獻通考・選舉考》，〈選舉三〉，卷 30，頁 268、〈選舉五・宋登科記總目〉，卷 32，頁 305。

五・《經學歷史・經學變古時代》，8，頁 237—239。

然而且平衡發展的干擾與破壞。或許「注疏之學」在官方編列標準經解之後仍然保有發展空間，但是在中央經由科舉制度強迫學者接受規範、打擊「異說」之後，經學研究者的反省能力消失了，於是，在缺乏修正的動力的環境之下，當錯誤積累到頂點，隨之而來的便是將舊規範全面推翻的澈底反動。就官方立場而言，重新建立標準是相當容易的，但是累積了近千年的研究成果完全被推翻，即使肇因於對經書有了新認識，對於當時學者全面認識經書、闡揚義理來說卻仍然是相當嚴重的傷害。

　　除了上述的例子之外，文獻史料之中還有兩則被學者認為是宋代初年官方或皇權直接干預經學發展的例證必須在此作更正說明，這兩則史事同樣發生於宋太宗雍熙二年（985）正月，首先，太宗有鑑於當時參加科舉考試者人數眾多，為了避免誤取冗濫，於是下詔：

> 自今諸科並令量定人數，相參引試，分科隔坐，命官巡察監門，謹視出入。有以文字注渡、與吏為姦者，寘之於法；私以經義相教者，斥出科場；伍保預知，亦連坐。……（《續資治通鑑長編》，卷26，頁1上）

分析上述文字可以知道：所謂「相參引試，分科隔坐」，是對同科考生席次的區隔，而「以文字往復、與吏為姦者」必定「寘之於法」，「伍保預知，亦連坐」，則是對禁止應考者朋比為姦的重申；就整體意義而言，太宗所下的詔令僅僅是為了要禁止應試舉子在考場之中作弊，動機單純，是可以確定的。然而「私以經義相教者，斥出科場」兩句，卻被想要證明當時經學風氣深陷於保守意識之中的學者視為宋代初年官方堅守注疏立場、直接明令禁止學者超越注疏規範的最佳例證；事實上，所謂「私

以經義相教者，斥出科場」，延續著先前的字句，雖然與以經學為範圍考試有關，卻仍舊是禁止應考者在「墨義」測驗進行當中互相告知答案，並不是政府禁止士子散布或採用異於注疏說解的命令，研究者斷章取義，將之視為官方控制經學發展的直接文字明證，其實並不適當。其次，在太宗的詔令頒布之後不久，朝廷舉行了該年例行的科舉考試，在三場試完進行「御試」時，參加「五經科」考試的舉人王從善自稱能夠「通誦五《經》文、《注》」，於是，太宗「舉本經試之」，而王從善在證實自己的確能夠背誦經文與《注》、《疏》「如流」後，則獲得了「賜九經及第」的殊榮。（《續資治通鑑長編》，卷 26，頁 2 上）這一段記載後來也受到學者引用，太宗因為王從善能夠流利地背誦經文與注疏而頒予「九經及第」的舉措，被認為是宋代初年官方經學著重於注疏的表率。事實上，當時中央政府依舊偏好「注疏之學」的傾向雖然在皇室獎掖王從善的行為中有些微的表現，但卻並非敘述的重點，從前後的文字來看，王從善之所以會身受恩賜，主要是因為當年「宰相李昉之子宗諤、參知政事呂蒙正之從弟蒙亨、鹽鐵使王明之子扶、度支使許仲宣之子待問」等權貴子弟「舉進士皆入等」，太宗為了展現大宋皇朝的無私精神、避免遭受物議，於是盡數斥退這些權貴子弟，並且從優獎勵出身布衣而在本科學業表現優異的舉子使然。在上述的情況之下，王從善可以說是因為政治考量而受封賞，並不是因為在經學研究上能夠符合官方的規定，因此，以宋太宗恩賜王從善的事蹟作為宋代初年官方經學嚴守「注疏之學」立場的說明，也是不恰當的。

在討論過上述兩個錯誤的範例之後，可以知道：雖然宋代初年官方在經書解釋上完全依賴注疏、透過科舉規範控制經學發展的意圖與作法相當明顯，但是相關的記錄卻非常稀少，以

致於學者錯用資料，只能以斷章取義的方式推斷出片面性的誤
導說解，無法爲對當時影響巨大的官方經學勾勒出完整面貌，
這是研究宋代初年經學發展必須注意的環節。

第二章　由片段而全面

——宋初學者對經學新風氣的開拓

第一節　唐五代經學新風氣的展現概述

　　唐代初年中央政府完成《五經正義》的修纂之後，經學發展步入「統一時代」，雖然《五經正義》在解經形式上並沒有創新，而孔穎達等人在進行編撰工作時也不一定懷抱著「統一經學思想」或「爲後學樹立典型」等觀念，但是，挾著濃厚官方色彩的《五經正義》，不但在孔穎達等人南主北輔的觀點下將以往南北經學對立的現象逐漸調和，也同時抹煞了相當數量的創作誘因，使「注疏之學」在東漢與魏晉南北朝時期給經學研究帶來的繁榮面貌爲之黯淡。從經學發展的經驗來看，經書詮釋的方式若是發展到極致、形成典範，其後的經學研究必然會有一段時間是延續著該方式所規範的理路前進，漢代官方樹立的「今學」章句經說左右漢代經學發展，便是個顯著的例子。在這個規律之下，綜合南北、體系完備、總結「義疏（注疏）之學」而獨定一尊的《五經正義》，在成書後便成爲學者研究經學的唯一指標，是可以預想得到的；因此，說當時學者對儒家經典詮釋的腳步隨著「典範」的確立而逐漸緩慢並且固定下來，應該是可以成立的；於是，私人學者對於《儀禮》、《周禮》、《公羊傳》、《穀梁傳》等經典的訓解，也都以相同於《五經正義》的形式呈現出來。當然，這些學科本身的傳遞與解說系統或許就包含著這樣的方式以及當時通行的解經模式就是如此，是不能排除的原因，但是孔穎達等人的影響則是必須考慮的因素。

筆者以為，就孔穎達等人給唐代經學帶來的示範作用而言，無論在精神上與形式上，《五經正義》都可以稱為總結「注疏之學」的作品。

此外，從另外一個角度來說，當學術方法或思想發展完備，在體系中形成圓滑的循環路線，學者人人遵守，不但外來思潮無從介入，連內在理論出現了漏洞，也無法反省及提出解決之道時，這個學術系統可以說已經沒有持續發展的能力了，通常隨之而來的便是大量的批判與反省，東漢馬融、賈逵等人針對方興未艾的「章句之學」而產生的反動行為，就是最明顯的範例。但是，《五經正義》的成立，雖然停頓了「義疏之學」的發展，卻沒有引發相對的反省與討論，根據林師慶彰〈唐代後期經學的新發展〉一文對唐代經學發展的分析，可以知道以官修《五經正義》為代表的「注疏之學」，在中唐以前約一百二十年的時間內，並未遭受到嚴重的挑戰。[1]當然，形成於漢代的「注疏之學」，經過無數學者的建構，到唐初編定《五經正義》後達到完備，近千年的累積，士子無法在朝夕之間察見其重大缺失，是相當自然的，但是，經過了一百多年的探究，仍然見不到對傳統經學體系的批判，這在經學發展史中確實是個特殊的案例。形成這樣學術長期保守狀態的原由，一方面固然是因為《五

---

[1] 林師慶彰認為：「如就唐代經學的發展來說，前期為注疏之學的時代，後期為逐漸脫離注疏之學束縛的新經學時代。其分界線應該是代宗大曆年間（766—779）。」《五經正義》於唐高宗永徽四年（653）頒布，至代宗時已暢行約一百二十年。此外關於「注疏之學」獨行無礙的現象。林師慶彰云：「……綜合來說，不論經學、佛學和文學等，都拘限在傳統的典範中，難有突破性的發展。」所指的就是這個情形。（收錄於林師慶彰主編：《中國經學史論文選集》，上冊，頁670—677）

經正義》所代表的舊有經學體系極為龐大，研究者在短期間內要全面理解並且提出有效批判的困難度相當高；另一方面則與唐代推行的科舉制度有關。「進士科」、「明經科」考試是唐代擢拔人才的兩個主要方式，「進士科」考試以辭賦聲律的測驗為主，「明經科」考試則以經學為範圍，姑且不論唐人重「進士」輕「明經」的風氣使學者輕視經學研究，單單看「明經科」考試的方式與內容，便可以了解唐代前期經學研究缺乏創造力與多樣性的原因。唐代「明經科」考試首重「帖經」，參與考試者必須默寫各經經文，在「經義」測試方面則是以「墨義」的方式進行，必須依照《正義》所設定的規範一字不易地回答問題，不許應考者稍有逾越；在這種種限制之下，不要說當時研究經學的士人大部份是二流人才，就算是優秀的學者也無法對經學發展提供任何幫助，至於對固有體制提出批判，就更為不可能了。因此，唐代前期的經學研究之所以謹守著《五經正義》、拘限於傳統的典範中，難有突破性的發展，「明經科」測驗方式的阻礙是難辭其咎的。

就細部發展而言，以上所敘述的只是唐人經學研究的整體概況，在中晚唐經學研究風氣發生變革之前，學者就已經提出過一些在「注疏之學」規範之外的意見了：

（一）·王玄感指摘《五經正義》

武后長安三年（703）三月，當時的四門博士王玄感奏上自己撰寫的《尚書糾謬》、《春秋振滯》、《禮記繩愆》三書，請求中央政府「給紙筆，寫上祕閣」，武后於是詔令儒臣祝欽明、李憲、趙元亨等人「詳其可否」，在審閱的過程中，以「專守先儒章句」為基本學術立場的祝、李諸位學官屢次批評這些作品「掎摭舊義」，並且以此「深譏玄感」，而針對祝氏等人的攻訐，王氏則「隨方問答」，並沒有為之屈服。（《舊唐書·儒學傳》，卷

189 下，頁 4936）雖然上述的文字記載沒有對事件經過與爭論內容作詳盡地說明，卻仍然能夠提供學者思考空間：從初唐的經學研究環境來看，祝、李等人堅持的所謂「先儒章句」，應該就是當時編成尚不滿五十年的《五經正義》，他們站在《五經正義》的立場指責王氏的「掎摭舊義」爲不可，可見王玄感所要表現的就是對《五經正義》或者「注疏之學」的直接批駁以及修正；事實上，如果不詳究論辨的內容，單就三部作品分別以「糾謬」、「振滯」、「繩愆」爲名的表象來說，王氏批判與指正前說的意圖已非常清楚。

（二）·唐玄宗更動經書文字篇章

開元、天寶年間，李唐政府曾經因爲玄宗個人的意見而更動經書。開元十四年（726）唐玄宗閱讀《尚書》，至〈洪範篇〉「無偏無頗，遵王之義；無有作好，遵王之道」數句，發現應該「協韻」的「頗」字與「義」字在聲韻方面卻不相合，認爲「頗」字有誤於是在該年八月十四日下詔將〈洪範篇〉的「無頗」更改爲聲韻能夠契合的「無陂」，這是經學史中第一次有學者因爲本身的意見改動經文。天寶二年（743）三月，玄宗因爲先前曾經親自刪改正定過《禮記‧月令篇》文字，於是下詔將該篇次第由第五提昇至《禮記》書首，在皇權的輔助之下，〈月令篇〉便成爲《禮記》首篇，玄宗也就成了因爲個人意見而改動經書篇目次第的第一人。（《唐會要》，〈貢舉上‧明經〉，卷75，頁 1628、〈貢舉下‧論經義〉，卷 77，頁 1668）

（三）·劉知幾述「疑古」、「惑經」

《史通》的作者劉知幾根據本身對史料的觀察以及對歷史事實的認識，對經文所記載的歷史事件提出檢討：在該書的〈疑古篇〉中，劉氏舉出《尚書》與《論語》經文中十則虛假可疑的記載爲「十疑」（卷 13，頁 379—395）；在〈惑經篇〉中，劉

氏則針對《春秋》經文紀錄的不詳實部份條列出「十二未諭」
與「五虛美」等意見（卷 14，頁 397－415）。雖然上述的內容
是透過史學家思考模式而成立的，但是討論的內容如「唐堯是
不是真的『克明峻德』」、「堯舜是不是真的經由禪讓易位」等問
題，卻比「注疏之學」更能啓發經學研究者的思想；另一方面，
劉知幾跨越強爲經書記載疑誤處說解的注疏、突破了經書的神
聖性格，直接針對經書的錯誤提出批駁，似乎也爲人文思想進
步之後，經學研究者將摒棄怪誕不經的迷信經說、從新建立合
乎時代需要說解的發展路線預先作了宣告。

　　在認識了唐中葉以前不屬於《五經正義》規範的經學活動
之後，可以發現：雖然《五經正義》及其所代表的「注疏之學」
掌控著當時的經學發展是不爭的事實，但是歷來的經學史作者
在敘述時總是籠統地帶過，沒有確實地舉證，給研究者帶來的
衝擊可能不是很強烈。但是在經過深入探究，發現自《五經正
義》成立至唐中葉長達一百二十年的時間內，能夠提出來討論
的經學活動竟然只有三項，而且只是單純地發生在三位個別學
者身上，並未擴及旁人之後，筆者以爲，即便是三項活動對往
後的經學研究都有很深遠影響，如此低微的數目的確會使學者
更能體認唐代前期經學發展的嚴重停滯狀態。

　　正如林師慶彰說的，經學研究到唐代後期有了新的轉折，
《新唐書‧儒學傳下》云：

> 大曆時，助、匡、質以《春秋》，施士匄以《詩》，仲子
> 陵、袁彝、韋彤、韋茝《禮》，蔡廣成以《易》，強蒙以
> 《論語》，皆自名其學。……（卷 200，頁 5707）

在這段敘述文字裡，「自名其學」一詞是最關鍵的部份，所謂「自

名其學」，根據〈儒學傳〉隨後的說明，就是「不本所承，自用名學，憑私臆決」（卷 200，頁 5708），也就是說，這些學者採取的方式與態度是不再拘泥於承襲沿用已久的固有說法，而是以自己的認識作爲詮釋經書的標準，在這種狀況之下，《五經正義》及其所代表「注疏之學」當然都會遭受到挑戰。然而，《五經正義》或「注疏之學」被懷疑摒棄只是一個開端，在「不本所承，自用名學，憑私臆決」的態度下，選擇與推翻舊說只是過程，新觀念的推出才是目的，學者師心自用，經學研究於是發生了重大變革，而且，轉變不再局限於單一學者或者少數經書上，就《新唐書》的記載看來，本次變動搖撼的層面是相當廣的。變動發生的誘因相當多，而討論這個問題的學者也不少，總歸他們的說法，經學發展的路線到此時產生丕變，主要有以下三個原因：其一，安史亂後戰亂頻仍，政治秩序失調，皇綱不振，藩鎮割據，人倫規範淪喪，經濟民生衰敗，學者針對社會上的種種問題提出反思，進而對經學研究產生新的觀點。其二，佛教的勢力龐大，教義深沈，在心性論、本體論等哲學義理的討論上，本就較只重文字訓詁、名物制度考索的儒家經學強，禪宗坐大後，更威脅正統儒學的地位，學者爲了擺脫佛教的糾纏，於是從事舊有經學體制的改革。其三，「注疏之學」，雖然通過科舉考試仍然掌握著經學發展的多數資源，但是經過千年的流傳後，逐漸無法配合人文演進的腳步，學者開始發現其中不合理的部份，對舊經學的懷疑也就因而產生了。與上述原因相表裡的，自然是當時經學研究的種種面貌，當時新學風所呈現的，除了批判注疏之外，還可以歸納爲三個重要部份：一是《春秋》學的勃興，一是所謂「疑傳疑經」與「補經改經」，最後則是「回歸原典運動」。

　　誠如《新唐書・儒林傳》所言，唐代宗大曆年間，秉持著

「撅訕三家,不本所承」的認識,啖助開始在《春秋》學的討論領域中嶄露頭角,就在「自用名學,憑私臆決」的基本態度之下,啖助及其弟子趙匡、陸淳發展出與前儒所循迥異的研究方式,完成《春秋集傳纂例》、《春秋集傳微旨》、《春秋集傳辨疑》、《春秋集注》四書的編著。於是,隨著方法的更新,新解釋與新觀念也因而產生,這些轉變不但促使《春秋》學具備了新面貌,也是唐末經學研究風氣更新的重要證明:

(一)·申明《春秋》的撰著在「尊王」

關於孔子作《春秋》的動機,自漢代以來學者多有論述,其中最為顯著的當然是為《三傳》作《注》的杜預、何休、范寧三人的闡釋,對這些說法,「啖趙學派」都不予採信,就著本身對《春秋》經文的認識,他們道出孔子因「尊王」而著書的重要觀念:

> 夫子傷主威不行,下同列國,首王正以大一統,先王人以黜諸侯,不書戰以示莫敢,稱天王以表無二尊。唯王為大,邈矣崇高。……
>
> 《春秋》之作……雖因舊史,酌以聖心,撥亂反正,歸諸王道。……(〈春秋宗指議第一〉,《春秋集傳纂例》,卷1,頁2—3)
>
> 《春秋》因史制經,以明王道。……
>
> 《春秋》救世之宗指在尊王室、正陵僭,舉三綱、提五常,彰善癉惡。(〈趙氏損益義第五〉,《春秋集傳纂例》,卷1,頁6)

在這些敘述之中,「啖趙學派」諸人說得很清楚,由於當時王權孱弱、「主威不行」,造成周天子地位陵遲、與諸侯國無異,為

了「撥亂反正」、振興「王道」，孔子於是「因史制經」，採擷魯史而述《春秋》。事實上，即使沒有深入的解釋分析，單從「稱天王以表無二尊」、「唯王爲大，邈矣崇高」、「尊王室」等字句的表面意義上，學者仍舊能夠充分地體察到啖、趙、陸三人的確是抱持著《春秋》的撰作在「尊王」的觀念。

（二）批判《三傳》

自從著錄於簡冊之後，《三傳》便成爲研讀《春秋》經的必要憑藉，在學者莫不奉之爲圭臬的情況之下，針對《三傳》的記載提出質疑與修正，在中唐之前可以說是絕無僅有。然而，在對《春秋》經所懷抱的新理解的簇擁之下，啖助等人開始發掘《三傳》的缺失，並且提出相對的批判。

對於《三傳》，「啖趙學派」認爲：「《三傳》之義，本皆口傳，後之學者，乃著竹帛」。在尚未成書之前，《左傳》是「博采諸家，敘事尤備，能令百代之下，頗見本末，因以求義，經文可知」，而且「論大義得其本源」；至於《公羊》、《穀梁》，由於「大指亦是子夏所傳」，所以「《二傳》傳《經》密於《左氏》」，並且「《穀梁》意深、《公羊》辭辨」，各具特色，而二者「隨文解識，往往鉤深」，更是在經書的詮釋上有相當深刻的表現。（〈三傳得失議第二〉，《春秋集傳纂例》，卷1，頁3—4）就以上的評價來看，可以知道「啖趙學派」對於《三傳》的原始面貌以及功能是肯定的。而《三傳》既然有如此的優點，爲什麼還會遭到質疑呢？啖助認爲：「《三傳》所記，本皆不謬，後人不曉，而以濫說附益其中。」（〈啖趙取舍三傳義例第六〉，《春秋集傳纂例》，卷1，頁11）於是，在以訛傳訛的情形下，《三傳》的功能與原貌越來越隱晦。在《左傳》方面，由於「作《傳》之人」不能通曉祖師的本意，因而在編輯時「妄有附益」，導致書中包藏許多不可信賴的「迂談」；同時，「《左氏》本末，釋者亦

為之說」，在本末輕重不分的情形之下，諸說「邪正紛揉」，以至於「學者迷宗」，無法分辨是非。在《公羊》、《穀梁》方面，因為後人將結構完整的「大義」「散配經文」，致使二者「多乖謬」、「失其綱領」，從而模糊了經書大義的展現；此外，《公》、《穀》在解經時不但「守文堅滯，泥難不通；比附日月，曲生條例」，並且在「義有不合」之處仍然強為疏通，因而造成二書在對《春秋》經的整體說解方面產生「踳駁不倫，或至矛盾」、「不近聖人夷曠之體」情形。(〈三傳得失議第二〉) 所以，總歸來說，雖然「微言久絕，通儒不作，遺文所存，《三傳》而已」，但是在「《傳》已互失《經》指」的狀態下，《三傳》所載是否真實可信成為值得思考的問題。於是，就在啖助所作的分析裡，《三傳》雖然仍有可取之處，卻失去了神聖不可侵犯的經典地位，不但從此不再是研究《春秋》經必須遵奉的圭臬，甚至還被認為是學者研討經書義理的障礙。而除了以上所述的概括性意見外，「啖趙學派」還留下許多能夠與這些意見相表裡、直接駁正《三傳》的文字，例如：

〈桓公元年〉經文：「夏，四月丁未，公及鄭伯盟于越。」

《穀梁傳》云：「越，盟地之名也。」(《穀梁傳注疏》，卷 3，頁 3 上)

「越」是兩國定盟的地名，經文已經表現得很清楚，在這個認識之下，對於《穀梁傳》的說解，陸淳覺得多此一舉，所以提出：「此不要解自可知矣」的批評。(《春秋集傳辨疑》，卷 2，頁 2 下)

〈莊公十一年〉經文：「秋，宋大水。」

《公羊傳》云：「何以書？記災也。外災不書，此何以書？及我也。」(《公羊傳注疏》，卷7，頁 11 下—12 上)

《穀梁傳》云：「外災不書，此何以書？王者之後也。」(《穀梁

傳注疏》，卷5，頁17上）

關於魯莊公十一年秋天宋國發生水災被《春秋》納入記載一事，《公羊傳》認為是因為當年魯國也發生了水災，所以《魯史》有記錄，而《穀梁傳》則認為宋國是湯王之後，因此魯國的史冊對此事有所條列。《春秋》書「宋大水」，陸淳認為「外災來告則書」，因為宋國曾將發生水災一事告知魯國，於是《魯史》便有記載；相對於陸淳的認識，《公》、《穀》的解釋顯得無稽，因此遭受到「《二傳》不達此義，故各穿鑿」的強烈批評。（《春秋集傳辨疑》，卷3，頁12下）

〈文公二年〉經文：「八月丁卯，大事于大廟，躋僖公。」

《左傳》云：「宋祖帝乙，鄭祖厲王。」（《春秋左傳正義》，卷18，頁13下）

對於《左傳》宋國祖祀帝乙、鄭國祖祀厲王的說法，啖助提出批評，認為「宋當祖湯；鄭是諸侯，不敢祖天子」，所以「知此《傳》謬也」。（《春秋集傳辨疑》，卷7，頁3下）

〈哀公十四年〉經文：「十有四年，春，西狩獲麟。」

《公羊傳》云：「然則孰獲之？薪採者也。」（《公羊傳注疏》，卷28，頁7上—7下）

對於《公羊傳》麟為採薪者所捕獲的說法，趙匡提出批評，認為「《經》文言狩」，如果依照《公羊傳》的記載說麟是由採薪者所捕獲的，那麼就會「與《經》違」，不符合《春秋》的記載，可見《公羊傳》有關「獲麟」的文字記錄是不可信的。（《春秋集傳辨疑》，卷10，頁18下）

當然，「啖趙學派」對《三傳》的指正並非僅有以上寥寥數項，在篇幅長達十卷的《春秋集傳辨疑》中，保存著不下百則的相關資料，通過這些討論，《三傳》解釋《春秋》的是非確實而且清晰地呈現出來，對於學者擺脫舊束縛，重新思考檢覈蘊

藏於《春秋》經文中的聖人真義,具有相當強的激勵作用,至少在中唐時期是如此。

(三)駁斥注疏

除了直接批判《三傳》,「啖趙學派」對於自漢代以來陸續成為學者研讀《春秋》以及

《三傳》的重要媒介——杜預的《春秋左氏經傳集解》、何休的《春秋公羊傳解詁》、范寧的《春秋穀梁傳集解》三部屬於「注疏之學」的重要作品也提出檢討,表現得最明顯的,就是啖助等人批駁三書所敘有關孔子述《春秋》原因的部份:

其一,在《春秋左氏經傳集解》方面。杜預認為《春秋》經的出現主要是肇因於「周德既衰,官失其守,諸所記注,多違舊章」,有鑑於典章制度隳壞,孔子於是「因魯史策書成文」,希望能夠藉此「考其真偽,志其典禮」、「上以尊周公之遺制,下以明將來之法」,為周王室倡明固有典禮體制。(〈春秋序〉,《春秋左傳正義》,卷1,頁9上—9下)對於杜預《春秋》為重建周代禮制典章而作的說法,啖助覺得不妥,他認為周王室雖然衰微,但是當時「《禮經》未泯,化人足矣」,如果只是單純為了申明禮制,那麼《春秋》經實在沒有出現的必要;同時,子游、子夏都深得孔門學術精髓,「其於典禮,故當洽聞」,而《春秋》既然如杜預所說是為明周代典禮所作,詳於禮制的子游、子夏不可能「不能贊一辭」,由此可見,杜預的說解是不正確的。(〈春秋宗指議第一〉,《春秋集傳纂例》,卷1,頁1—3)

其二,在《春秋公羊傳解詁》方面,何休以為孔子之所以著《春秋》,是為了「黜周王魯,變周之文,從先代之質」。[2]對

---

[2] 何休「黜周王魯」說見於杜預〈春秋序〉與孔穎達《春秋左傳正義》的徵引論述。(《春秋左傳正義》,卷1,頁23上—24

於何休的解說，啖助認爲，雖然《春秋》一書誠如何休所言是爲了因應「救周之弊，革禮之薄」的需要而產生，然而革除周代文化弊病，爲周王室創造復興的契機，就是孔子述《春秋》的最終目的，並非何休居於「名位」立場推演出來的「黜周王魯」觀念。因此，啖助覺得何休的見解可以說是「雖得其用」，卻是「用非其所」，犯了認識過於膚淺的毛病。此外，啖助還認爲：孔子因爲「夫子傷主威不行」，於是在述作《春秋》之際特別「首王正以大一統，先王人以黜諸侯，不書戰以示莫敵，稱天王以表無二尊」，充份表現了「唯王爲大，邈矣崇高」的「尊王」思想，而何休不能體察經書真義，妄以「黜周王魯」爲《春秋》撰作最終目的的行爲，實在是「悖禮誣聖，反《經》毀《傳》，訓人以逆，罪莫大焉」。（〈春秋宗指議第一〉）

其三，在《春秋穀梁傳集解》方面，范寧認爲由於「平王東遷，周室衰弱，天下板蕩，王道盡矣」，爲了「明黜陟，著勸戒，成天下之事業，定天下之邪正」，使「善人勸焉，淫人懼焉」，孔子於是撰述了《春秋》經；從上述文字看來，范寧似乎將「勸善懼淫」視作《春秋》的最大功用。（〈春秋穀梁傳序〉，《穀梁傳注疏》，卷首，頁 4 上—5 上）同樣地，啖助對此也提出批評，認爲歷代史書都包藏著「勸善懲惡」的功能，如果將此視爲孔子編輯《春秋》經的目的，可以說對《春秋》沒有深入的認識。（〈春秋宗指議第一〉）在從《春秋》撰作原因的角度批判了杜預、何休、范寧的說法之後，「啖趙學派」不但就各人所言指陳杜預的言論簡陋，何休的看法淺末不得其門，而范寧的意見則只是粗陳梗概、殊無深指，更認爲「三家之說，誠未達乎《春秋》大宗，安可議其深指？可謂宏綱既失，萬目從而大去者也。」可以說直接推翻了三部注解對《春秋》學發展的貢獻。

（四）以己意説經

「啖趙學派」解經的特色，就如《新唐書·儒林傳》所言，是所謂的「摭訕三家，不本所承，自用名學，憑私臆決」。其中「摭訕三家，不本所承」，在先前所述批評《三傳》、駁斥注疏等行為之中已經展露無遺；至於「自用名學，憑臆私決」，就是以本身的認識判斷經說的是非、選取適合的解釋，甚或為經書創造新詮釋，這種方式簡單地說就是「以己意解經」。「啖趙學派」如何實踐以己意解經，〈啖氏集注義例第四〉說道：

> 啖氏曰：予所注經傳，若舊注理通，則依而書之；小有
> 不安，則隨文改易；若理不盡者，則演而通之；理之不
> 通者，則全削而別注。……（《春秋集傳纂例》，卷 1，
> 頁 5）

在這段敘述之中，啖助說得很清楚：舊說之中能夠確實闡釋經書的部份，則全數徵引；說解中如果含有不合適的部份，則稍作修正；若是舊《注》無法完全發揮經文義理，則依循經書文字推演義理、補充其不足；至於對經文的認識與詮釋產生錯誤引導的解說，則完全捨棄，重新建立合於經書義理的注解。就在這些作法上，對於舊有的《春秋》學相關經說，「啖趙學派」完全掌握了主導權，新作品中所徵引的舊說，是經過啖助等人檢覈認可的部份，而對於舊說的批判、改正、刪除與創立新詮釋，也同樣都是出自啖、趙、陸三人對經書的親身體驗，涵蓋於經學研究之中的所有環節，都以學者的個人認識作為最終判斷標準，「以己意解經」的基本精神，可以說在此完整地顯露出來。

（五）否定《左傳》為左邱明所作

自從漢代劉歆稱《左傳》為邱明所作之後，學者莫不遵循，

對於這個說法，趙匡覺得不以爲然，認爲：其一，「《左氏》解經，淺於《公》、《穀》」，書中存在著許多「誣謬」，才學過人的左邱明，不可能編撰出如此拙劣的作品。其二，孔子經常引古人以「自比」，如「竊比於我老彭」，而《論語·微子篇》中孔子在稱許伯夷、柳下惠等六人時，提到「我則異於是」，說「我則異於是」，可見左邱明是孔子以前的賢人，左氏既然是孔子以前的賢人，可見邱明因《春秋》而作《左傳》的說法是無稽之談。其三，以同是題爲左邱明撰的《左傳》、《國語》互相比較，二書不但文體不相倫類，而且「敘事又多乖剌」，所以必定不是同一人所作。有了上述的認識之後，趙匡確定了《左傳》不是邱明作品的觀念，並且說：「自古豈止有一邱明姓左乎？何乃見題左氏悉稱邱明？」直接駁斥了舊諗。同時，基於對《左傳》非邱明所作的理解，對於諸儒所傳誦自左邱明啓始的《左傳》傳承系統，趙氏也提出批判，以爲「其僞可之也」。（〈趙氏損益義第五〉，《春秋集傳纂例》，卷 1，頁 5—10）

在大略了解了趙匡對舊傳《左傳》作者的批評之後，筆者以爲，趙氏的觀點與論點固然在《春秋》學的範圍裡可以聊備一說，但是從經學史發展的立場來看，趙匡闡述的內容是次要的，研究者不必一字一句地探尋苛求，計較其中意見的正確性，應該要注意的是趙匡對舊傳經書的作者已經產生懷疑，就是因爲有這種懷疑精神，學者才得以突破「注疏之學」的限制，去蕪存菁，開創符合當時進步人文精神的新學風，趙匡的作法，除了表示「啖趙學派」的《春秋》學確實能突破舊藩籬、展現新風貌之外，也是新的經學研究風氣已經在當時形成的明證。

在敘述過「啖趙學派」研究《春秋》學的特色之後，可以發現：其一，就啖助針對《春秋》撰作原因而鋪陳的理論來看，說「尊王」觀念是「啖趙學派」《春秋》學的思想重心，應該是

極爲恰當的。事實上，就論述的內容而言，「啖趙學派」之所以極力強調「尊王」觀念，主要是受到唐中葉以來政治情勢的影響；當時皇權衰微、王化不興、藩鎮割據、破碎體制，惡劣的社會環境刺激了知識份子的思想，就在新思潮急遽湧現的鼓動下，爲了貶抑地方割據勢力、推崇李唐皇室，「啖趙學派」於是建立了以「尊王」爲中心的《春秋》學研究新體系。在「尊王」觀念的促擁下，啖助等人對於諸家經解之中有害於「尊王」思想的部份均大加撻伐，何休的《春秋公羊解詁》提倡「黜周王魯」，認爲周王不可能復興，貶低周王室地位，就受到啖助「悖禮誣聖，反《經》毀《傳》，訓人以逆，罪莫大焉」的嚴厲批判；杜預以爲《春秋》經是爲建立新典制而作，忽略了由周王室制定的舊章尙存，范寧認爲《春秋》經的主旨在勸善懲惡，漠視其中申明王道的重要議題，也同樣遭受到簡陋、認識不夠深入的指責；這些表現其實可以說是「啖趙學派」爲了因應政治需要而開啓《春秋》學研究新路徑的初步證明。同時，「啖趙學派」還強調周王室雖然式微，但是由王室制定的典章「未泯」，仍舊足以擔負推行教化的功能，而且，即使周天子無權，在平王東遷之初，「人習餘化，苟有過惡，當以王法正之」，王室制定的法規，仍然是勸善懲惡必須依據的標準。從表面上看，啖助等人只是在確定周室先王建立的典制尙存，足以依循以匡正時弊，而孔子作《春秋》只是單純地在推明「王道」、尊崇周王室的觀念；實際上，面對藩鎮擅權、中央政府號令無法通行全國、社稷傾危的局面，爲了證明皇朝仍然保有生命力，尋求李唐政權能夠延續的歷史證據，「啖趙學派」於是以《春秋》經作爲發揮的據點，藉著經書大義與歷史真相闡明唐室先皇制定的典章尙存，是重建社會秩序必定要遵循的唯一途徑，並且鼓吹政治權力應該從地方政權完全回歸到唐室天子手中，而一切政治事

務則必須接受中央政府節制。雖然「啖趙學派」的學說與主張對現實政治沒有發揮正面作用，藩鎮割據最後仍然成爲李唐政權覆亡的最主要原因，但是啖助、趙匡、陸淳等人因爲現實環境的刺激而掀起的《春秋》學研究新風潮，或許不能認定爲宋人《春秋》學的淵源，卻確實地說明了歷代《春秋》學因爲呼應各時期的特別需要而呈現出不同重點、特色、面貌的可能性。其二，相對於唐中葉以前學者篤守「先儒章句」的保守心態，掎摭舊說、駁斥注疏、批判《三傳》等作法可以說是「啖趙學派」解經的最大特點。事實上，雖然沒有確定的口號，對於掎摭舊說、不信注疏、懷疑三《傳》等基本信念的堅持，等於已經明白地宣告啖助等人認爲《春秋》經是《春秋》學研究領域中唯一可信的部份。另一方面，除了根據經文直接創說的部份，「啖趙學派」在新作品的編輯過程中針對舊經說進行選取與刪節所依據的標準，雖然從來沒有被提出來說明，但是從《春秋》之文原本簡易如天地、義理原本著明如日月，由於後人「因《疏》迷《注》，因《注》迷《經》」、「黨其所習」、「不識宗本」，才會造成《春秋》之義「幾乎泯滅」的說法來看，說啖助等人所依循的準則就是從《春秋》經的記載中尋獲的義理，應該是合理的。(〈啖氏集傳集注義第三〉,《春秋集傳纂例》，卷1，頁4—5)綜合上述文字，可以知道：從表象上看，雖然「啖趙學派」之所以能夠針對孔子希望藉著《春秋》經的編撰而表現出來的「大義」推演出不同於前的詮釋與發揮，完全是得力於研究方式的創新，但是就實質內容來說，這些方式的展開就是「啖趙學派」的《春秋》學研究具備了「回歸原典」精神的正面表現。其三，啖助與趙匡認爲，《三傳》的原始面貌不但密合於《春秋》經，原本解說也能契合孔子本意，但是在後人「以濫說附益其中」之後，《三傳》成爲正邪雜揉、是非相參的著作，於是，「學者

迷宗」，研究者因為《三傳》的阻礙而誤解了《春秋》大義。基於這些認識，「啖趙學派」開始針對《三傳》以及相關著作逐一進行檢覈，並且揚棄不合理的解釋。就文字敘述以及個別現象看來，從懷疑思想產生到修正行動發生，對於「啖趙學派」本身而言似乎顯得相當簡單自然，但是從經學史的角度來說，一切思想與行動都是凸顯經學研究風氣轉變的重要環節。在《春秋》學解釋史方面，「啖趙學派」檢討《三傳》得失，去蕪存菁，雖然表現出強烈的批判色彩，但是他們不拘泥於前儒家法，《三傳》中說《春秋》大義可取的部份，不論出自何人，一概沿用，卻是《春秋》學研究者不再拘泥於師說傳承，能夠廣覽博徵，突破固有限制的宣示；另一方面，雖然「啖趙學派」大力批判《三傳》，揚棄舊說，希望能夠擺脫《三傳》的束縛直探《春秋》本意，但是他們卻不得不承認舊說之中仍有可取之處，而且在作品之中也保留了不少前人說經可信的篇幅，筆者以為，不論這些被保留下來的舊說是否能夠完整地詮釋《春秋》或者符合孔子真義，「啖趙學派」援用舊經說的行為都是研究《春秋》無法完全脫離《三傳》確實例證。在疑傳疑經風氣方面，「啖趙學派」認為經書或者傳文在成立之初都是正確無缺失的，但是在經過後人的附益增刪之後，原本文易曉、義易明的面貌逐漸喪失，是非夾雜、疑義叢生，終於無法令學者完全信任；雖然「啖趙學派」的意見是針對《三傳》的缺失而發，出發點與實質內容不一定與後世學者「疑傳疑經」的行為相彷彿，但是能夠體察到經書之中確實存在著錯誤，對於突破舊有經學授受體制與「疑傳疑經」風氣的形成可以說具有正面意義；此外，「啖趙學派」指出經書裡的錯誤形成於傳遞過程之中，與後來宋儒認為經書中的錯誤是因為經過漢儒的傳授而產生的觀念幾乎一致，兩者相似的情形雖然不能說明宋儒的疑經思想直接承襲自

「啖趙學派」，但卻是啖助等人的經學思想超越當時，甚至能夠影響後世經學研究的最有力見證。

除了以《春秋》學為研究專題的「啖趙學派」之外，唐代中晚期還出現了一批「新經學」的創造者，這些學者大多服膺韓愈所倡導的「古文運動」與「道統說」，也就是所謂的「古文家」，在追尋經書義理與傳遞聖人正道的責任驅使之下，古文家們發展出與「注疏之學」截然不同的經學研究體系，他們的研究成果與意見對新學風的成立可以說產生了舉足輕重的影響：

（一）「道統說」的建立

由於黃老與佛教勢力龐大，義理深沉，掩蓋了儒家思想的發展路徑，士子深受炫惑，當時言道德仁義者「不入于老，則入于佛」，完全喪失孔門精神，為了與佛老抗衡，重建儒家義理體系，韓愈於是挺身提倡「道統」思想。韓愈道統思想的中心，就是所謂的「先王之道」、「先王之教」，也就是蘊含於經書中的義理；除了中心思想，韓愈並且聯繫儒家思想體系中的重要人物，建立了「堯、舜、禹、湯、文、武、周公、孔子、孟子、揚雄、王通」的義理傳承順序。（〈原道〉、《昌黎先生集》，卷11，頁1下—4下）

在「道統說」成立之後，經書義理超越文字訓詁，成為儒家學者研究經書必定追求的首要目標，而被列入「道統說」的聖人或經學家也成為學者模擬的對象。於是，對經書義理的探尋、模仿推演「道統體系」中諸位聖人以及經學家的經學思想或是研究經學方式便成為古文家從事經學研究工作的指導，推動了新經學的產生。

（二）指正舊經說的錯誤

正如梁任公說的，韓愈研究經學的高超處就是「離開舊時的訓詁方法，想於諸經之中，另得義理」（《儒家哲學》，第四章，

頁 39），於是，在人文思想進步的學術背景下，揚棄舊方式與著重義理探究使得古文家對經書的理解表現出與前儒不同的面貌。事實上，韓愈等人割捨的不只是形式上的限制，固有經說中不能承擔義理發揮、解釋有誤差的部份，同樣也遭到古文家的批駁，而在古文家的著作之中，韓愈與李翱合著的《論語筆解》最能表現出這種批判精神：

1・〈學而篇〉「君子食無求飽章」經文：「敏於事而慎於言，就有道而正焉。」

孔安國《注》云：「正，謂問事是非。」解釋為問事之是非於有道德者。（《論語義疏》，卷 1，頁 15 上）

韓愈認為：「正謂問道，非問事也」，「就有道而正焉」正確的解釋應該是問道於有道德者。原因是「上句言事，下句言道」，在經文中分別得很清楚，孔安國不了解兩則句子各具獨立意義，將「事」與「道」混而無別，才產生誤解。（《論語筆解》，卷上，頁 2 上—2 下）

2・〈里仁篇〉經文：「子游曰：『事君數，斯辱矣；朋友數，斯疏矣。』」

孔安國（韓、李均作包咸）《注》云：「數，謂速數之數。」解釋為急速。（《論語義疏》，卷 2，頁 35 上）

韓愈認為：「數當謂頻數之數」，應該解釋為頻繁、頻仍。原因是「君命召，不俟駕，速也」，急君之命是人臣的本分，事君者豈能「以速為辱乎」？同時，李翱也認為：從朋友相處之道來說，「朋友頻瀆，則益疏矣」，所以，數應該解釋為頻繁，舊說解為「速數」，是違反經書大義的。（《論語筆解》，卷上，頁 8 上—8 下）

3・〈泰伯篇〉「大哉堯之為君章」經文：「唯天為大，唯堯則之；蕩蕩乎民無能名焉。」

包咸《注》云：「布德廣遠，民無能識其名。」（《論語義疏》，卷4，頁34上）

韓愈認為：因為堯的仁德如天，百姓無法形容其德行恩澤的高遠，所以「無能識其名」應該解釋為無法形容、描寫，不應該解釋為「不識其名」。（《論語筆解》，卷上，頁16下）

4．〈子張篇〉經文：「子夏曰：『大德不踰閑，小德出入可也。』」孔安國《注》云：「閑猶法也。小德不能不踰法，故曰出入可也。」（《論語義疏》，卷10，頁5下—6上）

韓愈與李翱認為：「大德，聖人也」，子夏說「大德不踰閑」，指的是學者無法越過聖人之學的門閫、窺見其堂奧，而且「大德之人豈於法耶」？所以，孔安國將「閑」解釋為「法」，「謂大德不踰法」，在解釋上是有偏差的。（《論語筆解》，卷下，頁14上）

雖然上述幾則例子無法充分表現韓愈與李翱在《論語》學上的造詣，但是從這些例子之中不僅可以認識到韓、李等人對經學舊說的不信任態度，似乎也可以發現到古文家與注疏學者解經的基本差異：對注疏學者來說，雖然經書義理是經學家必須追求的目標，但是在文字訓詁是經書詮釋重心的形式下，經常是獨立不具整體性的逐字或逐句訓解是否真的能夠負擔闡明整體經書義理的標準，其實是沒有把握的；對古文家來說，整體經書義理的追求是經學研究的第一要務，於是，即使某項文字訓詁在個別立場上是正確的，但是在無法負擔整體義理情形下，這項解釋也會被否認。就如孔安國解「閑」為「法」，從字面意義的層次來說是可以成立的，然而在整體義理要求的層次上，以「閑」為「法」的解釋顯然就沒有辦法呼應以「大德」為「聖人」的認識了。由於這個基本差異，在韓愈等極力追尋經書大義的學者眼中，注疏很容易出現無關或者誤解經書義理

的部份，或許這就是新經學對「注疏之學」多有批判的原因。

（三）·更動經書文字

　　重視經書義理的追尋除了讓古文家批判注疏，也促使韓愈等人對經書文字的正確性發生懷疑，並且改動經書文字：

1·〈公冶長篇〉經文：「宰予晝寢。」

　　韓愈認爲：「晝當爲畫字之誤也」，原因是「宰予四科十哲，安得有晝寢之責乎，假或偃息，亦未深誅。」宰予既然身列孔門十哲，是孔子的優秀弟子，自然不可能怠惰疏懶，作息不正常，而招致責難；再者，若是宰予真的在白晝偶而稍作休憩，照理說也只是一件無關重大的小事，孔子絕對不會如此嚴厲地責備，所以，根據義理判斷，「晝」字應該是「畫」字的筆誤。（《論語筆解》，卷上，頁 10 上）

2·〈子罕篇〉經文：「子絕四：毋意、毋必、毋固、毋我。」

　　韓愈認爲：「無任意即是無專必也，無固行即是無有己身也」，「毋意」與「無必」、「無固」與「無我」雖然文字不同，但是意義一致，所以孔子「其實絕二而已」。李翺承襲師說，認爲傳經者「見四『毋』字，不曉其中二義而已」，於是將「二」誤書爲「四」。（《論語筆解》，卷上，頁 17 上－17 下）

3·〈先進篇〉「子路、曾皙、冉有、公西華侍坐章」經文：「暮春者，春服既成，得冠者 五六人、童子六七人，浴乎舞雩」

　　韓愈認爲：「周三月，夏之正月」，時序正值隆冬，「安有浴之理哉」？於是主張「『浴』當爲『沿』字之誤也」，改「浴乎舞雩」爲「沿乎舞雩」。（《論語筆解》，卷下，頁 4 下）

4·〈憲問篇〉經文：「子曰：『君子而不仁者有矣夫，未有小人而仁者也。』」

　　韓愈認爲：「豈有君子而不仁者乎？既稱小人，又豈求其仁

耶?」從整體意義上說，經文中出現「仁」字是不合理的，所以，「仁」字應該是「備」字之誤。李翱承襲師訓，並引孔安國《注》「雖曰君子，猶未能備」爲證，說明「『仁』誠字誤」。(《論語筆解》，卷下，頁8下—9上)

在看過上述四例之後，可以發現韓愈改動經書文字是以本身對經書義理的認識爲依歸，完全沒有文獻學或文字學方面的理由，從表面上看雖然言之成理，實際上卻是難以令人信服的。雖然韓愈改動經書文字的整體表現並不高明，但是在經學發展史中卻是「疑經改經」思想成立的重要指標。此外，從韓愈改易經書文字時所抱持的主觀態度看來，說古文家也是「以己意解經」方式的實行者，應該是正確的。

（四）懷疑經書作者

針對舊傳經書作者，古文家提出質疑兩項質疑，一是認爲《詩序》非子夏作，一是認爲《論語》不是孔子弟子所記。

指陳子夏並非《詩序》作者的學者是古文運動的倡導人韓愈。在〈議詩序〉一文中，韓愈說：

> 子夏不序《詩》有三焉：知不及，一也；暴揚「中冓之私」，《春秋》所不道，二也；諸侯猶世，不敢以云，三也。(楊慎：《升菴經說》引古本《韓文》，卷4，頁59)

在此，韓愈認爲：其一，子夏的學養智識不足，沒有能力著《詩序》。其二，宣姜淫亂，衛國宮廷紛亂，孔子述《春秋》時諱而不書，子夏深得孔門真義，不可能違背師訓，在《詩序》中論說此事。其三，當時諸侯公室尚存，《詩序》若真是子夏所作，其中必定不敢有所譏刺。雖然這些說法遭到楊慎的駁斥，並認爲這篇文章是僞作，但是在沒有確切的證據之前，以上所述仍

然是歷代討論經書作者課題中的重要資料。此外，就楊慎認爲這些意見事實上與「朱子去《序》之意吻合」的現象來看，這些資料若是果真出自韓愈之手，對《詩經》解釋史便具有相當重大的意義。

認爲《論語》不是孔子弟子所記的學者是柳宗元。在《柳河東文集‧論語辯》一文的上篇中，柳子厚對《論語》是孔子弟子所記的舊說提出質疑，他認爲曾子既然是孔子最小的學生，那麼曾子去世的時候，其他的弟子照理來說應該也已經不在人世了，而就《論語》中記載了曾子死的事情，可以推見《論語》並非全然由孔子弟子手記。又柳氏以爲孔門諸生在《論語》中都以字作爲稱呼，唯有曾子不同，因此可以知道《論語》必定是曾子弟子樂正子春以及子思所記；或者是孔子的及門弟子曾經對先前的言論有所記錄，形成書面資料，最後由曾子弟子編輯成書。（《柳河東全集》，卷 4，頁 7 上—7 下）這些觀點不但顯示柳宗元對舊傳的經書作者產生懷疑，也證明了唐代學者對經書經說的觀察已經超越前儒，能夠發現其中的矛盾所在，有能力從事經學中的考辨工作。

（五）修補經書亡篇

從漢代以來，學者便開始爲經書修補闕佚。漢儒爲《周官》補入《考工記》，鄭僖補《白華詩》、荀勗著《詩擬》、束晳與潘岳撰《補亡詩》，都是經學史中著名的事蹟。唐代中葉以後，爲經書補闕拾遺的風氣越來越盛，掌控當時經學研究風氣的古文家自然也參與了這項工作：[3]

1‧白居易：補「逸《書》」〈湯征篇〉。（《白氏長慶集》，卷 28，

---

[3] 本項所舉諸人除皮日休之外，應該都不是古文運動家，但是爲了清楚表達當時學者的補經風氣，特別將活動時間相近的作者集中說明。

頁 147）

2・陳黯：補〈禹誥〉。（《全唐文》，卷 767，頁 28 下）

3・皮日休：補〈九夏歌〉。（《皮子文藪》，卷 3，頁 21—23）
補《大戴禮・祭法》文。（《皮子文藪》，卷 4，頁 30—31）

與前代侷限於對《詩經》的修補相比，唐中葉以後的補經活動在範圍上擴大了，在同一時間之內竟然有多位學者爲不同的經書作修補工作，可見當時學者對經書的正確性與可信程度的確產生了普遍而且深切的懷疑。事實上，雖然唐代學者爲經書修補的篇章終究不能與經書本文相提並論，但是就經書早已具備官方標準本，而學者爲經書補闕的活動卻相當頻繁的情況而言，筆者以爲，舊典範再也無法限制經學研究的進步，已經成爲必然趨勢了。

除了上述幾項特色之外，韓愈在〈寄盧仝〉一詩中提到「《春秋》《五傳》（一作《三傳》）束高閣，獨抱遺《經》究終始」而揭示的「回歸原典」觀念；（《昌黎先生集》，卷 5，頁 4 上｜5 上）在五〈原〉諸文中論說義理、設立「道統說」，提倡尊孟思想，說孟子「功不在禹下」，（〈與孟簡尚書書〉，《昌黎先生集》，卷 18，頁 6 下—9 上）最後經過皮日休、林慎思等人的鼓吹而帶動了《孟子》學的發展；李翱藉〈復性書〉發揚〈中庸〉、〈大學〉中的思想，成爲宋儒研究「四書」的先驅者；皮日休撰〈春秋決疑〉十篇（《皮子文藪》，卷 3，頁 23—24）、〈補泓戰語〉（《皮子文藪》，卷 5，頁 35—36）等文，採取設定主題、議論事理的模式，摒除舊有逐字逐句作訓詁、隨文解經的方式，建立了「議論解經」的初步形式；都可以說是古文家對經學研究的貢獻。

唐代中晚期除了團隊色彩鮮明的「啖趙學派」與「古文家集團」之外，還有幾位對突破舊學藩籬有所貢獻個人學者：

1・沈朗：

唐宣宗大中年間（西元 847—859）爲《毛詩》博士，認爲〈關雎〉述「后妃之德」，不應該居「三百篇」之首，於是「別撰二篇爲《堯、舜詩》，取〈虞人之箴〉爲《禹詩》，取〈大雅·文王之篇〉爲《文王詩》」，並以此四篇置於〈關雎〉之前，爲《詩經》之首。（《兼明書》，卷 2，頁 15）沈朗的行爲，包括了補經與更動經書篇章。

2·成伯璵：

著《毛詩指說》，認爲〈詩大序〉與〈小序〉首句是子夏作，〈小序〉第二句起爲毛公作。（《毛詩指說》頁 8 下—9 上）與前人說〈詩序〉全是子夏作有別，其討論可以歸入懷疑經書作者的部份。

3·司空圖：

撰〈疑經〉一文，指陳《春秋》經「天王使來求金」、「天王使來求車」的記載違背了《春秋》「尊君卑臣」、爲顯者諱的原則。因此認爲「求」是「責」字之誤；而如果文字上沒有錯誤，那麼揚棄舊解釋，將經文應該讀爲「天王使來。求金」、「天王使來。求金」，表示求金、求車是使者私下的要求。（《司空表聖文集》，卷 3，頁 14—14）司空圖的意見包含了「疑經改經」與「懷疑舊經說」兩項。

4·丘光庭：

著有《兼明書》，書中條列了對經書與舊經說的檢討文字。如說《尚書·武成篇》經文「血流飄杵」不合常理，應該改爲「血流飄杆」（卷 2，頁 14）；說皇侃解《論語·述而篇》經文「飯蔬食」爲「菜食」不正確，「蔬食」應該解釋爲「麤飯」（卷 3，頁 31）。此外，丘氏還修補了〈新宮〉、〈茅鴟〉兩首亡詩（卷 2，頁 19—22）。綜合來說，丘光庭的表現包含了「疑經改經」、「補經」、「批駁注疏」等三類。

　　根據以上所述，唐中葉以後的經學研究大致可以歸結爲以下幾點：其一，對「注疏之學」產生質疑，開始擁有批判、選擇或者揚棄舊說的能力。其二，著重經書義理的追尋，逐漸脫離文字訓詁等說經舊方式，開始針對經書進行全盤或者某項整體命題的檢討其三，意識到經書記載可能包含了不正確的部份、文字篇章可能不完整、舊傳作者可能不可信，於是開始了「疑經」「改經」、「補經」以及探究經書真正作者的活動。其四，基於現實政治社會環境的需要或者學術活動性質的轉變，開始有目的地提倡某些特定經書的研究。綜合來說，這些現象確實印證了中晚唐是舊典範即將崩潰，能夠切合時代需要的新經學正在形成的看法。

　　至於晚唐經學風氣給後世經學研究帶來的影響，梁任公說得很清楚：

> 漢人解經，注重訓詁名物；宋人解經，專講義裡。這兩派學風截然不同，啖趙等在中間正好作一樞紐，一方面把從前那種沿襲的解經方法推翻了去，一方面把後來那種獨斷的解經方法開發了出來。啖趙等傳授上與宋人無大關係，但見解上很有關係，承先啓後，他們的功勞，亦自不可埋沒阿！（《儒家哲學》，第四章，頁 36）

在這段文字裡，梁任公指出啖助、趙匡等人是新、舊經學轉折的重要人物，事實上，誠如林師慶彰說的，「凡是在當時被稱爲『異儒』的學者如韓愈、皮日休等人，也都是這個轉變形成的關鍵人物。(〈唐代後期經學的新發展〉）同時，梁氏也認爲雖然沒有直接的傳承關係，晚唐經學仍然是宋人治經突破舊典範的濫觴。根據這個認識，筆者以爲：在「宋學」還沒有完全成立

之前，經學研究者是不是有超越性的表現，晚唐經學所展現的就是最佳指標。因此，在以下專爲討論宋代初年新經學發展梗概而設的篇幅裡，將以晚唐經學擁有的特色作爲檢覈的標準。

第二節　宋初經學家對批判「注疏之學」

與「疑經改經」、「補經」觀念的推展

一、對「注疏之學」的批判

　　在《五經正義》與「七經義疏」陸續編校板刊之後，從唐代以後一直依靠著科舉考試與官方權威大行其道的「注疏之學」體系完全建立，並且發展到極致；於是，在政府政策的限制下，學者都認為宋代初年的經學研究環境普遍存在著「守章句注疏之學」（《能改齋漫錄‧事始‧注疏之學》，卷2，頁26）、「談經者守訓故而不鑿」（《困學紀聞‧經說》，卷8，頁774）的保守風氣。事實上，認為宋初學者治經仍然停留在「注疏之學」的範圍內，就整體面貌而言雖然可以說是正確的，但是對某些承襲唐代新經學思潮或是解經有獨到見解的學者來說，這樣的規範與形容卻是不合適的。

　　宋代初年對「注疏之學」提出整體批判的，首推柳開，柳開繼承唐代韓愈創立的「道統思想」，對於經書義理特別重視，因此，對於著重文字訓詁與名物制度考據、無法完全闡釋經義，被韓愈摒棄於「道統」之外的「注疏之學」，也表現出不信任的態度。關於柳開對注疏的態度，張景在〈柳公行狀〉中說得很清楚：「公凡誦經籍，不從講學，不由疏義，悉曉其大旨，注疏之流，多為其指摘。」（《全宋文》，冊7，卷271，頁313）同時，柳開自己在〈補亡先生傳〉中也說：「先生又以諸家傳解箋注于經者，多未窮達其義理，常曰：『吾他日終悉別為注解矣。』」（《全宋文》，冊3，卷123，頁691）這兩段文字除了展現出柳開研讀經書不依賴注疏、能夠發掘指證「注疏之學」的誤謬之

外,最重要的是還具體呈現了柳開認為注疏無法達成經書義理追尋的治經首要目標,因而希望將「注疏之學」全面推翻,並且為經書重作新注的構想。在閱讀過以上的敘述之後,學者應該會同意柳開對「注疏之學」的批判是相當嚴厲的。

在整體駁斥與批判之外,柳開對某些特別經說也進行了糾舉,在〈補亡先生傳〉裡,他說:

> 先生……大以鄭氏箋《詩》為不可,曰:「吾見玄之為心,務以異其毛公也,徒欲強己一時之名,非能通先師之旨。且《詩》之立言,不執其體,幾與《易》象同奧,若玄之是《箋》,皆可削去之耳。」又以《論語集解》闕注者過半。……

在此,柳開不但指責何晏《論語集解》解說過於簡略,也針對《鄭箋》提出了強烈的批判。《論語集解》說經過於疏略,其中解說無法擔負完整訓釋《論語》的責任,是學者都認定的事實,柳開的指責並不算新奇;但是全面地否定《詩經》學史上的偉大著作《鄭箋》,卻是相當大膽的,就連堪稱宋人治《詩》表率的朱子也沒有如此激烈的行為,在《詩經》學史中可以說是獨樹一格。至於《毛傳》與《鄭箋》之間的公案,學術界一直叨嚷紛紛,唐代孔穎達等人在編纂《毛詩正義》時,對於二者之間解經說訓的差異分歧總是極力彌縫,不敢有所辨析,柳開斥責鄭玄,認為鄭氏說《詩》「務以異其毛公」、違背經旨,除了再次說明柳氏已經認識到鄭玄解經的失誤之外,也顯示出他的經學研究已經跨越了《正義》之學的藩籬,不再受「注疏之學」的限制,具有批判舊經學的能力了。

除了柳開,活動時期稍晚的石介也對「注疏之學」進行過

批判，與柳開相同，石氏之所以不滿意「注疏之學」，與他服膺韓愈的「道統說」，急於追求經書中的聖人義理有關，在〈上孫少傅書〉中，他說：

> 《春秋》者，孔氏《經》而已，今則有左氏、公羊、穀梁氏三家之《傳》焉。《周易》者，伏羲、文王、周公、孔子而已，今則說者有二十餘家焉。《詩》者，仲尼刪之而已，今則有齊、韓、毛、鄭雜焉。《書》者，出於孔壁而已，今則有古今之異焉。《禮》則周公制之、孔子定之而已，今則有大戴、小戴之《記》焉。是非相擾，黑白相渝，學者茫然慌忽，如盲者求諸幽室之中，惡睹夫道之所適從也？（《全宋文》，冊15，卷622，頁222－224）

在這段文字之中，石介不但說「漢唐注疏之學」中的要角《三傳》、《毛傳》、《鄭箋》、《禮記》等書非但不是學者研讀經書、認識聖人義理的可靠依據，更認為這些經說「掔正經之旨，崩析而百分之，離先儒之言，叛散而各守之」，破碎了經文的真正意旨，掩蓋了經書的真正面目；從此，在各是其是、各非其非的情況下，學者無法分清是非黑白，經學研究的層次也就降低了。石介的這些意見，其實與鄭樵所謂「諸儒窮經而經絕」（《通志·校讎略》，卷71，頁831）的意見相當類似，可以說是相當強烈的。在全面否定的意識之下，「注疏之學」的優點如《三傳》為《春秋》序書例、記史實，《毛傳》、《鄭箋》為《詩經》明訓詁、道詩旨，《大、小戴禮記》為《禮經》明制度，都變成割裂經書、離亂經義的缺點，因此顯得一無是處。除了以上的意見之外，石介還說：

> 左氏、公羊氏、穀梁氏，或親孔子，或去孔子未遠，亦
> 不能盡得聖人之意。至漢大儒董仲舒、劉向，晉杜預，
> 唐孔穎，達雖探討甚勤，終亦不能至《春秋》之蘊。(〈與
> 張洞進士書〉，《全宋文》，冊 15，卷 621，頁 215)
>
> 文中子曰：「九師興而《易》道微，《三傳》作而《春秋》
> 散，齊、韓、毛、鄭，《詩》之末也，大戴、小戴，《禮》
> 之衰也。」……《易》，其九師之蠹乎？《春秋》，其《三
> 傳》之蠹乎？《詩》，其齊、韓、毛、鄭之蠹乎？《禮》，
> 其大戴、小戴之蠹乎？(〈錄蠹書魚辭〉，《全宋文》，冊
> 15，卷 627，頁 294)

在以上兩段敘述中，石介除了重申「注疏之學」無法正確承擔解經任務，對學者認識經書、探求聖人義理造成了重重妨礙之外，更嚴厲地指責「漢唐注疏之學」是經書的「蠹蟲」，這樣的形容，可以說是當時對「注疏之學」的最強烈批判。

　　除了上述在文章書信中針對「注疏之學」提出的直接駁斥之外，宋初經學家在解經專著中也所有表現，精研《易》學的老儒王昭素與撰寫《演聖通論》的胡旦便是其中的代表。

　　關於王昭素的《易論》三十三卷，《玉海·藝文部》徵引南宋陳騤編輯的《中興館閣書目》說：「昭素以王、韓注《易》及孔、馬《疏》義或未盡，乃著此《論》。」(卷 36，頁 18 上－18下)同時，晁公武《郡齋讀書志》也說王氏著《易論》是「以注疏異同互相詰難，蔽以己意。」(卷 1 上，頁 20)除此之外，元代胡一桂的《周易啟蒙翼傳》更是直接說該書「以注疏同異互相難詰，蔽以己意」、「專辨注疏同異」(中篇·頁 41 上)。

　　根據《中興館閣書目》的說法，可以知道王昭素之所以進行《易論》的修撰是因為當時說解《易經》的最重要文獻——

王弼、韓康伯所作的《注》,孔穎達、馬嘉運所編集的《疏》無法完整正確地訓解經書的緣故。於是,就在《注》、《疏》的確有缺失的認識之下,王昭素《易論》的內容展現了「以注疏同異互相詰難」、「專辨注疏同異」——考定注疏說解是非的特色。雖然《易論》已經亡佚,學者無法就內容探討其中旨要,只能依賴文獻記載大略推見其梗概,但是從王昭素以比較進步的歷史認識與人文思想批駁王弼、孔穎達講〈復卦〉採用「六日七分說」的錯誤來看,(《漢上易傳》徵引,《卦圖》,卷下,頁14下)說《易論》一書確確實實存在著修正舊說的部份,應該是合理的。能夠擺脫限制,發現注疏的錯誤,進而辨正其中違失,王昭素當然也可以算是宋代初年批判「注疏之學」的學者之一。

相對於只局限在《易》學討論中的《易論》,胡旦的《演聖通論》所涵蓋的範圍顯得較為寬廣,根據文獻記載,六十卷的《演聖通論》包含了對《周易》、《尚書》、《詩經》、《禮記》、《春秋》、《論語》六部經書的討論詮釋。胡旦討論這六部經書的方式與態度為何,《崇文總目》說:「(胡旦)以《易》、《詩》、《書》、《論語》,先儒《傳》、《注》得失參糅,故作《論》而辨正之。」(《崇文總目》,卷1,頁33)由此可見,胡旦與王昭素相同,都是因為發現了前儒經說之中的不正確部份,所以著書予以指正;同時,晁公武的《郡齋讀書志》也說胡旦的《演聖通論》是專門討論「六經傳、注得失」的著作,對於胡旦檢討「注疏之學」的色彩可以說作了清晰的描繪。除了整體性的說明之外,關於《演聖通論》討論《春秋》的部份,當時的文獻記載也有敘述,針對「別行」的《春秋演聖通論》(《郡齋讀書志》),《崇文總目》說該書「多摭杜氏之失,有裨經旨」(卷1,頁27),既然是「多摭杜注之失」,顯然,在胡旦的《春秋》學研究中,杜預的《春秋經傳集解》是不能切合需要的;此外,根據王應

麟「胡旦有《易演聖通論》十六卷,多引注疏及王昭素《論》為之商榷」的說法(《玉海‧藝文部》,卷 36,頁 18 下),可以知道胡旦對於《周易》王弼《注》與孔穎達《疏》都有批評。

雖然《演聖通論》已經全數亡佚,而且相關的記錄也殘缺不全,但是就現存所有記載都以胡旦的《演聖通論》對《傳》、《注》缺失多有指正為陳述要點的現象來看,說批判「注疏之學」是胡氏經學研究的重要環節,應該是合理的。

此外,《崇文總目》說黃敏求著《九經餘義》一百卷「撮諸家之說,是非者裁正之」(卷 1,頁 33);《宋史‧儒林傳》說周堯卿研讀《詩經》能「見毛、鄭得失」,研讀《春秋》「於《三傳》異同,均有所不取」(卷 432,頁 12874);應該都可以視作學者不受「注疏之學」規範、突破傳統典範的表現。

除了整體的討論或專注的展現之外,宋初學者也曾經針對「漢唐注疏之學」中的某些錯誤進行單獨檢討:

1‧王禹偁:

　　作〈明夷九三爻象論〉(《全宋文》冊四,卷 151,頁 445—447),檢討王弼《注》的誤失。

2‧釋智圓:

　　作〈周公撻伯禽論〉(《全宋文》,冊 8,卷 311,頁 233—234),批評《禮記‧文王世子篇》記載的偏差與鄭玄的誣妄。

　　作〈道德仁藝解〉(《全宋文》,冊 8,卷 312,頁 256—257),指陳何晏以黃老觀念解釋《論語‧述而篇》:「志于道,據于德,依于仁,游于藝。」中「道」字的不當。

3‧石介:

　　作〈釋汝墳卒章〉(《全宋文》,冊 15,卷 627,頁 293),討論鄭玄箋《詩經‧周南‧汝墳》末章的錯誤。

　　作〈憂勤非損壽論〉(《全宋文》,冊 15,卷 630,頁 325—

326），指摘鄭 玄注《禮記·文王世子篇》的舛誤。

作〈春秋說〉（《全宋文》，冊 15，卷 630，頁 335—337），糾正三《傳》為《春秋》經所設書例的闕失。

貫串以上各項討論，可以發現宋代初年的經學家與晚唐新經學的創造者相同，的確已經對「注疏之學」展開批判行動了。這些學者之所以批判「注疏之學」，有一部份是因為注疏無法達成經書義理的探求，有一部份是因為注疏對經書的解釋確實有錯誤，然而不論原因為何、檢討內容是否正確，能夠對施行久遠的「注疏之學」提出批判，都顯示出當時的經學家對經書的認識已經超越或者不同於前儒，而這個差異正是後來經學研究風氣發生重大轉變的主要因素。

二「疑經改經」、「補經」觀念的落實

與晚唐諸儒相同，宋代初年的經學家在「疑經改經」以及「補經」等活動上也有建樹：

（一）懷疑經書作者

宋初對舊傳經書作者問題的質疑檢討，主要集中於《易經》中的《十翼》部份以及《儀禮》兩者，其中懷疑《十翼》並非孔子所作的學者為王昭素與范諤昌，而以范諤昌的說法較為顯著；懷疑《儀禮》並非周公所作的學者則是樂史。

由於范諤昌的著作《易證墜簡》早已亡佚，因此，想要了解范諤昌質疑檢討《十翼》作者的梗概，就必須從陳振孫的《直齋書錄解題》以及朱震的《漢上易叢說》著手。《直齋書錄解題》在談到《易證墜簡》一書時，說該書「上卷如郭京《舉正》；下卷辨〈繫辭〉非孔子命名，止可謂之贊繫」，並且下卷「又有〈補注〉一篇，辨周孔述作，與諸儒異」。（卷 1，頁 7—8）朱震的

《漢上易叢說》則說：

> 范諤昌著《易證墜簡》，曰諸卦〈彖象〉、〈爻辭小象〉、〈乾、
> 坤文言〉並周公作；自〈文言〉以下，孔子述也。……
> 諤昌又謂〈乾卦〉「答問」以下為孔子贊《易》之辭，非
> 〈文言〉也。（頁14上－16上）

除此之外，宋人鄭剛中的《周易窺餘·自序》也說：「范諤昌誤
疑〈乾·彖〉與〈文言〉重複，而謂文王為〈彖〉……」（《頁
2下》）。

　　綜合這些敘述可以發現，范諤昌認為：其一，《十翼》中的
〈大象〉、〈小象〉以及〈文言〉的作者是周公，而〈繫辭〉、〈說
卦〉、〈雜卦〉、〈序卦〉則確實是孔子的作品。其二，原來被歸
屬在〈乾文言〉之中的問答體並非〈文言〉的一部份，而是孔
子的「贊《易》之辭」。其三，〈乾卦〉的〈彖辭〉與〈乾文言〉
都解釋了「元亨利貞」，說解重複，所以不可能是同一人的作品，
而〈乾文言〉既然確定是周公所為，那麼〈乾卦〉的〈彖辭〉
當然就不是周公的作品了，於是，在孔子沒有作〈彖辭〉的前
提之下，范諤昌認為〈乾卦·大象〉的作者是文王，而〈彖辭〉
也就成為文王、周公二人合著的作品了。顯然，對於舊傳孔子
作《十翼》的說法，范諤昌是不相信的，從這些說法看來，陳
振孫說他「辨周孔述作，與諸儒異」，曾經討論過《十翼》的作
者問題，確實是不錯的。

　　至於范諤昌提出上述檢討的原因，由於《易證墜簡》亡佚
殆盡，現今已無法完全考得。根據《漢上易叢說》的陳述，范
氏是因為「〈乾·彖〉釋『元亨利貞』，〈文言〉又從而釋之，疑
其重複」，所以認為〈彖辭〉和〈文言〉並非出自一人之手；而

認定〈文言〉不是孔子所作，則是因為魯成公十七年（前 575），
穆姜在占筮時就已經覆誦過〈乾文言〉的文句，此時距孔子生
年（魯襄公二十二年，前 551）尚早二十二載，既然〈乾文言〉
在孔子出生以前就已行世，那麼〈文言〉的作者就不可能是孔
子了。

　　相較於范諤昌說《十翼》作者的複雜現象，樂史針對周公
是否為《儀禮》作者所提出的質疑就顯得單純多了。樂史懷疑
《儀禮》非周公所作的篇幅保留在宋人章如愚編輯的《群書考
索》之中，這些文字展現了五個疑點：

> 漢儒傳授《曲臺雜記》，後馬融、鄭眾始傳《周官》，而
> 《儀禮》未嘗以教授，一疑也。
>
> 《周禮》缺〈冬官〉，求之千金不可得，使有《儀禮》全
> 書，諸儒寧不獻之朝乎？班固「九流」、劉歆《七略》並
> 不著《儀禮》；魏、晉、梁、陳之間，是書始行，二疑也。
>
> 〈聘禮篇〉所記賓行饔餼之物、禾米芻薪之數、籩豆簠
> 簋之實、銅壺鼎鼐之列，考之《周官・掌客》之說不同，
> 三疑也。
>
> 其中一篇〈喪服〉，蓋講師設問難以相解釋之辭，非周公
> 之書，四疑也。
>
> 《周官》所載，自王以下至公侯伯子男，皆有其
> 禮，而《儀禮》所謂〈公食大夫禮〉及〈燕禮〉，皆公與
> 卿大夫之事，不及於王，而他篇所言，曰「主人」、曰「賓」
> 而以，似侯國之書，使周公當太平之時，豈不設天子
> 之禮？五疑也。（〈經史門・儀禮〉，前集，卷 9，頁 5 下―
> 6 上）

在這段文字裡,樂史認為:其一,在漢代的《禮》學系統之中,《禮記》、《周禮》是傳授的重心,而既然同是周公所作的重要典籍,學者卻從未以《儀禮》教學,可見該書在漢代是否確實存在非常值得懷疑。其二,從文獻學的角度來說,漢代政府對《周禮》的亡篇〈冬官〉非常重視,懸賞千金、極力搜尋,如果有一部與《周禮》性質相近、同為周公所作的《儀禮》全書行世,學者必定會上報朝廷,史冊也一定會有所記載,而《儀禮》卻沒有出現在記載當時文獻資料的《七略》與《漢書·藝文志》中,直到三國時期才略見通行,可見該書的來源有問題。其三,就《儀禮·聘禮》對於器物禮制的記載與《周禮·冬官·掌客》的記載有出入的情況而言,兩書的作者不會是同一個人。其四,以自設問答方式成篇的〈喪服篇〉,所登載的都是學者講師之間的討論意見,並非周公所書,可見《儀禮》不是周公的作品。其五,周公為周朝制禮作樂,所著禮書的記載應該是全面性的,而《儀禮》所載全數是諸侯、卿大夫、士人的禮制禮節,對天子之禮完全沒有觸及,可見《儀禮》根本不是周公的作品。基於以上五項認識,樂史認為《儀禮》絕對不是周公所作。

在閱讀過樂史的「五疑」之後,筆者以為,雖然樂史所舉的意見有時候失之武斷,不能完全使人信服,但是在意識的表達上卻是相當強烈的,就在這些強烈的表現之下,說樂史不相信《儀禮》周公所作,應該是可以成立的。

在大略敘述了宋代初年學者對於舊傳經書作者的檢討之後,除了可以確定當時的經學家與晚唐學者相同,也有懷疑經書作者的行為之外,從他們用以駁斥舊說的理由中,似乎也可以發現宋初學者對經書的認識的確比前人深入:同樣是研讀《周易》,前儒無所發現,但是范諤昌卻能就〈彖辭〉與〈文言〉中

的重複推測二者並非出自一人之手；同樣是研讀《三禮》，前儒無從考較，但是樂史卻能夠因為比較《周禮》與《儀禮》對相同事物記載的差異與《儀禮》本身記載的不足性提出周公不是《儀禮》作者的論點。就此而言，即使是針對經書作者問題的討論不能成立，范、樂二人的表現也可以作為宋代初年經學家治經能夠衝破固有典範的指標。

（二）·更動經書文字與篇章

　　從事更改經書文字活動的學者，事實上在宋代初年並不多見，見於文獻記載的，只有王昭素、胡旦、范諤昌三人，很湊巧地，他們所更動的都是《易經》的經文。由於三者的著作都已亡失，所以只能從相關記載之中略窺他們改動經書文字的梗概。

　　在王昭素方面，殘存的資料集中於朱震的《漢上易傳》與元代董真卿的《周易會通》，共有十四則，屬於《上、下經》的八則（〈隨卦〉一則朱、周二人皆有徵引）、屬於〈繫辭傳〉的有四則、屬於〈序卦傳〉的有一則。屬於《上、下經》者如：

1·〈坤卦·初六·小象〉：「履霜堅冰，陰始凝也。」（《周易正義》，卷1，頁23下）

　　王昭素引徐氏（不詳何人）的說法，認為無「堅冰」二字。（《周易會通》，卷2，頁8下）

2·〈隨卦·彖傳〉：「天下隨時。」（《周易正義》，卷3，頁1下）

　　王昭素說：「舊本無此『時』字，乃有『之』字。」（《周易會通》，卷4，頁26上）

　　《漢上易傳》引王氏之言云：「舊本多不連『時』字。」（卷2，頁31下）

3·〈震卦·彖辭〉：「出可以守宗廟社稷。」（《周易正義》，卷

5，頁 24 上）

王昭素引的徐氏說法，認爲「『出』字上脫『不喪上邕』四字」。（《周易會通》，卷 10，頁 4 下）

4・〈巽卦・彖傳〉：「重巽以申命。」（《周易正義》，卷 6，頁 7 上）

王昭素考校王弼《注》，發現《注》文中有「命乃行也」四字，認爲「『命』字下脫『命乃行也』四字」。（《漢上易傳》，卷 6，頁 13 上）

屬於〈繫辭傳〉者如：

1・〈繫辭傳・上・第九章〉：「遂成天地之文。」（《周易正義》，卷，頁 24 下）

王昭素說「天地之文」「諸本多作『天下之文』」。（《周易會通》，卷 12，頁 41 上）

2・〈繫辭傳・下・第二章〉：「觀鳥獸之文與地之宜。」（《周易正義》，卷 8，頁 4 下）

王昭素說：「印本『地』上脫一『天』字，諸本多有。」（《周易會通》，卷 13，頁 5 上）

屬於〈序卦傳〉的一則是：

〈序卦傳〉：「離者，麗也。」（《周易正義》，卷 9，頁 12）

王昭素說：「諸本更有三句，云：『麗必有所感，故受之以咸。咸者，感也。』」（《周易會通》，卷 14，頁 21 上）

在胡旦方面，能夠尋檢到的只有一則：

1・〈隨卦・彖傳〉：「天下隨時。」（《周易正義》，卷 3，頁 1 下）

胡旦認爲：小篆「之」字作「屮」、「時」字作「旹」，由於字型相近，在經書由篆文轉寫爲隸書時於是產生混淆，因而造成將「隨之」誤爲「隨時」的情形，所以，「隨時」應

該依據王肅本改爲「隨之」。(《漢上易傳》,卷2,頁31下)

在范諤昌方面,文獻中確實可見的有三則:

1 ·〈井卦·彖傳〉:「巽乎水。」(《周易正義》,卷5,頁15上)

范諤昌認爲:「巽乎水」應該改爲「巽乎木」(《漢上易傳》,卷5,頁29上)

2 ·〈震卦·彖辭〉:「出可以守宗廟社稷。」(《周易正義》,卷5,頁24上)

范諤昌認爲:「出」字上脫「不喪上鬯」四字。(《郡齋讀書志》,卷1,頁20—21)

3 ·〈漸卦·上九〉:「漸鴻于陸。」(《周易正義》,卷5,頁31下)

范諤昌認爲:「陸」字誤。(《郡齋讀書志》,卷1,頁20—21)

在大致條列了王昭素、胡旦、范諤昌三人更改經書文字的內容之後,筆者以爲:從三者對經書文字提出意見時多少都徵引了舊說的情況看來(如王昭素引「徐氏說」與「舊本」、胡旦引「王肅本」),可以發現王、胡、范三人所從事的活動在形式上非常接近校勘,與唐玄宗因爲個人看法而更改《尚書·洪範篇》的行爲在實質內容上相差很遠。然而不論是否應該視爲純粹校勘,就三人尋找各家之說以定正經文的舉措而言,他們希望追求經書最原始面貌的意念是可以被肯定的,而這種尋求經書原始面貌的期望,或者就是後人「疑經改經」觀念的原始出發點,如果真是如此,那麼王昭素、胡旦、范諤昌三人的表現,也許就是後世經學家改易經書文字的最初形式了。

除了經書文字的改動外,宋初經學家也進行了經書篇章的調整工作,非常巧合地,與更動經書文字相同,文獻記載之中宋代初年針對經書篇章進行改易的學術活動也都集中於《周易》

一書。

在文獻記載之中，宋代初年針對《易經》內部篇章進行改動的學者有王昭素以及胡旦。王昭素的改動集中於〈繫辭上傳〉：

1・將孔《疏》的第三章從「《易》與天地準」至最末句「故知死生之說」（《周易正義》，卷7，頁9上）全數併入第四章。（《漢上易傳》，卷7，頁7下）

2・將孔《疏》第七章（《周易正義》，卷7，頁18下—20下）全數併入第六章（《周易正義》，卷7，頁16上—18下）。（《漢上易傳》，卷7，頁7下）

胡旦的改動今日可見者有一則，在〈繫辭下傳〉：

將孔《疏》第一章「天地之大德曰生」以下文字與第二章全篇、第三章「陽卦多陰」以前數句併為一章，同時將孔《疏》第三章「陽卦多陰」以下文句與第四章併為一章。（《漢上易傳》，卷8，頁4下）

上述三例，朱震在徵引時僅說明是「依王昭素說」或者「依胡旦說」，並未完整敘述王氏與胡氏的作法與用意，所以無法從中推得二者作如此更動的原因。然而就經學史發展的角度來說，恢復經書原貌就是學者因尊經而更動經書章句的最大理由，他們更動〈繫辭傳〉章句的作法，除了再一次證明當時學者的確已經有了「疑經改經」的觀念之外，似乎也為宋代「恢復經書古本運動」的起因與初期作法找到了可能的說明與實例。

針對《易經》實行整體更動工作的經學家是胡旦，透過董真卿《周易會通》書前〈周易經傳歷代因革〉（葉七上）一文的記錄，可以知道胡旦的《周易演聖通論》將《易經》分成「經」、「傳」兩部份。「經」就是《周易》「上下經」，分為兩篇；「傳」就是所謂的《十翼》，分為〈彖〉、〈大象〉、〈小象〉、〈乾文言〉、

〈坤文言〉、〈上繫〉、〈下繫〉、〈說卦〉、〈序卦〉、〈雜卦〉十個
單元，共十篇。胡旦的作法，在《經》分「上、下」的部份與
當時已經刊板、獲得中央政府承認、成為標準模式王弼本沒有
差別；但是，在《十翼》的編排上，卻與王弼所採行的方式大
異其趣：王弼將《十翼》中的〈彖辭〉、〈大象〉、〈小象〉、〈文
言〉打散，分置於各卦卦、爻辭之下，而胡旦則是將《十翼》
中的每一篇集中編次，使其各自擁有完整獨立的篇幅，相對於
王弼本來說，改動的痕跡非常明顯，兩者的差別可以說是相當
大的。對於胡旦所制訂的體例，朱震相當肯定，認為「先儒數
十篇之次，其說不一，獨胡旦為不失其旨」(《漢上易叢說》，葉
十六上)，並且在撰寫《漢上易傳》時全數因襲。

在大致探討過胡旦對《易經》篇章更易的行為之後，筆者
以為，與更動經書文字的用意相同，胡旦為《周易》建立新體
制，主要的用意就是想要恢復《易經》的最原始面貌，也許胡
旦不像晁說之等人有清楚的概念與響亮的口號，但是胡旦的作
法卻確實地表示出「恢復古《周易》」的行動在《周易演聖通論》
開始編輯之初已經發生了。

（三）補經書亡篇

宋初為經書修補亡佚的文字與篇章的學者只有柳開一人，
他曾經說：「讀夫子文章，恨《詩》、《書》、《禮》、《樂》下至《經》
（可能專指《春秋》）遭秦焚毀，各有亡佚，到今求一字語要加
于存者，無復可有，況其盡得之乎！」(《〈五峰集序〉，全宋文》，
冊 3，卷 121，頁 650—651）認為經書經過秦火以及後世輾轉相
傳，文字亡失的情形是存在的。於是，柳開依照傳、記、注疏
的記載，在經書有闕漏的地方作修補，而編寫成《補亡篇》九
十篇。

當然，為經書修補亡篇並非出自柳開本身的構思，而是前

有所承，。唐代後期古文家爲經書修補亡篇的行爲，對於尊崇
韓愈的柳開而言可以說具有強烈的示範作用；而且，被韓愈納
入「道統」傳承中的隋朝大儒文中子王通不但意在承繼孔子之
道，更有志於立言，希望能夠接續六經的記載，因而從事「續
經」的工作。柳開自認爲承續「道統」，因此援用了王通「續經」
的精神，從事經書修補的工作。他的學生張景在〈柳公行狀〉
中說：「公……慕文中子王通續經，且不得見，故經籍之篇有亡
其辭者，輒補之，自號補亡先生。」直接了當地指出柳開補經
的作法是淵源自王通的「續經」。

柳開修補經書，一是根據經書傳記，一是根據他所認定的
經書義理。傳記所陳述的，如果蘊涵著義理，那麼他便依照其
中的義理推演成篇，訴諸文字；如果傳記之中並沒有義理的成
份，或者應該有所記載卻漏失，那麼他便依照本身的推論，爲
經書創造相合的義理與文字，繁衍成篇。此外，如果遭遇到傳
記的辭義都已闕漏的情況，爲了免除其他人對所補經文的疑
惑，在正式開始文字纂寫工作之前，柳開總會先立論說明，〈補
亡先生傳〉談到他補經的手續時說：

> 凡傳有義者，即據而作之；無之者，復己出辭義焉。……
> 既而辭義有俱亡不知其可者，慮人之惑，先生即皆先立
> 論以定其是非，用質其旨要。

態度之慎重可見一斑。

雖然《補亡篇》已經全數亡佚，學者無法根據其內容討論
柳開補經的得失，但是通過對柳開補經原因與行爲的檢討，卻
可以發現宋初新經學與唐代末期新學風的承續關係，對於經學
發展史來說，這項發現也許是最重要的。另一方面，相對於唐

代後期古文家爲經書所補的單篇單章，柳開的《補亡篇》九十篇在數量與篇幅上顯然要超出許多，當然，篇幅的增加並不能夠代表研究層次的提昇，但是卻能夠顯示出柳開在補經工作上的確竭盡心力、有所進步，從這個現象看來，說唐代後期經學家所創建的新經學體系在宋代初年已經發展逐漸完整並且影響範圍擴大，或許可以成立。

第三節 「議論解經」方式的施行與

「以己意說經」的確立

一、「議論解經」方式的施行

　　撰寫文章議論道理，本來就是文章家為文的目的之一，這種討論含蓋的範圍極為廣闊，幾乎所有的命題如哲學、政治、經濟、文學、史學都是可以討論的要點。至於以議論文章詮釋經書的方式，由於從漢代以來解經的方式著重在文字訓詁與名物制度的說明，所以並沒有長足的發展。自從唐代韓愈、柳宗元二人提倡古文運動，鼓吹「道統」思想，並且主張「文以載道」以後，散文創作的範疇再一次被擴大，討論經學命題的作品於是跟著出現，如柳宗元撰〈論語辨〉討論〈論語〉作者問題，皮日休撰〈春秋決疑〉說明《春秋》經中有疑義的記載十項、撰〈補泓戰語〉駁斥《公羊傳》說理的偏頗，這些文章的出現，代表了「議論解經」最初形式的建立。

　　古文運動到了宋代初年有了持續性的發展，由於印刷技術的進步與文獻記載的日益詳實，使得宋初許多文學家的作品與事蹟都被保存下來，尋檢這些資料，可以發現當時的學者也有運用經學命題撰寫文章的現象，其中比較顯著的，有王禹偁、釋智圓、石介三人。

（一）王禹偁

　　王禹偁有五篇「議論解經」的作品，在沒有經學專著的情況下，這些文章充分地展現了他的經學思想：

1.〈明夷九三爻象論〉（《全宋文》冊四，卷151，頁445—447）

　　〈明夷九三爻象論〉是王禹偁解經諸篇的表率，在這篇文

章主要是針對王弼《周易注》解釋經文的錯誤而發。關於〈明夷卦〉經文「明夷於南狩，得其大首，不可疾貞。」王弼《注》說：「處下體之上，居文明之極，上為至晦，入地之物也。故夷其明以獲南狩，得大首也。南狩者，發其明也。既誅其主，將正其民，民之迷也，其日固以久矣，化宜以漸，不可遽正，故曰不可疾貞。」對於王弼的說法，王禹偁提出反駁，認為：作《易》者的用意主要是在彰顯文王「三分天下有其二，猶率諸侯以事紂」的沉潛精神，所謂「得其大首」並不是指對征服敵國、擄獲首酋，「不可疾貞」也不是在說教化勝國百姓應該要採取和緩政策，經文的意思是在說明文王雖然具備了征服商紂的實力，但是為了謹守君臣之義，他並沒有積極地從事滅殷的工作。此外，王禹偁又運用《尚書》〈泰誓〉、〈武成〉經文與《偽孔傳》及其他文獻中關於武王伐紂的記載，用來作為文王不曾伐紂的證據。由於有不同的認識，王禹偁對於王弼的說法作出了「何其誤也」的批評，雖然他在文章中曾經說王弼的《周易注》「諸家莫之及」，但是對於有疑問的部份也會提出反省，不再盲目屈從。

2・〈既往不咎論〉（《全宋文》，冊4，卷151，頁437—438）

〈既往不咎論〉是王禹偁為了解析《論語・八佾篇》「成事不說，遂事不諫，既往不咎」三句經文的深層意義而撰寫的文章。王禹偁認為，孔子完全是因為宰我「周人以栗，使民戰栗也」的說法太過無稽，為了使宰我能夠謹慎言行，所以才會說出如此不尋常的言語。而這些不尋常的言語，純粹是「夫子戒宰我一時之言」，並不是孔子處事的標準，如果誤會了孔子的用意，人人「成事不說，遂事不諫，既往不咎」，將會造成「上安其危，下稔其禍；事卒不言，言

卒不聽」，而使社稷覆亡，所以，王氏鼓勵學者要用心去體會經書中的深層義理，不能只探求字面上的意義。

3・〈死喪速貧朽論〉(《全宋文》，冊 4，卷 151，頁 438─439)

針對《禮記・檀弓篇》中有若、子游、曾子三人討論孔子是否有「喪欲速貧，死欲速朽」觀念的過程，王禹偁在〈死喪速貧朽論〉提出檢討。在本文中，孔子的觀念到底如何並非討論的重點，王氏在此要表現的，是對經書記載的質疑。對於子游等人將孔子的思想作出兩種截然不同解釋的情形，王禹偁：保存聖人言論義理的經書，應該不能存在模稜兩可、混淆是非的記載；雖然整個討論是在曾子、有若、子游三位孔子的嫡傳弟子之間進行，而討論所獲得的結果也是正確的，但仍然會對義理的追尋造成某種程度的阻礙。經書既然有神聖的地位，就應該正確地記載文字，編輯者應該要有所選擇，要能夠明白分辨文獻的適當性，將正確且有助於聖人義理的部份記錄下來，對於錯誤及混淆的部份，即使出於聖人門下，也應該略而不載。這些說法，證明了王氏在對經書的認識上的確比「墨守章句」的前儒來得深入。

4・〈省試四科取士何先論〉(《全宋文》，冊 4，卷 151，頁 448─450)

〈五福先後論〉(《全宋文》，冊 4，卷 151，頁 450─451)

〈省試四科取士何先論〉、〈五福先後論〉兩篇雖然各取材自《論語・先進篇》與《尚書・洪範篇》，但所論述的主題與模式卻一致，均是以「尊德行」為前提，針對經書文字的次序及涵意作解釋與批判的。〈省試四科取士何先論〉主要是從人才選取的角度詮釋孔門「德行、言語、政事、文學」四學科的內涵與排列順序的道理。在闡明孔門「尊德

行」與引用經文證明「德行科」翹楚言回也能兼善「言語」、「政事」、「文學」等才能之後，王禹偁提出說明，認爲「四科」的排列順序不但蘊含著深厚義理，而且也是孔子對士子爲學應該首重「德行」的宣示。相同的情況發生於〈五福先後論〉一文中，王禹偁基於「好德」的前提，對於箕子將「五福」──「富、壽、康寧、攸好德、考終命」作如此排列感到不滿，認爲箕子「陳五福」，「將以教人而垂世，盍以德爲首乎？」而且〈洪範篇〉中所討論的，應該是百世遵循的教條，實在不能輕忽，而妄誕其說。因此，王禹偁提出「攸好德」應該在「五福」中列首位的意見，用以凸顯聖人「重修德」的義理，作爲士子爲學的典範。

（二）釋智圓

智圓雖然是佛家子弟，但是對韓愈推行以儒家思想爲中心「古文運動」以及「道統說」非常推崇，因此，他不但有佛學方面的作品，也有與唐代後期古文家相同的表現，在「議論解經」方面，智圓有兩篇作品，一篇是〈周公撻伯禽論〉，一篇是〈道德仁藝解〉：

1．〈周公撻伯禽論〉（《全宋文》，冊8，卷311，頁233─234）

在〈周公撻伯禽論〉中，智圓針對《禮記‧文王世子篇》（智圓誤爲〈曾子問〉）「周公相，踐祚而治，抗世子法於伯禽，欲令成王之知父子君臣長幼之道。成王有過，則撻于伯禽，所以示成王世子之道也。」關於周公因成王有過失而責打伯禽的記載提出檢討，認爲「周公，大聖也，治其家有治國之道」，有罪必罰，有功必賞，不可能因爲成王有過而責備伯禽，顛倒是非；而且伯禽是周公嫡子，撻伯禽等於撻周公，因此，從人倫的角度來看，周公因爲成王犯錯而處罰伯禽，是不可信的。從以上的辨析之中，可知

道智圓認為《禮記》的記載是錯誤的,於是,他指出「周公撻伯禽」是「傳之者濫耳」,而且鄭玄「隨而妄注」也是必須批評的。

2.〈道德仁藝解〉(《全宋文》,冊 8,卷 312,頁 256—257)

在〈道德仁藝解〉中,智圓以議論的形式詮釋《論語‧述而篇》:「志于道,據于德,依于仁,游于藝。」這段儒家學者視為標竿的文字。在本文中,受到韓愈〈原道〉一文的影響,智圓將中國哲學史中一向難以定位的「道」解釋為「五常」,也就是所謂的「仁、義、禮、智、信」。同時,智圓對何晏用老子「道」的觀念來作詮釋的方式感到不滿,批評何晏:「玷儒教亦甚矣。」不但顯示智圓對注疏具有反省檢討的能力,也說明了他對儒家思想的專精。

(三)石介

石介不但承襲韓愈思想,是「古文運動」的執行者,對於儒家義理的追尋也非常執著,可以說是宋代初年後期的重要思想家,在「議論解經」方面,他有兩篇作品:

1.〈釋汝墳卒章〉(《全宋文》,冊 15,卷 627,頁 293)

〈釋汝墳卒章〉是討論鄭玄箋《詩》錯誤的文章。對於鄭玄將《詩經‧周南‧汝墳》最後一章末兩句「雖則如燬,父母孔邇」中的父母解釋為雙親的說法,石介覺得不滿意,認為在紂王的暴政之下,即使是最慈愛的雙親,也無法憐恤子女,更不用說要子女惦念著父母,因此說詩人所謂父母,並非一般人所說的雙親,而是別有指涉。石介進一步轉述《詩序》的說法,認為「〈汝墳〉,道化行也,文王之化行乎汝墳之國。」雖然紂王的苛政酷虐,人民不堪其苦,但是因為文王德化被布於「汝墳之國」,在生活艱困的情形下,百姓卻仍然愛戴文王如父母。在上述的認識下,石介

將所謂「父母孔邇」解釋成「紂亡之日可待也，民望文王不遠矣」，也就是說文王取代紂王、德化仁政取代暴虐苛政的時日已經接近了，因此所謂「父母」，實際上指的就是文王，並非《鄭箋》說的雙親。對於鄭玄的解釋，石介認為是「似未達詩人之旨」，這個評語對於千年來被視為《詩經》學正宗的《鄭箋》來說，無疑是相當嚴厲的批判。

2‧〈憂勤非損壽論〉（《全宋文》，冊15，卷630，頁325－327）

〈憂勤非損壽論〉是討論鄭玄注《禮記‧文王世子篇》失誤的文字。鄭玄注《禮記‧文王世子篇》時說：「文王以憂勤損壽，武王以安樂延年。」對於鄭玄的注解，石介認為：經過歷史觀察，堯、舜、禹、湯一生都是憂且勤，但是卻也都得享長壽，證明了「憂勤所以延年，非損壽也；安樂所以損壽，非延年也」，所以鄭玄的說法是錯誤的。在證明了鄭玄的解說有誤差之後，石介更認為從東漢以後歷代君主耽於逸樂、疏於政事，都是肇因於鄭玄不正確解說的誤導，於是他說「康成之言，其害深矣」，對《禮記》鄭玄《注》提出了嚴厲的批判。

除了上述幾位在「議論解經」方面表現較為顯著的學者之外，宋代初年還有幾篇以經學為議題的作品。如夏竦撰〈曾子不列四科論〉（《全宋文》，冊9，卷351，頁145－146），說明曾子因為學行不足，所以無法列名「四科」之中，解除了學者對「曾參于孔門為達者」，卻不能進入「四科十哲」的疑惑；廖偁撰〈洪範論〉（《全宋文》，冊9，卷361，頁300－301），認為《尚書‧洪範篇》所載「皆人事之常而前古之達道也」，所以應該是「前賢之所啟」、「出于前聖之心」，並非如《偽孔傳》與劉歆、班固諸儒所云是「出于天」，可以說是針對前儒「洛出書，神龜負文而出」的迷信說法提出的批判。

在大略敘述過宋代初年經學家的「議論解經」文章後，筆者以爲，從參與人數的增加與各學者在議題擬定、討論方式、立論基礎、探究深度方面都有成熟的表現看來，可以知道「議論解經」的體制在宋代初年已經完全建立了。就經學史發展的角度而言，「議論解經」在宋初成立，說明了這個在宋代中葉以後極爲盛行的經學研究與創作方式前有所承，也說明了唐代中葉以後逐漸建立的經學方式的確爲後代所承續，更證明了宋代初年的經學並非如前人所說的只是平陂無波、而經學家所能作的僅是因循而沒有開創。

除了對學者了解經學發展史有所貢獻之外，「議論解經」方式的正式成立也刺激了經學研究的進步：其一，就討論的內容而言，「議論解經」方式能夠涵蓋的範圍是非常寬廣的，舉凡文字的訓詁、義理的發揮、經說的審議與評價、經書記載是非的論斷、經書作者的考辨，都能夠在文章中討論，對於學者拓展研究領域與思想方式都極有助益。其二，就研究方法而言，「議論解經」擺脫了「漢唐注疏之學」只能完全依附經書進行隨文注釋、分析章句的方式，使學者能夠直接按照個人經學研究工作上的確實需要進行討論。除了有助於打破舊有經學著作的保守面貌之外，對於無法完成整部經書的詮釋、卻在某些特定的經學命題上抱持著獨特先進看法的學者而言，這樣的改變不但拓展了他們的活動空間，也是這類學者從事經學創作的間接誘因。

二「以己意說經」觀念的確立

所謂的「以己意說經」，並不是專指某個確定的經學方法或是固定的研究模式，而是主導經學研究方向與活動的整體概

念。唐代後期「啖趙學派」治《春秋》學不因循三《傳》舊說、以本身的認識評判經說的適當與否、甚至自創新說，韓愈等人改動經書文字、否定「注疏之學」、按照本身對經書的認識發揮義理，都是「以己意解經」的表現，也就是《新唐書・儒學傳》所陳述的「不本所承，自用名學，憑私臆決」現象。唐代後期既然存在著「以己意說經」的基本意識，那麼觀察當時經學家的表現，或許可以發掘這個學風的實質展現。根據史料的登載，除了整體的概念之外，晚唐「以己意說經」諸儒治經的實際行動可以歸納為兩項：一是對舊有典範的批駁、檢討與揚棄（包括經書與經說），一是強調本身對經書的認識；筆者以為，這兩個重點就是判斷後世經學研究風氣是否包容了「以己意說經」觀念的最直接標準。

根據上述的評定標準，筆者發現：除了守舊的官方經學及其擁護者之外，宋代初年的經學研究可以說充滿著「以己意說經」的傾向。

就批駁代表舊典範「注疏之學」來說，柳開、石介等人全面否定「注疏之學」，希望能夠重新為經書作解，已經將這個意念表現得很強烈；而王禹偁、釋智圓、胡旦、王昭素、黃敏求等人，或是編集專著「辨注疏異同，而蔽以己意」、「論先儒傳注得失」，或是撰寫單篇文章針對注疏的錯誤提出駁斥、依照自身的認識討論經書義理，更是當時學者已經深受「以己意解經」風氣影響的證明。

就更動經書文字與篇章來說，無論是不是有所承襲，王昭素、胡旦、范諤昌等人為了恢復經書舊觀而進行經書文字與章節、整體結構的改易工作時，所秉持的判定原則就是個人對經書的認識，充分地表現出宋代初年的新經學富含著「以己意解經」的色彩。

　　至於柳開「補經」，更是「以己意解經」的典範。經書亡篇的義理存於傳記的，則按照傳記所呈現的義理作經文的修補；經書文字喪失，傳記又不著名義理的部份，則按照本身的推演創造義理、修補經書。很顯然地，在進行「補經」工作之際，柳開唯一的依據就是本身對經書的認識，因此，說他的經學深受「以己意解經」觀念的影響，應該是合理的。

　　在看過上述幾個例子之後，學者應該可以接受宋代初年的新經學具有濃厚「以己意解經」色彩的說法，認識到經學研究的面貌在當時已經確實發生轉變，不再是吳曾、王應麟、皮錫瑞等人所形容的「守故訓而不鑿」或是「篤守古義，無取新奇」的狀態。

下　　篇

第一章　官方學者的經學

　　宋代初年，中央政府除了整理校勘經書、《正義》與《經典釋文》之外，還編修了《三禮圖集注》以及《論語》、《孝經》、《爾雅》三部經書的《注疏》。其中，《三禮圖集注》由聶崇義負責編輯，而《論語》、《孝經》、《爾雅》三經《注疏》則由邢昺、孫奭總領其事。這些經學著作雖然都是以修定舊說為主，卻是宋初官方經學的代表，當然，這些經學家也藉著這些著作表現了個人的經學思想。

第一節　聶崇義《三禮圖集注》及其禮學思想

　　聶崇義，河南洛陽人（今河南洛陽），精研《禮》學，能通貫經書要旨，少年即舉三《禮》科進士。後漢隱帝乾祐年間（948—950），累官至國子監《禮記》博士。後周世宗顯德年間（954—959），任國子監司業兼太常博士。宋太祖建隆二年四月（961）[1]，聶崇義完成《三禮圖》的考校工作，並與尹拙等官員論辨圖說的正確性，隨後不久即辭世，生卒年月無可考。

　　就史料的記載來看，對《禮》學的精闢見解是聶崇義學術

---

[1] 《三禮圖集注》完成的年代，除了《宋史·儒林傳》作「建隆三年」外，《續資治通鑑·宋紀》（卷2，頁31）、《崇文總目》（卷1，頁11）、《直齋書錄解題》卷2，頁47）等書均作「建隆二年」；此外，宋末蒙古時期析城鄭氏家塾重校本《三禮圖集注》中聶崇義的〈自序〉（卷20，頁1上—1下）也作「建隆二年」；可見《宋史》的記載是錯誤的。

思想的重心。事實上，舉三《禮》科進士、爲國子監《禮記》博士，只能說是聶氏《禮》學研究的起點。從後周世宗以後中央政府考校制定「郊廟祭器」、確立「太廟禘祫之禮」、議定「郊廟玉器」均由聶崇義總領其事的現象來說：就內在而言，除了表示聶崇義的《禮》學研究確實成就不凡之外，又說明了聶氏的確達到了將學說應用於實務的《禮》學家最高境界與要求；就外在而言，聶崇義並非貴族門閥，只是「三禮科」進士出身，若非在《禮》學方面有高度成就，是不可能主導制定社稷典制的。因此，《宋史・儒林傳》說他雖然「爲學官，兼掌禮，僅二十年」，而學者儒生「推其該博」（卷 431，頁 12797），應該是合理的評斷。除了嫻熟於《三禮》之學外，聶崇義在後漢國子監校勘刊行經書時，曾負責校定《春秋公羊傳》，對經書文字的整理也有相當的貢獻。聶崇義研究《禮》學最重要的貢獻是編纂《三禮圖集注》一書，本書的修編，不但可以顯示聶氏個人的《禮》學思想，更是展現宋初《禮》學與禮制梗概的指標作品。

一《三禮圖集注》撰作的用意及其形制

　　《三禮圖集注》登載了《周禮》、《儀禮》與《禮記》三者所敘述的禮器與禮制，在形式上絕對是經學著作。但是，如果仔細觀察相關史料，卻可以發現聶崇義編纂本書並非爲了解釋經書。根據《宋史・儒林傳》的記載，聶崇義之所以會編纂《三禮圖集注》，是因爲後周世宗柴榮「詔崇義參定郊廟玉器」，在實務工作的要求下，聶氏「因取《三禮圖》再加考正」。（卷 431，頁 12794）就這段文字而言，聶崇義之所以會展開纂修《三禮圖集注》的工作，很明顯地不是爲了解經，而是爲了制定禮制。

除了《宋史》的載錄外，從竇儼為《三禮圖集注》所作的〈序〉、
聶崇義的〈自序〉與宋太祖的詔令中，也都可以考見這個現象。
首先，聶崇義在〈新定三禮圖自序〉裡說：

> 舊《圖》十卷，形制闕漏，文字省略，名數法式，上下
> 差違，既無所從，難以取象。蓋九傳俗，不知所自也。
> 臣崇義先於顯德三年冬奉命差定郊廟玉器，因敢刪
> 改。……凡所集注，皆周公正《經》、仲尼所定、康成所
> 注、傍依《疏》義。事有未達，則引漢法以況之。……
> 至大宋建隆二年四月辛丑，第敘既訖。冠冕衣服，見吉
> 凶之象焉；宮室車旗，見古今之制焉；弓矢射侯，見尊
> 卑之別焉；鍾鼓管磬，見法度之均焉；祭器祭玉，見大
> 小之數焉；圭璧縩藉，見君臣之序焉；喪葬飾具，見上
> 下之紀焉。舉而行之，易於詳覽。（《三禮圖集注》，卷
> 20，頁1上－1下）

在此，聶氏提供了三個可供檢討的方向：其一，從聶崇義自稱
奉詔校定郊廟玉器，因而展開整理《禮》圖工作的陳述中，可
以證明他編修《三禮圖集注》的目的是為了因應實務禮制的需
求，並不是為了替《三禮》經文所提及的禮制與禮器做詮釋。
其二，在編輯方法上，既然已經體會到舊《禮》圖體例形式有
缺失遺漏、說明文字簡略含混、名目圖像內容有差池，那麼聶
崇義在編定《三禮圖集注》時，大可以捨棄無論在解經或規範
禮制上都無已法達到學者及政府要求的舊《圖》，而依據經書的
載錄重新編次、制作圖像，但是他卻僅僅止於因循舊《圖》，在
原有的基礎上從事「刪改」、進行增補，《禮》經經文、鄭玄《注》
文、孔穎達及賈公彥的《疏》文，與漢代典志的地位相同，只

不過是繪圖制器的參考。聶氏以舊《圖》作爲主要依據，固然是因爲《禮》學家稽古禮文的學術性格與對禮制禮器的討論必須所言有據、不能憑空虛構，另一方面卻也顯示出訓解《三禮》並非《三禮圖集注》產生的因素。其三，聶崇義指陳《三禮圖集注》功用的文字裡，大小法度、君臣尊卑、古今上下，凡是禮制能夠規範的事物都已言及，就是不曾對該書將可以詮釋經文、解決學者研究《三禮》的困惑等功能有所期許，可見聶崇義對《三禮圖集注》是否負擔了訓解《三禮》的責任似乎從未作過考量。此外，在〈新定三禮圖序〉中，竇儼說：

> 國子司業兼太常博士聶崇義，垂髫之歲，篤志於禮，《禮》經之內，游刃其間。每謂《春秋》不經，仲尼恥是；〈關雎〉旣亂，師摯憫之。今吉凶之容，禮樂之器，制度舛錯，失之甚焉。施之於家，猶曰不可，朝廷之大，寧容濫瀆？欲正失於得，返邪於正，潛訪同志，定其《禮》圖。(《三禮圖集注》，卷 1，頁 1 上－2 上)

在這段文字裡，竇儼道出了聶崇義編修《三禮圖集注》的心路歷程，指出聶氏完全是因爲有感於當時「吉凶之容，禮樂之器，制度舛錯，失之甚焉。」喪葬喜慶、禮樂典章隳壞，朝廷廟堂典禮儀節無可遵循的嚴重情況，爲了「正失於得、反邪於正」恢復儀節秩序、重建禮樂制度，因而才有制定《禮》圖的想法。竇儼的敘述，再一次證明了聶崇義作《三禮圖集注》的用意是要糾正當時禮制的錯誤與修補當時禮制的闕漏，並非想要爲《三禮》經文作注解。除了聶崇義、竇儼兩人的敘述外，在詔令中，宋太祖說禮器與禮圖因爲「相承傳用，浸歷年祀」而產生誤差，聶崇義「典事國庠，服膺儒業」，能夠依據實務需要「討尋故實」，

刊正舊《圖》的訛誤，實在是克盡職責、「有足嘉者」。(《宋史‧儒林傳》，卷 431，頁 12794) 對於聶崇義《三禮圖集注》的讚賞，也是停留在能夠正定禮器、禮制實務觀察之上，可見當時沒有人認為《三禮圖集注》是一部解經的著作。

從名稱與內容上來看，《三禮圖集注》一書的確是為了登載《周禮》、《儀禮》、《禮記》三者所敘述的禮器與禮制而產生的，所以應該是一部解釋經書的作品。但是從上述的幾個例子來看，《三禮圖集注》雖然在內容與形式上是經學著作，但是在精神與目的上卻是一部實用性質的典章規範。在探討了聶崇義撰作《三禮圖集注》的用意之後，筆者以為，由於《三禮圖集注》並非解經的專門著作，因此對舊說舊圖的採用在態度上相對於隨文注釋的經學專著來說是比較寬鬆的，只要聶崇義認為合理的，都可以作為繪圖建制的依據；這樣的認識，對於釐清該書引發的經學問題有很大的幫助。《三禮圖集注》完成之後，宋太祖詔令儒臣尹拙等人「詳加參議」，經過研討之後，他們對聶氏的圖、說提出了相當多意見，其中最具代表性的，就是張昭對《三禮圖集注》中「蒼璧」、「黃琮」等說的批評：關於「蒼璧祭天」、「黃琮祭地」的制度，聶崇義以《周禮‧春官‧大宗伯》經文「以蒼璧禮天，以黃琮禮地」(卷 18，頁 24 下) 為據，並且徵引《考工記‧玉人》「璧，好三寸」、賈公彥《疏》「造璧之時，應圜九寸」(卷 41，頁 4 下)、《爾雅‧釋器》「肉倍好謂之璧」(卷 5，頁 18 上)、鄭玄與阮諶舊《圖》「蒼璧九寸，厚寸」(《三禮圖集注》，卷 11，頁 3 上) 諸說法，確定了蒼璧「九寸圓好」直徑九寸中有三寸圓孔、黃琮「八寸無好」直徑八寸中無圓孔，厚度皆為一寸的制度。對於聶崇義的說法，張昭覺得

不滿，[2]他認為：其一，《考工記・玉人》中只有「璧琮九寸」、「琥琮八寸」、「璧羨度尺，好以三寸為度」等記載，並無蒼璧、黃琮的制度。而聶氏所引「璧，好三寸」與「肉倍好謂之璧」諸說，其實是專門解釋「璧羨」形制的文字，根本不能用來說明「蒼璧」制度。其二，鄭玄注《周禮・春官・大宗伯》「蒼璧、黃琮」時，並沒有提到這些玉器的尺寸，他不可能又另作圖畫，違背經文意旨。此外，張昭又引用舊《圖》作者之一梁正的記載，說阮諶的《圖》「多不按《禮》文，而引漢事，與鄭君之文違錯」，因此聶崇義引阮《圖》說「蒼璧九寸，厚寸」的作法是不正確的。其三，自周公制禮作樂以來，從漢代諸儒以至魏、晉以後鄭玄、王肅各學派，講論禮制者從來沒有談過祭玉的尺寸，可見聶崇義的說法是毫無根據的。由於有這些意見，張昭便說「周公所說正經不言尺寸，設使後人謬為之說，安得便入周圖？」指責聶崇義不應該將錯誤的說法置入《三禮圖集注》中，錯解經書。張昭的指摘，明顯地表現出他認為聶崇義的說法不符合經書文字的記載，但是如果學者知悉《三禮圖集注》並不是一部解經專著，便能夠了解聶崇義之所以如此作的原因。聶氏所要面對的，是確實存在並且正在施用中的實務禮制，經文、《注》、《疏》、舊《圖》，都是他創制的依據，經文提到祭玉的名稱，卻沒有言及尺寸，對經學家來說，並不會構成困擾，但是對要執行禮制的《禮》學家而言，卻形成了施行禮制的障礙，因此，對於經文缺乏的部份，聶崇義採用了其他的說法。就這點來說，不管採用的學說適不適合，從務實的角度來說，他是正確的。而學者在了解《三禮圖集注》的性質之後，如果發現該書不能正確而且完整地解釋《三禮》，似乎也不應該予

---

[2] 張昭的議論載於《宋史・儒林傳》，卷431，頁12794—12797。

以苛責。

關於《三禮圖集注》全書的外在形制，可以分為「卷首序言」、「圖說」、「目錄」三項作說明：

其一，各卷卷首「序言」。《三禮圖集注》「圖說」十九卷之中，於卷首列「序言」的有卷一〈冕服圖〉、卷二〈后服圖〉、卷三〈冠冕圖〉、卷五〈投壺圖〉、卷六〈射侯圖〉、卷十一〈祭玉圖〉、卷十五〈喪服圖上〉、卷十六〈喪服圖下〉等八處。除了第三卷〈冠冕圖〉中的文字是專門用於說明將行冠禮者所著的「童子服」應該列於各冠之前，使學者「知禮之自」外，這些卷首「序言」大致是聶崇義分別對各卷圖說的全面性闡釋，其中包含了對該卷所收禮節項目的檢討，對禮制禮器來源、典章史料正確性與編纂原因的說明，使學者能夠因而了解禮制的整體性與聶氏撰著的用意。除了卷首的「序言」之外，聶氏也在某些器物之前列「序」，如〈旌旗圖〉中的「玉輅序」（卷9，頁6上）、〈鼎俎圖〉中的「三鼎序」（卷13，頁2下）等，功用與卷首「序言」類似。

其二，「圖說」部份。這個部份是《三禮圖集注》的主體，聶崇義在各卷卷首先行列舉該卷各項所收禮制或禮器的名目，其後逐項繪圖，文字說明則隨附於每篇圖像之後，在形式上可以說相當簡便，易於查閱。聶氏在此一共標舉了名目三百八十六項，[3] 列圖像四百零七幅。

其三，書末〈目錄〉。聶崇義在〈自序〉中說：「或圖有未

---

[3] 各本（析城鄭氏家塾重校本、清代通志堂刊本、文淵閣四庫全書本）卷一目次均漏列「玄端」、「孤卿絺冕」、「士玄端」三項，因此所列禮制項目為三百八十三。然而從卷二十〈目錄〉的登載包含了「玄端」、「孤卿絺冕」、「士玄端」三項禮制來看，卷一目次原本應該列有這三項禮制，所以總數當為三百八十六。

周,則於〈目錄〉內詳證,以補其闕。」可見《三禮圖集注》的〈目錄〉不但載錄了書中禮制禮器,同時也負擔了深入說解這些禮制禮器的責任。

除了外在形制之外,《三禮圖集注》還有一些編輯上的小體例:

其一,「重見」之例。本書卷一〈冕服圖〉中已經羅列了「皮弁」一項(卷1,頁13上—13下),同時,在卷三〈冠冕圖〉中也繪有「皮弁」圖形(葉四上—四下),是很明顯的「一物二見」。對於這個情形,聶崇義解釋道:「凡於圖中重見者,以其本旨不同也。此解〈士冠禮〉『三加』次加皮弁,是以重出,他皆類此。」從這段文字中,可以發現:在〈冕服圖〉中,「皮弁」的形式制度與使用者身份、穿著時機是說明的重點,而〈冠冕圖〉中,行「士冠禮」的第二道手續為「加皮弁」,則是解說的重心,因此,「皮弁」圖便出現了兩次。這個例子顯示「一物二見」的作法是為了因應禮制禮器在不同需要與時機下有不同意義而產生的,是聶氏著作的基本體例,並不是作業上的疏失。

其二,「兩存」之例。《三禮圖集注》中,一名二物或數物的情形頗多,這肇因於聶崇義存留異說異圖與古今之制的作法。在解釋〈冠冕圖〉中「通天冠」名目之下所以會有兩個圖形時,聶氏說:「兩存者,圖制或殊,更存一法,他皆類此。」(卷3,頁7上—7下)在說明〈投壺圖〉中「竿」、「笙」各有二圖的原因時,聶氏則說:「梁正意擬古之竿笙與今世笙竿不同,恐誤,故皆圖古今之法。」(卷5,頁6下—7上)說明了《三禮圖集注》在編輯時收容異說、保存古今之制的特殊性質與「兩存」的體例。

此外,還有一個必須討論的問題:書中所收名目與圖像在數量上之所以會不相符,除了肇因於聶氏在纂述某些制度時採

取了收錄異說、保留古今制度的態度外，一則禮制因為施行的
對象不同而產生不同的形制，必須繪圖加以區別，也是圖像多
過名目的因素。例如在第三卷〈冠冕圖〉中，聶崇義列舉的條
目有三十七項，而圖形則有四十七篇，其中「太古冠」、「通天
冠」、「法冠」、「建華冠」因為舊說舊圖有不同的形容，因此在
「圖制或殊，更存一法」的原則下，繪製了兩個圖像。而「緇
布冠」在太古為（殷代及以前）為「縮縫」，在今（周代）是「衡
縫」，（聶氏採《禮記‧檀弓篇》的說法）為了包存古今制度，
所以按孔《疏》的說法繪製了兩個圖形（卷3，頁2下－3上）。
至於「四冕」一則包含四圖，是因為漢代冕制天子十二旒、三
公九旒、中二千石七旒，為了完整地說明禮制與顯示其等差性
質，因此便依照制度各自繪製圖像（卷3，頁11上－11下）；
相同地，「進賢冠」包含了三個圖形，也是因為該冠「三公諸侯
三梁，卿大夫、尚書、二千石、博士兩梁，千石以下至小吏一
梁。」（聶氏引《漢官儀》之說）依照施用對象有等級上的分別
（卷3，頁12上－12下）。此外，如第五卷〈投壺圖〉中載錄
的樂器「塤」，為了表示古今形式不同，聶崇義於是繪製了「古
塤」與「今塤」以示區別。事實上，上述的作法除了可以解釋
為什麼《三禮圖集注》中圖像多於條目之外，也是研究禮制古
今沿革的重要材料。更重要地，從聶崇義在為相同禮制繪製不
同圖形時所參酌的說法包羅了漢代史料與當時制度來看，《三禮
圖集注》是為實務禮制而作、並非為解《三禮》而設的原始性
質就顯得更加清楚了。

二‧聶崇義對舊說的態度及其《禮》學思想

聶崇義對《禮》學舊說抱持的態度，竇儼的〈新定三禮圖

序〉與聶氏本人的〈自序〉可以作為學者討論的指引。在提到
聶氏對舊《圖》的處理方式時，竇儼說：「凡舊《圖》之是者，
率由舊章，順考古典；否者則理當彈射，以實裁量。」同時，
聶崇義本人在〈自序〉裡提到《三禮圖集注》中說解文字的來
源時也說：「凡所『集注』，皆周公正經、仲尼所定、康成所注、
傍依《疏》義。事有未達，則引漢法以況之。……又按詳近禮，
週知沿革。」從這兩段文字中可以發現：在竇儼的筆下，聶崇
義無論是「率由舊章，順考古典」肯定舊《圖》的正確性，或
者是「理當彈射，以實裁量」修定舊《圖》的失誤處，均以舊
《圖》為討論研議的主軸；而在聶崇義的筆下，幾乎所有的文
獻敘述如經文、注疏、前代禮制等都只是舊《圖》的輔助說明
資料，並非創制「圖說」的主要依據；由此看來，聶氏似乎視
舊《圖》為《禮》學舊說的重心。然而，從《三禮圖集注》的
內容來說，舊《圖》固然是聶崇義所依據的重心，但卻並不能
完全左右聶氏對禮制禮器的認識。雖然《三禮圖集注》中有許
多篇幅完全是按照舊《圖》描繪的，卻也包含舊《圖》提出修
正的部份；雖然《三禮》經文、注疏與漢唐禮制在很多地方只
是圖像的文字說明，其中某些記載卻也成為聶氏創制的依據。
筆者以為，《三禮圖集注》一書最重要的，是展現了聶崇義博採
前說、希望能建構完整禮制的態度。在這個前提下，討論什麼
形式的《禮》學舊說對聶崇義影響較大，是沒有意義的，而檢
討聶氏整合舊說的表現，才能真正體現他對《禮》學舊說的態
度：

　　其一，綜合前說，制禮繪圖。聶崇義在卷一〈冕服圖〉「卷
首序言」中說：「今案《三禮》經、《注》，孔、賈《疏》義，並
諸家《禮圖》，逐冕下別，各明其制度。」（頁三上）對該卷所
載禮制的資料來源作了充份的說明。從敘述中涵蓋了《三禮》

經文、《注》、《疏》以及各家舊《禮圖》的情形來看，聶崇義在編纂《三禮圖集注》時的確囊括了許多《禮》學舊說，而對這些舊說則是抱持著綜合博取的態度，希望能夠從中建構一套最合理的制度。如果說〈冕服圖〉的「卷首序言」只是概略性的揭示，那麼對內容的編次就是切確的證明：聶崇義在編輯〈冕服圖〉中關於天子的服飾時，首先徵引參酌《周禮・春官・司服》的經文，確定天子的服飾包括了祭祀昊天上帝與五帝的「大裘」、享先王的「袞冕」、享先公饗射的「鷩冕」、祀四望山川的「毳冕」、祭社稷五祀的「絺冕」、祭群小祀的「玄冕」、軍事服裝「韋弁服」、視朝服裝「皮弁服」、田獵服裝「冠弁服」等九種，接著便引用《注》、《疏》或者舊《圖》的記載進一步說明各服飾的形式。例如在討論「玄冕」的體制時，聶氏便引用賈公彥《疏》，說明其「衣無畫，唯裳刺黻」與「其冕三旒」的形式（頁六下）；而在說明製作「韋弁服」的材料時，聶氏引用鄭玄的《注》，說該服飾「以韎韋為弁，又以為衣裳」（頁七上）；此外，在說明「皮弁服」中「弁」的縫製方式時，聶氏則引用梁正與張鎰的舊《圖》，說「弁縫十二」，認為天子的「皮弁」是由十二片白鹿皮縫合而成（頁八上）。這些實際的例子，在在說明了聶崇義「綜合前說，制禮繪圖」的態度。

其二，以前說相互修正，編列合理制度。聶崇義在卷三〈冠冕圖〉中編列「童子服」與「緇布冠」次序時說：

> 梁正修阮、鄭等《圖》，以童子之服繫冕弁之末，不連「緇布」、「皮弁」等服。今按〈士冠禮〉云：「將冠者采衣紒。」其將冠者即童子二十者也。將行冠禮，始加緇布，次加皮弁，次加爵弁。若本其行事，敘將冠之服，列於緇布之上，於理為當。（卷3，頁1上－1下）

在此，聶氏認同梁正舊《圖》陳設「童子服」的作法，但是對於該項服飾被放置於諸冠冕之末，不與在禮制上息息相關的「緇布冠」、「皮弁」相連，無法顯示禮制順序意義的情況覺得不妥。因此，聶崇義依據經文所載的禮節順序，對梁正的說法提出修正，依據《儀禮・士冠禮》經文所述將「童子服」、「緇布冠」、「皮弁」、「爵弁」四項服飾的次序作了合理的安排，完整地表達了各服飾的性質與在禮節上的意義。此外，在同卷禮器「匜」的解說之中，聶崇義說：「舊《圖》畫而圓，梁正改而方，舊『匜』在『爵弁』之下，今依經次於『簞』後。」（頁5下）這段文字顯示，聶氏在確認　的形式時是根據梁正修正過的圖形，而在排列的順序上則是以〈士冠禮〉經文中「篋、簞、匜」的次序訂正了舊說的錯誤。在討論過上述兩個例子之後，學者應該可以同意聶義有利用《禮》學舊說相互修正，以期能夠編列合理禮制的學術傾向。

在探討了聶崇義對《禮》學舊說的抱持態度以後，可以發現聶氏的表現正好與《三禮圖集注》編集的用意相為表裡：由於《三禮圖集注》是因應實務禮制需要而產生的作品，在實務的需求下，凡是有助於說明禮制運行與禮器施用的文獻典章資料，對聶崇義來說都具有可以依循的實質意義。此外，由於經文簡省，後世要依照《三禮》的記載創建禮制，採擷相關的「禮說」就成為絕對需要的手續。就是這兩個原因，使聶崇義在面對諸家舊說時秉持包容的態度，進而能擷取諸善，安排最合理的禮制、給各禮器的形制作最合宜的敘述與描繪。

關於聶崇義在《禮》學研究上的特殊表現，筆者以為有以下二點：

其一，開明的禮學思想。聶崇義在〈自序〉裡說：「（禮制禮器）有其名而無其制者，略而不圖。」這個觀念在解釋諸鼎

形制時加以實踐，〈鼎俎圖〉「三鼎序」裡，他說：

> 九鼎者，牛一、羊二、豕三、魚四、腊五、腸胃同鼎六、
> 膚七、鮮魚八、鮮腊九。……今請牛羊豕三鼎有圖，各
> 自象其形，自魚腊以下並無其制，以其物之細雜無所象
> 故也，蓋所用者常鼎而已。（卷 13，頁 2 下）

在這裡，聶崇義認為「九鼎」之中只要牛、羊、豕三者繪圖存
制即可，而其他六鼎因為所盛物品「細雜無所象」，所使用的只
是一般的鼎，在禮制上並無特殊，因此雖然「有其名」，但是卻
不繪圖存其制度。這個議題雖然無關於禮制的存廢，但是聶氏
實事求是，不強為禮節制器，不強為器物規範形象的作法，卻
展現了聶崇義禮學思想的開明處。另外一個例子出現在《三禮
圖集注》卷十四〈尊彝圖〉中（頁 5 下—6 下）。關於「獻尊」
與「象尊」兩器的裝飾，舊說都分別有兩種形容。「獻尊」阮諶
《圖》以牛為裝飾，而鄭玄則以鳳凰為飾；「象尊」阮氏刻象為
飾，而鄭玄則認為是以鑲嵌象牙為裝飾。對於這兩個不同的意
見，聶崇義自認為無法裁定孰是孰非，同時也不打算強為之說，
因此採取兩圖並存的方式，請行禮者「擇而用之」，再次展現他
開明的禮學思想。事實上，以聶氏在禮學研究上的成就與身為
國子司業兼太常博士、數次主持國家禮制禮器校定工作的資歷
來說，他對禮制禮器所作的評斷除非是產生相當嚴重而且明顯
的歧誤，在當時是很少有學者官員能夠加以批判的，在這種情
況下，聶崇義不願貿然立說、樹立權威的負責行為，如果不是
因為懷抱著相當程度的「開明思想」，是不可能產生的。

　　其二，經世致用的禮學觀。就《三禮圖集注》的編輯是為
了因應國家社會禮制儀節的實際需要來看，說聶崇義的禮學研

究深受經世致用思想的影響，應該是可以成立的。在《三禮圖集注》的〈自序〉中，聶崇義提到該書在編纂完成之後，「冠冕衣服，見吉凶之象焉；宮室車旗，見古今之制焉；弓矢射侯，見尊卑之別焉；鍾鼓管磬，見法度之均焉；祭器祭玉，見大小之數焉；圭璧繅藉，見君臣之序焉；喪葬飾具，見上下之紀焉。」從表面上看，這是對書中所收內容與功能的介紹，但實際上卻是聶氏對《三禮圖集注》的期許。在此，他希望能夠藉著這部典章的實行而體現「吉凶之象」、「尊卑之別」、「法度之均」、「君臣之序」、「上下之紀」，經世致用的企圖心溢於言表。聶崇義之所以會懷抱著如此強烈的經世致用思想，固然與《禮》學家的傳統觀念有關，而唐末五代烽火綿延，禮制隳壞，則是驅使聶氏秉持強烈經世致用思想的主要因素，當然，這也是聶崇義編纂《三禮圖集注》的最重要誘因。

三‧聶崇義的禮學檢述

在討論了《三禮圖集注》編纂的用意與聶崇義對《禮》學舊說的態度之後，可以發現《三禮圖集注》與聶崇義的某些作法為經學發展史提供了若干討論的空間：

其一，雖然《三禮圖集注》並非為解經而作，但是除了某些後起的禮制禮器之外，聶崇義在建制設圖時的依據仍然是《三禮》經文。就先前敘述過的幾個例子來說，〈冕服圖〉中的諸色服飾、〈冠冕圖〉中的「童子服」、「緇布冠」、「皮弁」、「爵弁」來說，不管其圖像形式是否符合經書所述的面貌，但是在編次上卻是絕對依照著經書所述。不僅如此，在卷四〈宮室圖〉中，聶崇義編列了兩個「明堂圖」：第一幅在卷首，是周制「明堂」的圖像（頁1上—1下）；另一幅在卷末，是秦制「明堂」的圖

像（頁 14 上—14 下）。聶氏之所以這樣作，除了想表明禮制沿革之外，《三禮》經文中有兩種記載則是主要原因。因為經書作了兩種記錄，所以編列兩幅圖說，可見《三禮圖集注》中圖說的編次主要仍舊是依據經書的記載。

　　其二，竇儼在〈新定三禮圖序〉中分析聶崇義以圖形陳述禮制禮器原因時說：「率文而行，恐迷其形範；以圖為正，則應若宮商。」認為聶崇義所以會採用圖形說明禮制禮器，是因為文字容易使學者迷惑，而圖形顯而易見，使學者對器物制度一目了然。事實上，聶崇義以圖為說的作法固然是因為禮制繁複、文字不容易清晰澈底地說明與舊《圖》的示範不清，其中卻也包含了進步的人文科學思想，如果不是因為懷抱著進步的科學觀，聶崇義是不可能完整地描繪完禮制與禮器的。宋代學者以圖表示學說的相當多，如周敦頤作〈太極圖〉、劉牧等人的「易象數圖」以至於楊甲的《六經圖》，都是以圖說經的名著。雖然這些學者以圖說經的方式不一定是受聶崇義《三禮圖集注》的啟示，但是從歷史發展來看，宋代初年聶崇義編纂《三禮圖集注》，以圖像說解《三禮》名物，似乎成為「以圖說經」學風的先導。

　　其三，對於《三禮圖集注》的批評，除了宋太祖時代的尹拙、張昭之外，後世也為數不少。依照《四庫全書總目·經部·禮類四·三禮圖集注二十卷提要》的記載，後世批駁聶氏圖像的最少就有五則（卷 22，頁 2 上—2 下），其中包括「沈括《夢溪筆談》譏其『犧、象尊』、『黃目尊』」之誤，「歐陽修《集古錄》譏其『簠圖』與劉原甫所得真簠不同」。在考古活動發達、出土文物眾多的今日，討論或指責這些錯誤實在已經沒有必要。學者應該注意的是，在沒有實物可以模寫的當時，聶崇義所依據的，除了經文與注疏之外，還有參酌這些文獻編繪而成

的舊《圖》，照理說，聶氏按照這些說法所創制的圖形，縱使與禮器實物有差異，也應該是枝節問題，不可能是整體面貌的錯誤。《三禮圖集注》中的部份圖形所以會與實物相差如此之大，除了聶崇義本人對文獻的解讀能力有問題之外，注疏的說解或是經文本身的記載錯誤也可能是原因之一。當然，如果純粹是聶崇義的失誤，那麼問題就不大。但如果是注疏或者經文的敘述有問題，那麼情形就相當嚴重了，至少在《三禮》方面，學者藉以了解經書的注疏，藉以窺見古代典章制度、聖王治道的經書，在真實性與正確性上不但會受到嚴重的質疑，某些篇章甚至可能會被全面推翻。筆者以為，這個課題的展現是聶崇義《三禮圖集注》及其後續批評者給經學研究者的最重要啟示。

第二節 「三經《注疏》」反映的經學
現象與邢昺、孫奭的經學

　　自太祖開國以來，趙宋中央政府即著手從事圖書文獻的整理工作。在經書的整編方面，除了校勘、板刻各經經文以及唐代陸德明、孔穎達等人編纂的諸經《釋文》、五經《正義》之外，宋真宗於咸平二年（999）更重新下詔命學者儒官校定「《周禮》、《儀禮》、《公羊、穀梁春秋傳》、《孝經》、《論語》、《爾雅》」等七部經書的《義疏》（《宋史・儒林傳》，卷431，頁12798）；咸平四年，「七經《義疏》」的勘定工作完成，隨後，真宗下令由杭州官署「刻板摹印」，並予頒行，於是「九經《疏義》具矣」（《玉海・藝文部》，卷41，頁33上）。經過這次整編工作之後，儒家典籍除了《孟子》一書以外，都具備了官方認可的標準解釋，而歷代中央政府整理漢唐注疏之學的工作也就到此告一段落。

　　在這次學術活動中，學者編修的所有《義疏》均是唐代官方未及整理的部份：其中《周禮》、《儀禮》、《公羊傳》、《穀梁傳》四書，北朝的徐彥與唐代賈公彥、楊士勛三人已有詳盡的說解，宋代儒官全面採用，所下的只是文字校勘的功夫；至於《論語》、《爾雅》、《孝經》三者，宋代儒官則依據舊說、按照本身的意見加以增刪，在意義上與孔穎達等人編纂五經《正義》相同，可以視爲新作品。既然「三經《注疏》」是宋初官方的新作，那麼探討其中蘊含的經學思想與立場就成了研究宋代初年官方經學的重要環節；同時，主持「三經《注疏》」編修工作的兩位學者——邢昺與孫奭，所作所爲都主導著經學研究的動

向，是當時名重一時的儒臣學宗，也是討論宋初經學絕對不可
輕忽的重點。

一「三經《注疏》」所反映的經學現象

在討論「三經《注疏》」的形式、內容與其在經學發展史中
的地位之前，檢視邢昺、孫奭等人以及宋代各書目、文獻學家
的相關敘述，是初步認識三部新作品的最佳途徑。

在《論語注疏》方面，王應麟在《玉海・藝文部》中引用
《中興書目》的載錄指出本書詳於「章句訓詁、名器事物」的
特色（卷41，頁20上）；而晁公武的《郡齋讀書志》則在說明
其文字說解來源時提到「梁王侃（一云『皇甫侃』）採衛瓘、蔡
謨等十三家說爲《疏》」，而「國朝邢昺等因之」（卷1下，頁79）。
這些記載表示《論語注疏》一書並非編纂者本身的創作，而是
邢昺等人根據梁代皇侃的《論語義疏》增刪而成的。同時，本
書著重於訓解《論語》的文句字義及其所記載的典章、器物制
度，在形式上可以說是屬於漢唐注疏之學的範疇。

在《爾雅注疏》方面，舒雅代邢昺作的〈序〉在解釋官方
整編本書的原因與方法時說：

> 夫《爾雅》者，先儒授教之術，後進索隱之方，誠傳注
> 之濫觴，爲經籍之樞要者也。……其爲《注》者，則有
> 犍爲文學、劉歆、樊光、李巡、孫炎，雖各名家，猶未
> 詳備。唯東晉郭景純用心幾二十年，注解方畢，甚得六
> 經之旨，頗詳百物之形，學者祖焉，最爲稱首。其爲《義
> 疏》者，則俗間有孫炎、高璉，皆淺近俗儒，不經匠師。
> 今既奉敕校定，考案其事，必以經籍爲宗；理義所詮，

則以景純爲主。(《爾雅注疏》,卷1,頁1上－2下)

這段文字除了展現出邢昺等人認爲《爾雅》是學者研讀經書的重要輔助外,也同時說明了《爾雅注疏》闡述發揮經書蘊涵義理必以郭璞《注》爲依歸、考覈按察經文登載器物制度必以典籍之中確實記錄爲根據的基本作法,間接地解釋了《疏》中多引典籍說《經》、《注》的原因。更重要地,舒雅道出了官方之所以會重新「校定」《爾雅注疏》,是肇因於先前的《爾雅疏》都是「淺近俗儒」所爲,不足爲研讀經書的依據。這個說法與《郡齋讀書志》說《爾雅》「舊有孫炎、高璉《疏》」,而趙宋朝廷因爲舊說過於淺略,所以「命邢昺、杜鎬等別著此書」的情形相合(卷1下,頁85),表示《爾雅注疏》可能在說解的內容與深度上都超越前人,不是完全依靠摭拾舊說成書的。

　　在《孝經注疏》方面,邢昺的〈序〉說該書的編輯手續是「翦截元《疏》,旁引諸書」(《孝經注疏》,卷首,頁1上);相同地,《郡齋讀書志》(卷1下,頁26)、陳振孫《直齋書錄解題》(卷3,頁66－67)也都提到《孝經》一書除了唐玄宗《注》、元行沖《疏》之外,當時的「餘家諸說尙多」,因此,真宗遂於咸平年間下詔令邢昺等人集諸說爲《孝經注疏》。晁、陳二人的記載,可以說是邢昺〈序〉的補充說明,綜合他們的敘述,可以知道邢昺等人所編纂的《孝經注疏》是刪裁唐代元行沖《孝經疏》的形制內容、徵引當時通行坊間的諸家說解而成書的,並非宋初儒官的創作。除了上述諸家的記錄之外,馬端臨的《文獻通考‧經籍考》也徵引《崇文總目》的記載說:

初,世傳行沖《疏》外,餘家尙多,皆猥俗褊陋,不足行遠。咸平,詔昺及杜鎬等集諸儒之說而增損焉。(卷1

85，頁 1586）

《崇文總目》的文字與邢昺、晁公武、陳振孫三人的敘述一致，
都說《孝經注疏》包含了元行沖的舊《疏》與當時諸家的解釋。
這段記錄後來在清代錢侗等重輯《崇文總目》時被徵引（卷1，
頁30），除了全數鈔錄外，錢氏在其「按語」中還附帶提到嘉慶
年間進士陳詩庭的說法，提供了一條可供學者探討的線索。陳
詩庭因為見到朱彝尊《經義考》所引的《崇文總目》末句作「昺
等奉詔據元氏本而增損焉」（卷225，頁1上），而且當時各本《孝
經注疏》在登錄作者時「猶止題邢昺校」，所以認為邢昺等人在
進行編輯工作時完全「僅據行沖《疏》為本，未嘗參採諸儒」。
事實上，陳氏所見並非孤例，王應麟所引用《中興書目》關於
「咸平《孝經注疏》」的敘述文字也表示：由於坊間諸家說解《孝
經》「皆淺近不足取」，因此邢昺等人奉詔「據元氏本而增損焉」，
《孝經注疏》完全只是單純地增刪元行沖舊《疏》成書。（《玉
海・藝文部》，卷41，頁33上—33下）文獻記載之所以會產生
這樣的誤差，傳鈔的失真、認識的偏頗、所據史料不同，都是
可能的肇因，那一則資料正確，其實並不容易判定，但是依照
作者邢昺本身的說辭，《孝經注疏》收容了元《疏》與諸家訓解，
應該是可以確定的，雖然如此，卻也不能就因此說陳詩庭的懷
疑毫無價值。陳氏對於字句的斟酌考量，其實不是重點，重要
的是他注意到了各本《孝經注疏》在作者一項都題「邢昺校」
而非「邢昺著」，在陳氏的啟示下，筆者重新檢覈「三經《注疏》」，
發現不僅是《孝經注疏》，就是《論語注疏》、《爾雅注疏》兩書，
也都標識著「邢昺校定」。當然，「三經《注疏》」是增刪舊說而
成，上述諸文字記載已經表現得相當清楚，題上「邢昺校定」
並不使人意外，然而唐代官方所編定的「五經《正義》」，在內

容上也同樣是總結前人的說法，但卻登錄爲「孔穎達撰」，其間的差異顯得耐人尋味。筆者以爲，兩者之間之所以會有如此的差別，除了原始的著錄就有差別之外，主要的原因在於孔穎達能融會舊說，在「五經《正義》」中表現出一貫的思想脈絡與學術風格，而邢昺雖然在某些小環節上偶有新意，但大部分卻僅止於刪正校定舊說；這個差異現象不但顯現出邢昺編定「三經《注疏》」對舊說的倚賴遠超過學者的想像，也同時凸顯了唐初與宋初中央政府整理經學的實質差別，對於學者研究經學發展史來說是重要的指標。

在探討過文獻史料對「三經《注疏》」的外部記載之後，可以知道：其一，由於編纂者是同一批人，在編輯的手續與方法上也有相同表現，因此，在檢討的過程中祇「三經《注疏》」爲同一單元、著重於探尋三者在當時經學研究所代表的現象，是要比以「三經《注疏》」作爲《論語》或《爾雅》學發展史的研究素材有意義的。其二，從記載資料來說，「三經《注疏》」援引增刪諸家舊說以成書，是可以肯定的，但是三書編定的動機卻經常是所謂「舊說猥俗褊陋，淺近不足取」，中間的差異不可謂不大。筆者以爲，邢昺、孫奭二人之所以會在思想與實際行動上有如此的差別，除了可能是因爲編纂時間急迫，宋初諸儒官無法爲三部經書制作完整而且水平較高的「義疏」之外，而參與編輯工作的學者對三部經書的認識不夠深入，沒有能力自創合乎時代需求的說解，只能夠從整理舊說著手，恐怕是主要原因。另一方面，就經學史的發展而言，在邢昺本人以及後來各文獻學家對當時諸說的評語中，固然可以尋得宋初官方整編「三經《注疏》」的理由，同時也可以發現唐五代以至當時學者研究《論語》、《爾雅》、《孝經》三部經書的成就並不高，對於了解各經書研究風氣的起落來說，這是很重要的側面資料。其

三，基本上，雖然「三經《注疏》」可以視爲單一共同體，而三者在訓解內容與形式上的呈現如果仍有差別，除了表示邢昺、孫奭等人對《論語》、《爾雅》、《孝經》三部經書的認識可能有程度上的深淺之外，也顯示出三部經書在本質上的差異對訓解產生的影響。

在大致敘述了各文獻學家的相關文字記載，對於「三經《注疏》」有了形式上的初步認識之後，接著要進行的，便是討論三者在訓釋經書方面的實質表現及其在經學發展史中的意義。在進行討論之前，有一個關鍵必須先行說明：「三經《注疏》」既然是增刪舊說而成，那麼研究三者與舊說之間的關係應該在討論中占有相當大的篇幅，但是由於文獻散失，「三經《注疏》」編纂時所倚賴的諸家舊說，至今僅存梁代皇侃的《論語義疏》，所以在此只能以《論語注疏》爲重心，概略地述說邢昺等人對舊說的態度。

關於《論語注疏》，首先要談的是該書的形制；大抵而言，根據皇侃舊《疏》增刪而成的《論語注疏》，和唐代孔穎達等人編修的五經《正義》在體制上並無二致，可以說是相當標準的「疏體」，當然，因爲編纂時間、方式、態度以及各經書涵蓋的範圍不相同，《論語注疏》在解經形式上也有一些獨特的表現：

（一）說明各篇銜接順序的意義及其內容

在經書各篇篇首說明該篇經文的指涉，是歷代經學家解釋經書常用的方法，並不是《論語》研究者的特有表現，不必遠溯至先秦兩漢，唐代孔穎達、賈公彥等人的作品就是很明確的例證，因此，邢昺爲《論語》各篇編列的說明文字，在形式上不能算是創新，但是，如果與其中有關各篇銜接次序的解說合而觀之，卻可以算是《論語注疏》在解經方面的特殊表現。〈學而篇〉的篇首說：

此篇論君子、孝弟、仁人、忠信、道國之法，主友之規；
聞政在乎行德，由禮貴於用和；無求安飽以好學，能自
切磋而樂道；皆人行之大者，故爲諸篇之先。……〈爲
政〉以下諸篇所次，先儒不無意焉，當篇各言其旨。（卷
1，頁1上）

在這段文字裡，邢昺除了說明〈學而〉之所以爲《論語》首篇
是因爲所載「皆人行之大者」之外，《論語》各篇在次第的編排
上包含著特殊意義的觀念、《論語注疏》將以解析各篇銜接次第
的含義作爲說解重心之一的作法，也同時表現出來，根據這些
指導原則，邢昺等人於是開始解釋《論語》諸篇如此編排的意
義：〈學而篇〉之後，邢昺採用〈左傳〉「學而後入政」的說法，
解釋了〈爲政篇〉次於〈學而篇〉的原因（卷2，頁1上）；而
「爲政之善，莫善禮樂」，因此以記述禮樂制度與精神的〈八佾
篇〉接續（卷3，頁1上），接著，邢昺又以「君子體仁，必能
行禮樂」的觀念，作爲爲「明仁」而設的〈里仁篇〉承續〈八
佾篇〉的理由（卷4，頁1上）……。在這個方式之下，《論語》
一書除了最後兩篇〈子張〉「皆弟子所記之言，故善次諸篇之後」
（卷19，頁1上）、〈堯曰〉「皆是聖人之道，可以垂訓將來，故
殿諸篇，非所次也」（卷20，頁1上），與其餘各篇沒有順序上
的特殊關係之外，從〈學而〉到〈微子〉十八篇，在順序上顯
得環環相扣，而孔門的修身思想、政治理論，也彷彿自其中呈
現出來，當然，這都是邢昺等人對《論語》經文的主觀看法使
然。其實，《論語》各篇之間是不是互有關係，是一個見仁見智
的問題，後世的《論語》學鉅著如南宋朱熹的《論語集注》、清
代劉寶楠的《論語正義》，都不從這個角度來詮釋經書，可見這
個方法蘊含著相當程度的爭議性，不是通行不變的法則。

事實上，邢昺的作法在經學發展史上並非首次出現，《十翼》中的〈序卦傳〉，是今日可見說明經書篇次意義的最早作品，但《論語注疏》所以會採用這個方式，並不是〈序卦傳〉為模範，而是直接取自皇侃的《論語義疏》，只是邢昺為連接各篇所陳述的理由與皇侃的說法有所不同。從經書解釋史的角度來看，分析經書篇目、為經書篇章敘大義、解釋篇章編次的原因，是「章句之學」釋經的最基本方法，邢昺說明經書各篇銜接順序的意義及內容的行為，充份地顯示《論語注疏》的形式仍舊停留在「章句之學」的階段，在方法上並不比《論語義疏》進步。

（二）編列各章章旨

由於《論語》是以「語錄」形式成書的，每筆記載都各自蘊含著獨立的主題與意義背景，因此，在說解的最初，邢昺都會以精簡的文字為各章編列章旨，事實上，這是為各篇陳述大意方式的延續。例如在〈為政篇〉「孟懿子問孝章」中，邢昺提綱挈領地說道：「此章明孝必以禮。」（卷2，頁2上—2下）在〈述而篇〉「子疾病，子路請禱章」中，邢昺說：「此章記孔子不諂求於鬼神也。」（卷7，頁11下—12上）在〈子路篇〉「其身正，不令而行章」中，邢昺則說：「此章言為政者當以身先也。」（卷13，頁7上）此外，在〈陽貨篇〉「陽貨欲見孔子章」中，邢昺更是明確地說道：「此章論家臣專恣，孔子遜辭遠害之事也。」（卷17，頁1上—1下）不管邢昺的解釋正不正確，經由這個手續，《論語》各章大義於是有了官方認定的表準規範。其實，這一項體例也並非由邢昺自創，至少解釋《詩經》的〈小序〉就是顯而易見的先例，同樣地，這也是承襲自皇侃的《論語義疏》，只是皇《疏》並不是於每一章都提摘章旨，而邢昺則是每章皆列，絕無例外。事實上，邢昺為各章揭示章旨的作法，除了再一次證明《論語注疏》與《論語義疏》在體制上的因循

關係之外，更說明了《論語注疏》在形制上的確是屬於「章句之學」的範疇。

從上述兩個較爲特殊的體例中，可以發現：其一，雖然邢昺等人整理經書注疏的工作上距五經《正義》已經三百年，學者仍然無法發展出一套新的方式來詮釋經書，可見「注疏（正義）之學」的控制力在當時仍舊相當強大。其二，邢昺爲《論語》各篇各章提列大義章旨，雖然在形式上是因襲自《論語義疏》，但用意卻並不單純。筆者以爲，不管邢昺的作法適不適合、說解正不正確，這些文字的存在將引導以《論語注疏》爲研讀《論語》依據的學者從邢昺的認識角度了解經書，事實上展現著邢氏希望指導學者讀經的企圖。當然，中央政府之所以會爲典籍編定解釋，最大的用意就是要藉以引導知識分子的思想，《論語注疏》的表現，再一次說明了歷代官方編定典籍的用心。

關於邢昺訓釋的重點，從王應麟引《中興書目》說其書「於章句訓詁、名器事物之際詳矣」的記載，就可以了解《論語注疏》的內容應該是著重在分析章句、訓詁文字與解釋名物制度三項。事實上，這三個項目幾乎存在於所有與「注疏之學」相關的作品之中，出現在以刪削舊說爲創作基礎的《論語注疏》裡，並不需要大加宣揚，但是，如果在相同的條件下仔細比對邢《疏》與皇《疏》，卻也能從兩者之間的差異發現邢昺解經的特色以及當時經學研究風氣的部份面貌：

（一）對何晏《集解》的解說[1]

就經書詮釋史的慣例而言，既然皇侃、邢昺二人均以何晏《論語集解》爲說解的導引，那麼除了經文之外，《論語集解》

---

[1] 本節中諸例所標卷帙頁數凡爲皇侃述者皆屬《論語義疏》，爲邢昺述者則屬《論語注疏》。

收羅的十數家《注》，自然也就成爲皇《疏》與邢《疏》解釋的重點，雖然歷來文獻都稱邢昺因襲剪裁皇侃舊說以成書，但是在解釋《集解》方面，二者卻有著相當程度的歧異。〈爲政篇〉「吾與回言終日章」「不違如愚」一句，孔安國《注》云：「不違者，無所怪問，於孔子之言，默而識之，如愚者也。」接著，皇侃不但藉著孔安國的說法闡釋經文，更進一步發揮道：「諸弟子不解，故時或諮問，而顏回默識，故不問；不問，如愚者之不能問也。」（卷1，頁24上）對注文也作了解釋；至於邢昺，除了依照孔氏的解說發揮經書義理之外，對於孔氏《注》本身則並沒有進一步的詮釋（卷2，頁4上－4下）。〈憲問篇〉「古之學者爲己章」中，孔安國《注》說：「爲己，履道而行之；爲人，徒能言之也。」對此，邢昺沒有作任何解釋，而皇侃則說：「徒、空也，外空爲人言之而已，無其行也。一云：『徒則圖也。』言徒爲人說也。」（卷7，頁36）試圖深入說明孔《注》含意的企圖相當明顯。此外，在〈衛靈公篇〉裡，對「賜也！女以予爲多學而識之者與章」中「予一以貫之」一句的何晏《注》：「善有元，事有會，天下殊塗而同歸，百慮而一致。知其元，則眾善舉矣。故不待多學，一以知之也。」《論語義疏》使用了相當大的篇幅加以解說，如：

> 云『善有元，事有會』者，元猶始也，會猶終也。元者，善之長，故云『善有元』也；事各有所終，故曰『事有會』也。云『天下殊塗而同歸』者，解『事有會』也。……云『百慮而一致』者，解『善有元』也。……（卷8，頁2下－3上）

相對於皇侃「疊床架屋」的解釋，《論語注疏》僅僅說「天下殊

塗而同歸，百慮而一致」兩句是「《周易》下〈繫辭〉文也」（卷15，頁2上—2下）二者之間的差異可以說相當大。儘管相似的例證還有不少、類型也不盡相同，但是單從上述四個實例中，就可以發現皇侃與邢昺在詮釋何晏《集解》的態度上確實有相當程度的區別，至少二者認為應該說解的標準就不一致。

事實上，皇《疏》與邢《疏》之間所以會有這樣的差異，並非肇因於邢昺對何晏《集解》所收諸家《注》的不信任，如果學者仔細閱讀皇、邢兩家的著作，便會發現邢昺《論語注疏》絕大部分都能夠順著《注》的指引解經，而皇侃《論語義疏》中某些篇章卻顯得雜蕪冗爛、偏離《注》文。既然對《注》的信任與否不能作為皇侃與邢昺是否解釋《注》文的理由，觀察了上述諸例後，筆者以為：《注》文的意義已經在本身的文字中表現得相當清楚，作《疏》者邢昺等人認為不須再行解釋，是可能的因素之一；而邢昺等人解說《論語》的重點不在此，應該也是可以依據的線索。雖然造成邢、皇兩者差異的原因不很明確，但是根據以上的討論，說邢昺的改變顯示出訓釋何晏《集解》的文字並非《論語注疏》的重點內容，是可以成立的。

（二）對典章制度與人物歷史背景的說明

對於名物典章制度的說明解析，本來就是漢唐注疏之學必須承擔的最重要工作，《論語義疏》與《論語注疏》既然都屬於注疏之學的範圍，解說典章制度的文字自然都會占有相當程度的篇幅，在此無需贅述，然而，以兩者的表現相互比較，卻可以看出重視對名物典章制度的解釋，是邢昺等人治經的特色。〈雍也篇〉「賢哉回也章」「一簞食」句，孔安國《注》對「簞」解釋是「簞，笥也」，皇侃在說明孔《注》時，只是簡單地說簞笥都是「以竹為之」，「如箱篋之屬」的器物（卷3，頁28上），而邢昺則以《禮記·曲禮·鄭玄注》為起始，說：

鄭注〈曲禮〉云：「圓曰簞，方曰笥」。然則簞與笥方圓
異，而此云「簞，笥」者，以其俱用竹爲之，舉類以曉
人也。（卷 6，頁 5 上）

在此，邢昺不但交代孔安國舉「笥」爲「簞」說解是因爲二者
同爲竹製器具，更直接援引禮制典籍說明兩個器物的形式，不
僅在意義解釋的層面上較爲週到，同時在名物的分析方面也要
比皇侃來得深入。如果「簞笥」之例還不能清楚地指示邢昺解
《論語》的重點所在，那麼〈衛靈公篇〉中「俎豆」的例子應
該能夠使學者有所認識：「衛靈公問陳於孔子，孔子對曰：『俎
豆之事，則嘗聞之矣。』」對經文中提到的「俎豆」，皇侃僅僅
依附孔安國《注》說「俎豆，禮器也」（卷 8，頁 1 下），並未進
一步作說明，而邢昺則詳細地敘述道：

〈明堂位〉云：「俎，有虞氏以梡，夏后氏以嶡，殷以椇，
周以房俎。」鄭《注》云：「梡，斷木爲四足而已。嶡之
言蹶也，謂中足爲橫距之象，《周禮》謂之「距」。椇之
言枳椇也，謂曲橈之也。房謂足下跗也，上下兩間，有
似於堂房，〈魯頌〉曰：「籩豆大房。」又曰：「夏后氏以
楬豆，殷玉豆，周獻豆。」鄭《注》云：「楬，無異物之
飾也。獻，疏刻之。齊人謂無髮爲禿楬。」其委屈制度，
備在《禮圖》。（卷 15，頁 1 上－1 下）

在這段文字裡，邢昺引《禮記・明堂位》的記載以及鄭玄《注》
的說明充分地解析了俎豆的制度與沿革，單就文字的篇幅而
言，邢昺與皇侃何者比較注重名物典章的說解，已是不言可喻。
事實上，孔子在此提到「俎豆」，並不是爲了說明或倡導禮樂制

度，是否詳盡地敘述二者的制度與變遷，對學者了解經文的主題意義其實並沒有多大的影響，也不是評判皇《疏》與邢《疏》高下的依據，然而，也就是因爲邢昺對無關經文義旨的典章詳加說解，才使《論語注疏》著重於解釋名物典章的基本學術性格明顯地表露出來。

除了詳細說解名物典章制度之外，《論語注疏》也相當重視對經書人物以及歷史事件背景的交代。〈顏淵篇〉「司馬牛曰：『人皆有兄弟我獨亡。』」鄭玄《注》云：「牛兄桓魋行惡，死喪無日，我獨爲無兄弟也。」對於經文，皇侃只說：「牛兄行惡，必致殘滅，不旦則夕，即今雖暫在，與無何異？」在鄭玄《注》方面，皇侃則僅止於解釋「死喪無日」的字義，說「無日猶無後餘一日也」（卷6，頁25下—26上），對司馬向魋的背景以及相關歷史事件均未陳述，而《論語注疏》則採擷歷史記載解釋道：

> 哀十四年《左傳》云：「宋桓魋之寵，害於公，公將討之，未及，先謀公。公知之，召皇司馬子仲及左師向巢，以命其徒攻桓氏。向魋遂入於曹以叛，民叛之，而奔衛，遂奔齊。」是其行惡死亡之事也。桓氏即向魋也，又謂之桓司馬，即此桓魋也。（卷12，頁2下—3上）

在這裡，邢昺徵引《左傳》的敘述，清楚地交代了宋人桓魋的背景及其悖亂公室的惡行，使學者更容易了解司馬牛所以時常憂心悲嘆的因素，單就此處而言，無論是詮釋的完整性與深入性，邢昺的說解都要比《論語義疏》來得進步。此外，對〈陽貨篇〉經文「公山弗擾以費叛。召，子欲往」所涵蓋的史實，皇侃只是依循孔安國《注》簡單地說弗擾「當時爲季氏邑宰」，

「而作亂,與陽虎共執季氏,是背叛於季氏也」(卷9,頁5下—
6上),並未作詳盡的陳述,而邢昺則是引用經典完整地敘述了
事件的首尾:

> 定五年《左傳》曰:「六月,季平子行東野,還,未至,
> 丙申,卒于房。陽虎將以璵璠斂,仲梁懷弗與,曰:『改
> 步改玉。』陽虎欲逐之,告公山不狃,不狃曰:『彼為
> 君也,予何怨焉!』既葬,桓子行東野,及費,子洩為
> 費宰,逆勞於郊,桓子敬之;勞仲梁懷,仲梁懷弗敬。
> 子洩怒,謂陽虎:『子行之乎?』九月乙亥,陽虎囚季桓
> 子。」是其事也。至八年又與陽虎謀殺桓子,陽虎敗而
> 出。至十二年,季氏將墮費,公山不狃、叔孫輒率費人
> 以襲魯,國人敗諸姑蔑,二子奔齊。(卷 17,頁 2 下—
> 3上)

邢昺的徵引與敘述,不但使公山弗擾與陽虎合謀反叛季氏、魯
國的歷史事實首尾清晰地呈現出來,也同時為經文記載公山弗
擾召孔子的事件緣起作了註腳。對於《論語》本身所要表達的
意義來說,援引歷史記載說經也許不是最需要或者最正面的方
式,但是就經學史的發展而言,邢昺的作法不僅是經書解釋史
中注重說解經書人物與歷史背景的典範,也凸顯了宋初官方經
學在舊基礎上緩緩前進的現象。

關於邢昺著重於說明名物典章與交代人物歷史背景的解經
特色,《論語注疏》中還有許多可供徵引的例子,上述四例只不
過是取樣而已,雖然並不是每則解釋文字都有如此的絕對性,
但就整體上而言,說邢昺在這兩個項目的說解比皇侃表現得詳
細而且周延,應該是可以確信的。在大致敘述了邢昺解經的重

心項目以後，可以發現：其一，從邢昺不熱衷於訓詁何晏《集解》所收諸家《注》的文字，而對經文及《注》文提及的典章禮制以及人物歷史事件必加解說的態度來看，《論語注疏》在編纂時的確是重於「名物典章」、輕於「文字訓詁」的，雖然書中也有頗多訓解字義的篇幅，但大多都是因隨《論語義疏》的舊文而來，並非邢昺等人的創作。事實上，《論語注疏》重「名物典章」、輕「文字訓詁」的表現，與其說是代表著邢昺當時已經厭棄繁瑣的文字訓詁，不如說是邢氏在皇侃說解《論語》經文以及《注》文的基礎上繼續前進，補充了舊說的不足，將《論語》學的研究推向較為高深的層次。其二，就承襲關係而言，《論語注疏》鮮少更動皇侃對文字的訓詁，是因為該書以皇侃《疏》為編纂基礎，多有襲用；就著作重心而言，邢昺對皇侃的文字訓釋多所接納，是因為他著重於典章制度與人物歷史的交代，無暇他顧；就內容而言，《論語義疏》中的文字訓釋正確可取，能夠負擔解釋經書的重任，則是《論語注疏》採納其說的關鍵。邢昺著重典章制度的分析，詳徵博引，為經書創造體系完整的詮釋文字，對《論語》學的貢獻可以說超越皇侃，但是在了解經書時，卻不能不完全倚賴皇侃的解釋。邢昺的表現，標示了經學史發展的重要準則：不論新著作或者新學風所重為何，只要學者必須研讀了解經書，對於舊作品訓釋經書的正確說解，是不能抹煞棄置的。稍晚宋代學者否定注疏的功能，卻又必須仰賴注疏作為認識經書的初步資料的學術態度，在邢昺編纂《論語注疏》時已經預先作了宣示，筆者以為，邢昺的表現應該是宋代學者肯定注疏之學中確實可信部份的有力證據。

　　除了邢昺訓解《論語》的特殊體例與重點之外，《論語注疏》對皇侃舊說採用佛道思想說經作法的取捨刪正，也可以作為探討當時經學研究風氣的憑藉。皇侃及其徵引諸家皆身處玄學昌

明的時代，學風所致，援引佛家或道家語說經的情況自然相當普遍，對於皇侃在《論語義疏》中以佛、老說經的部份，邢昺多有矯正。

在刪汰皇侃以佛說經的篇幅方面，〈雍也篇〉「哀公問弟子孰爲好學章」「不遷怒、不貳過」句，《論語義疏》云：

> 凡夫識昧，有所瞋怒，不當道理。唯顏回學至庶幾，而行藏同於孔子，故識照以道，怒不乖中，故云『不遷』……但不敵照機，機非己所得，故於己成過。凡情，有過必文，是爲再過。而回當機時不見己，乃有過，機後即知，知則不復文飾以行之，是『不貳也』。（卷 3，頁 21 上－22 上）

在皇侃解說文字中，「識昧」、「瞋怒」、「識照以道」、「當機」、「照機」等辭彙都是佛家的用語，以佛解經的情形可以說相當明顯。對於皇侃這段參雜佛家思想的說法，邢昺一概不沿用，只是平實地說道：

> 凡人任情，喜怒違理；顏回任道，怒不過分，而當其理。……人皆有過憚改，顏回有不善，未嘗不知，知之未嘗復行。（卷 6，頁 1 下－2 上）

兩相比對之下，不但表現出《論語注疏》的說解比較合乎儒家義理的要求，而邢昺刪汰皇侃以佛說經文字的痕跡也清晰可見。此外，〈先進篇〉中還有一個邢昺矯正皇侃以佛說經方式的明證，「季路問鬼神章」中，子路問「事鬼神」與「死」，針對這則討論，皇侃採用佛教「三世說」——過去、現在、未來的

觀念作詮釋，說：「周孔之教唯說現在（人事），不明過去、未來」，而「鬼神」是「過去」之事、「死」是「當來」之事，因此，孔子不願回答子路的問題。不僅如此，皇侃更因為孔子不願討論「鬼神」與「死」等問題，而斷定「外教無三世之義」，不但直接將佛教學說思想用來與《論語》經文相比擬，並且視儒家為「外教」。（卷6，頁6下－7上）事實上，姑且不論孔子不願意討論在現實世界中無可稽徵的命題是孔子進步人文思想的表現，就是孔子對虛無世界有所憧憬，也根本無關乎佛教所謂的過去、現在、未來「三世說」，皇侃的比喻不但誤導學者認識經文，更將儒家學說視為「外教」，絕對是服膺儒家思想的學者不能容忍的。因此，邢昺在此只說「此章云孔子不道無益之語」、「以鬼神及死事難明，又語之無益，故不荅也」（卷11，頁4上－4下），完全著重於經文宏旨與孔子思想的說明，對皇侃出自佛教角度的解釋可以說一字不取。

在刪汰皇侃以道解經的篇幅方面，〈學而篇〉「子曰：『君子不重則不威。』」《論語義疏》解釋道：「重為輕根，靜為躁本，君子之體，不可輕薄也。」（卷1，頁10上－10下）很明顯地，皇侃在此是採用《老子》「重為輕根，靜為躁君，是以聖人終日行不離輜重」（第二十六章）的觀念以詮釋經文，不但在思想觀念上，連文字都直接襲自《老子》，如此清晰的因循痕跡，邢昺等人當然能夠察覺，因此，在《論語注疏》中，皇侃的文字完全被刪除，「言君子當須敦重，若不敦重，則無威嚴」（卷1，頁6上－6下），則是邢昺為這句經文而設的說解。此外，對〈顏淵篇〉「季康子問政於孔子章」「子帥以正」句，皇侃引李充「我好靜而民自正也」的說法為輔助說解（卷6，頁33上），李充的解釋，其實是源自《老子》「我無為而民自化，我好靜而民自正」（第五十七章）的觀念，在文字上也是全盤襲用，同樣的，這

則以道家思想說《論語》的文字,在邢昺編纂《論語注疏》時也被刪掉了(卷12,頁8上)。

《論語注疏》對皇侃舊《疏》「以佛家、道家語解經」部份的刪正可以說是不勝枚舉,但上述四例卻已經能夠很清晰地表達兩者間的互動關係,邢昺維護儒家正統義理的思想與行為,在這個行動上表露無遺。雖然邢昺在刪汰皇侃以佛老說經字句的行動上已經有相當的成果,但是《論語注疏》中還是有皇侃以佛老解經的篇幅殘存著。例如〈學而篇〉「學而時習之章」「人不知而不慍」一句,《論語義疏》解釋道:

> 君子易事,不求備於一人,故為教誨之道。若人有鈍根,不能知解者,君子恕之,而不慍怒之也。(卷1,頁3上)

佛家以為人的根性有利有鈍,根性清明者為利根,根性愚魯者為鈍根,在此,皇侃以「鈍根」為說,顯然是引用佛家語,而邢昺則全數鈔錄(卷1,頁1上—1下)。事實上,皇《疏》在此有兩解,「鈍根」之說是第二種解釋,邢《疏》未加審查而全數徵引,似乎顯得不夠周延。

當然,除了刪汰皇侃以佛老解經的部份之外,邢昺對《論語義疏》還有另外一些修改,如「去皇《疏》所解怪異不經者」、「刪改皇《疏》所解牽強不適者」等(見蔡娟穎:《論語邢昺疏研究》,第二節〈邢疏於皇疏之去取〉,頁2—28),因為對研究當時經學發展的意義不大,所以就不再贅述。在檢討過邢昺對皇侃以佛道解經文字的刪正後,可以發現:

其一,從《論語注疏》刪汰皇侃以佛老說經的字句、破解皇侃說經的荒誕之處,務必將經書的解釋還原到儒家思想之下的表現來看,雖然邢昺的《論語注疏》是以增刪皇侃的《論語

義疏》爲創作基礎,在形式上多有因襲,但是在思想上卻保留了新時代的批判能力,頗有創新,並且,邢昺維護儒家經典正統義理的學術性格,也從這個作法中顯現出來。雖然,將說解經書的角度由異教歧說、怪誕不經修正到純粹儒家的路線上,只是義理追尋的最初階段,但是對義理的探究始終是展開了;同時,能夠體察到舊說的荒誕與異說的乖違正經,其實也代表了邢昺時代人文思想的進步。宋代學者之所以在經學研究方面有超越前人的表現,進步的人文思想帶動了經書義理的追尋,是相當重要的因素。筆者以爲,就邢昺追尋經書義理的行爲而言,說他開啓與主導了宋代追求經書義理的學術新風氣,是推論過當的,但是,說邢昺的表現說明了經書義理已逐漸受到知識分子的重視,則是恰當的。

其二,《論語義疏》中遭到邢昺極力刪汰,但仍在《論語注疏》殘留數則的「以佛老說經」字句,雖然不是否定邢昺儒家思想純正性的憑據,卻是討論當時經學研究狀況的重要線索。筆者以爲,「以佛老說經」的字句之所以在邢昺極力的刪除下仍然出現,除了編輯工作浩大,偶有缺失外,邢昺等人對該處經文的認識不能超越皇侃蒐集的舊說、當時尚未有創新而且正確的說法足以取代錯誤的說解,也是可能的成因。這個情況如果是因爲編輯過程上的缺失而產生,那麼就沒有討論的必要;但是,如果是因爲邢昺等人無力改動舊說,則顯示出邢昺等人對《論語》的了解仍舊不夠全面,無法將解釋的角度完全還原到儒家立場上。雖然研究經學發展史不能「以一眚掩大德」、以少數特例來反駁多數表象,但是《論語注疏》在這方面的表現,不但說明了即使經過官方整編,宋初的《論語》學仍然尚未符合時代的要求,隨時會受到學者的批判質疑,同時也顯示出宋初官方經學保守有餘、開創不足的真正面貌。

雖然就學術創新的角度而言,邢昺編修的《論語注疏》表現並不深刻,但是在學風轉移的過程中,《論語注疏》卻是學者可以依據的指標:

其一,相對於《論語義疏》,《論語注疏》在基本結構上的最大不同就是增補了關於名物器用、典章制度、歷史事件、人物背景的說解文字以及更正了皇侃引用佛道思想解經的部分,這兩個《論語注疏》的編纂重點雖然在命題指涉上有很大的差別,但是在經學發展史上卻表現著相同的意義。《論語義疏》既然是皇侃編集十數家之說而成,那麼,就整體現象來說,該書不僅是皇侃的時代《論語》學面貌的表徵,就細部表象而言,也同時呈現著當時學者對經書認識的深入性與對注解涵蓋範圍的要求。依據上述觀念,可以推知《論語義疏》以佛老解經,對典章制度、歷史事件的闡述不完備,相對於《論語注疏》來說固然是相當大的缺點,但是對於身處該書編纂及其通行時代的學者來說,《論語義疏》或許不是完美無瑕的著作,卻是他們對《論語》學的認識與對訓解層面要求的共同標準,基本結構上的缺點應該是不存在的;至於邢昺等人對《論語》的詮釋之所以會有異於前人的表現,就是因為學風的轉換使學者的基本認識與要求發生了變化。筆者以為,宋代以後經學家所以會擺落「漢唐舊說」,建構完全屬於宋代的學術體系,就是因為對經書的基本認識與詮釋的要求與漢唐諸儒有根本上的差別;就此而言,邢昺的作法除了是當時學者對經學舊說已經因為基本觀念的改變而具備了反省檢討能力的最直接說明外,對於學者了解經書研究風氣與方式轉換的始末,也具備了提示的功能。

其二,邢昺使用相當龐大的篇幅說解名物典章,又極力地維護經典義理的純正性,雖然就學術發展的次序而言,不能說是融合新舊學風的表現,但是在這過程中重視名物章句的觀念

膨脹到頂點,所有注疏之學中能夠詮釋經書的方式也都被廣泛地運用的現象,卻是「漢唐舊式」《論語》學已經達到顛峰、沒有持續發展空間的明證;而追尋儒家立場說解、純正經書義理觀念的方興未艾,則是「宋代新式」《論語》學即將展開的表徵。如果從這個方向看,清乾隆年間四庫館臣說該書是「漢學」與「宋學」的轉關(《四庫全書總目・經部・四書類一・論語正義二十卷提要》,卷35,頁9下),理由應該是相當充足的。

關於《爾雅注疏》與《孝經注疏》,由於文獻喪失,無法藉由比對新舊經說的方式探尋經學研究風氣的轉折,所以在此只能就二者的體制略作敘述。

在《孝經注疏》方面,該書一切體例與說解重點與《論語注疏》幾無二致。首先,對於《孝經》各章,邢昺等人都會編列章旨,並且敘述各章之間的承續連接關係。在訓解內容方面,他們注重的也是名物器用、典章制度、歷史事件、人物背景的說明,對當時經學研究面貌的呈現,《孝經注疏》的功能幾乎與《論語注疏》一致。同時,對於唐玄宗「御《注》」,邢昺與孫奭都會標示該說法淵源於何人;例如〈開宗明義章〉「子曰:『夫孝,德之本也,教之所由生也。』」,玄宗《注》云:「言教從孝而生。」《疏》則標示道:「此依韋(昭)《注》也。」(卷1,頁2下—3上)〈三才章〉「先王見教之可以化民也。」玄宗《注》云:「見因天地教化人之易也。」《疏》則標示道:「此依鄭(玄)《注》也。」(卷3,頁4下—5上)雖然這些標示對於當時的經學風氣不能有所提示,但卻是後世蒐集玄宗之前諸家《孝經》注解的最重要憑據。這可以說是《孝經注疏》在文獻學上的貢獻。

至於《爾雅注疏》,誠如舒雅所作的〈爾雅序〉所言,《爾雅》經文與郭璞《注》是邢昺與孫奭鋪陳解說的兩個重點。為

了訓釋《爾雅》經文與郭璞《注》，邢、孫二人幾乎引用了可供參酌的典籍，除了經書及其訓解之外，其他資料如《禮圖》、《小爾雅》、《說文解字》、《廣雅》、《字林》、《本草》、陸機的《毛詩草木蟲魚疏》，緯書中的《易緯通卦驗》、《易緯考靈耀》、《河圖括地象》，孫炎與高璉的《疏》，都是輔助講解的工具，蒐羅的範圍可以說相當該博。在編輯方式上，二人在說明〈釋詁篇〉內容大要時附帶作了詳細的說明：

> 解經文若其易了及郭氏未詳者，則闕而不論；其稍難解，則援引經據及諸家之說以證之。郭氏之《注》多采經記，若其通見可曉者，則但指篇目而已，而或書名僻異、義旨隱奧者，則具載彼文。（卷 1，頁 8 上）

在這段文字裡，說明經文的出處與涵義以及為郭璞《注》文字編列說解是《爾雅注疏》成書兩大重點清楚地顯現出來。邢昺等人對郭《注》極度尊崇的編輯態度，除了是因為郭璞本身「去漢未遠，所見尚多古本，所註多可據，後人雖迭為補正，然宏綱大旨，終不出其範圍」外，邢昺等人所作「疏家之體」因循「唐以來之通弊」，在編輯方式上「唯明本註，註所未及，不復旁搜」的作法，也是重要成因。（《四庫全書總目·經部·小學類一·爾雅註疏十卷提要》，卷 40，頁 4 上—4 下）就這個現象來看，雖然《爾雅注疏》因襲舊制成書的表現在經學發展史中只是一個小環節，卻是宋初官方經學守舊的強烈表現。

二 邢昺、孫奭的經學

（一）邢昺的經學

邢昺，字叔明，曹州濟陰人（今山東定陶西南），生於後唐明宗長興三年（932），少習經術，宋太宗太平興國初年，舉五經，隨後入京赴試，太宗召升殿講《易經》〈師〉、〈比〉二卦，且問以群經發題，深讚其精博，於是擢邢氏「九.《經》及第」。次年，任國子監丞，負責講學工作，此後官歷《尚書》博士、國子博士，並爲諸王府侍講。宋真宗咸平二年（999），邢昺累官至翰林侍講學士，並受詔與杜鎬、舒雅、孫奭等人校定諸經「義疏」。真宗大中祥符三年（1010），病卒，年七十九。除了編纂「三經《注疏》」之外，邢昺還曾經在宋太宗雍熙年間（984—987）剪輯三《禮》文字編爲《禮選》二十卷供皇室觀覽。該書的實際內容如何？今日已經無從考見，然而就記載邢氏爲皇家講經始末的文獻推測，依照《注》、《疏》鋪陳的說解與邢昺對經書義理的簡單闡發，應該是組成《禮選》的兩大部份。

相對於編定「三經《注疏》」，爲皇族說解經義，是儒官邢昺擔負的更重要任務，由於爲皇室講經的時間長、範圍廣，歷來史學家對邢昺的紀錄於是大多偏重在此，而這些記載也就在講經內容不傳的情形下成爲探尋邢昺經學思想的重要根據。邢昺講經的梗概，《宋史·儒林傳》有著相當詳細的記載（卷431，頁 12979—12801）：從太宗至真宗數十年間，邢氏一共爲皇家說解了《孝經》、《禮記》、《論語》、《尚書》、《周易》、《詩經》與《左傳》七部經書；在說解的方式上，《傳》、《注》、《疏》等資料是鋪陳說明經書義涵的直接依據，此外，邢昺並且採用時事充當比喻，輔助說明。除了整體性的記錄之外，邢昺爲太宗陳述《禮記·中庸篇》經文「凡爲天下國家有九經」一段的涵義、於諸王府講說經義時對發明君臣父子之道特別重視等事蹟，也都是史家紀錄的重心。〈中庸篇〉云：「凡爲天下國家有九經，

曰：修身也、尊賢也、親親也、敬大臣也、體群臣也、子庶民也、來百工也、柔遠人也、懷諸侯也。」（卷52，頁20下）很明顯地是對在上位主政者的指導，而君臣父子之義則很明顯地是對居下位者的規範，就指涉的內容而言，兩者之間的差距頗大。

根據《宋史》的記載，可以知道：其一，就說解經書仍然只能依附在「注疏之學」的舊基礎上看來，邢昺對經書經文並沒有整體的新認識，是可以確定的。事實上，這個表現與「三經《注疏》」編輯的基本精神一致，都顯示邢昺還沒有創造新說解的能力。其二，就學風的變遷來說，雖然無法為經書創造系統完整的新詮釋，但是邢昺以對時事的認識作為經書解釋工具的行為，卻可能是宋代學者不再完全滿足與局限於「漢唐注疏之學」為經學研究設定的純粹「訓詁文字、解析典章」的形式，而為因應時代的需要而擴展經學詮釋角度與方式的宣告。其三，從對皇族講經著重於義理的闡明與對不同成員講述經典義理各有所重的選擇性行為裡，除了可以發現皇室對研究經書的要求是能夠滿足統治者政治現實需要的義理、而非繁瑣的章句訓詁與單純的典章分析以外，同時也可以看出邢昺因為現實環境需要而轉變的經學態度。趙宋開國之後，隨著人文思想的進步以及科舉制度的漸趨完善與擴張，知識分子參予管理政治與社會事務的比例越來越高，面對瞬息萬變的現實事務與新社會中複雜的人文思想要求，緊守著舊思想是不能解決問題的，於是，經學的根本基礎從時代需要的角度上被從新建立，宋人的經學研究因而脫離了舊藩籬，呈現出與「漢唐注疏之學」截然不同的學術面貌。邢昺為趙宋皇家說經的態度，雖然不是宋代學風丕變的原因，而皇室對經書內涵的要求，也並非宋代學者研究經學的路向指標，但從二者間的互動關係中，卻隱約可以

看見學術風氣轉變的契機與因素。

（二）孫奭的經學

孫奭，字宗古，謚宣，博州博平人（今山東茌平西），生於宋太祖建隆三年（962），宋太宗端拱二年（西元 988）九《經》及第，歷任國子監直講、諸王府侍讀、龍圖閣待制。宋仁宗即位，先後召孫奭爲翰林侍講學士、龍圖閣學士，以太子少傅致仕。仁宗明道二年（西元 1033），病卒於家，年七十二。除了參予「三經《注疏》」的編纂外，孫奭也爲皇族講說經義，並且奉命校定《孟子音義》。在個人著作方面，孫奭要比邢昺來得豐富，計有《經典徽言》、《崇祀錄》、《樂記圖》、《五經節解》、《五服制度》等書，可惜均已亡佚。

就書名來看，《崇祀錄》、《樂記圖》、《五服制度》等書應該是禮學著作，《崇祀錄》可能是討論祭祀的文字，《樂記圖》應該是〈樂記〉所載諸器物形制的圖像，而從孫奭所撰〈上五服制度奏〉中則可以發現《五服制度》是爲了喪服禮制的規範而作（《全宋文》冊 5，卷 193，頁 324）。這些雖然都不是直接解釋《三禮》經文的作品，但是卻顯示孫奭可能是建立宋代禮制的重要人物，或者他對禮學思想有相當的認識。

關於篇幅長達五十卷《經典徽言》，根據《宋史‧藝文志》的記載，該書是收集「《五經》切於治道者」而成書的。就內容特性而言，《經典徽言》應該也是爲皇室成員而作的，或許孫奭在書中設立的詮釋與邢昺的《禮選》相似，大部分是依循各經書原有的《注》、《疏》而成。雖然《經典徽言》的確實面貌無法考定，但該書出現是不是代表著官方學者的經學研究開始朝向「資治」的方向發展，則是學者可以深入檢討的所在。至於《五經節解》，雖然史料完全沒有記載，其內容無從考見，但是

的著作,而如果該書確實是刪節注疏而成,那麼就可以說「注疏之學」對當時學者而言已經太過繁瑣、不合乎時代需要的看法可能正在逐漸形成中。

孫奭的經學作品中,較受爭議的是《孟子音義》與《孟子正義》的問題。《孟子正義》一書是邵武士人偽託孫奭而作,朱子已經說得很清楚,(《朱子語類・語孟綱領》,卷19,頁443,滕璘錄)在此不贅述。至於《孟子音義》,由於陸德明以後諸家解《孟子》雖小有差異,但是卻呈現「共宗趙氏(岐)」的現象,因此孫奭在從事編定工作時在意義的說解方面「仍據趙《注》為本」,只著重於字音與字義的檢論(《孟子音義序》,《孟子音義》,卷上,頁1上—2上)。當然,與「三經《注疏》」相同,《孟子音義》中的訓釋並非完全出自孫奭的創作,前人如張鎰、丁公著的說解也時常出現在本書之中。由於只解說字音與少數字義,《孟子音義》的形制顯得相當簡單,篇幅短小,一共只有二卷。對於《孟子》解釋史而言,孫奭編纂的《孟子音義》,雖然只是一道細微的小環節,但是對《孟子》學的整體發展來說卻揭示了一些重要現象:其一,宋代中央開始整理關於《孟子》的注解,應該可以認定為官方與學術界開始重視《孟子》的象徵。其二,雖然對《孟子》一書有所肯定,卻無法撰寫出一部體系完整的專門著作,可見當時研究《孟子》或奉命從事編纂工作的學者與官員對孟子的學說根本沒有深入的了解。根據這些現象,筆者以為:雖然唐代有不少相關著作,到了宋代初年,學者關於《孟子》學的研究仍然還停留在起步階段,即使官方倡導於上、學者鼓動於下,能夠完整詮釋《孟子》經文與闡發《孟子》學大義的著作,在《孟子》學的完整架構尚未形成的當時,是不可能出現的。

第二章　古文家的經學

　　自從唐代韓愈創立「道統說」，大力鼓吹「古文運動」以後，經學研究產生了變化。在方式上，學者不再拘泥於經書注疏之中，開始撰寫文章討論經學問題；在研討的內容上，「道統說」發揮了影響，學者因為追尋經書義理與極度尊經，開始對經書的完整性與注疏的不足提出懷疑和批判。到了宋初，沿襲古文運動、服膺「道統說」的學者日增，古文創作與經學研究的風氣日廣，在這些從事古文創作的學者中，以柳開、王禹偁、石介三人的經學研究最具特色，可以稱之為宋初古文家治經的表率。

第一節　柳開「補經」及其強烈

的經學改革思想

　　柳開，字仲塗，大名（今河北大名）人。生於後漢高祖天福十二年（947），年少時因為喜慕韓愈、柳宗元古文，而自名為肩愈，字紹先，號東郊野夫；隨後因為倣效文中子王通續經的精神補寫經書亡篇，而自認為「將開古聖賢之道于時」（〈補亡先生傳〉《全宋文》，冊3，卷123，頁689－692），所以又更名為開，字仲塗，號補亡先生。宋太祖開寶六年（973）登進士第，官歷太祖、太宗、真宗三朝，真宗咸平三年（1000），徙滄州，病卒於道，年五十四。柳開仰慕韓、柳古文，除了奉為文章創作的圭臬外，並對二人在文章中揭櫫的「道統觀」拳拳服

膺，古文創作與宏揚「道統」可以說是柳開一生的職志、述作的指導，而宋代古文發展，就是肇始自柳氏。關於柳開的著作，除了至今仍然流傳的文集《河東先生集》十五卷之外，尚有記載野史的《東郊野史傳》九十篇與補寫經書亡失篇章的《補亡篇》，可惜兩書皆已亡佚，無從考覈其內容。

柳開是宋代第一位承繼韓柳，有系統地從事古文創作的學者，唐代古文家的學說，不但全面地影響著柳開的文學思想，也同時左右著柳開的經學研究。柳開在從事經學研究時，不但延續韓愈的「道統說」，以義理的探求作爲研讀經書的要務，更緣著這個觀念從事經學改造的工作，增補經書、批判注疏，對於新學風的傳承與確立有相當的貢獻。所以，討論柳開的經學思想，除了可以說是檢討「道統說」對經學研究的影響之外，更可以說是在探尋經學發展史上懷疑注疏、更動經書文字風氣的初期面貌。

一·由「道統說」演化而出的經學觀

自從韓愈在《原道》一文中建立了儒家道統義理的架構之後，「道統說」便成了儒家學者在討論心性哲學、政治哲學時必須觸及的重要課題，對於這個現象，研究者曾經作過相當多的論述，但是對於「道統說」給經學研究帶來的影響卻鮮少提及。事實上，自從「道統說」成立之後，經學家爲了追求韓愈等人所揭示的經書義理，往往對其所表彰的經書及經學人物詳加研討，或者學習他們的經學觀念，或者模仿他們的經學研究方法，新學風與新方式往往由此產生，而柳開的經學之所以能展現和前人截然不同的特色，就是肇因於對「道統說」的承襲與援引。

極度尊崇孔子，以孔子的信念作爲經書研究的準則，幾乎

是所有經學家或儒學家的一致表現，在韓愈創立「道統」體系之前如此，之後也如此。柳開致力於經學研究與孔門真義的追尋，自然也會表現出對孔子的崇敬，但與其他學者不同的是，柳氏的態度與表現特別強烈，他不但在文字敘述上極力頌讚孔子，更因著對孔子的尊崇發展出一套作為自身經學研究準繩的特殊經學觀。〈柳公行狀〉說柳開「于《書》，止愛〈堯典〉、〈禹貢〉、〈洪範〉。」認為「斯四篇，非孔子不能著之，餘則立言者可跂及矣。」（柳開將〈堯典〉分為〈堯典〉、〈舜典〉兩部份，所以稱「四篇」）（《全宋文》，冊7，卷271，頁313—319）在〈答陳昭華書〉中，他則說：「經在得其誰人焉？得其孔子者也。」（《全宋文》，冊3，卷117，頁590—592）這兩段文字記載，除了可以說明柳開認為研究經書的要務，是求取孔子託付於經文中的義理之外，也顯示出由於認為《尚書》中〈堯典〉、〈禹貢〉、〈洪範〉等篇是孔子親為，所以特別重視，因而對同一部經書的不同篇章作出了高下的判別的特殊現象，至於怎麼判定那些篇章出自孔子之手，在此柳開並未說明，可能是實際證據的成份較少，自由心證的成份較多。其實，追求經書中的義理，本來就是經學家的責任，倒也不必說是某位學者研讀經書的獨特表現，但是就經書的文字內容來看，其中包含的不只是孔子的道理，文王、周公甚至於堯、舜、禹等古聖人思想的精義也占了極大的分量，也都是極佳的研討命題，而柳開卻認為研讀經書完全是為了探求孔子的義理，在「得其孔子者也」，可見他對孔子的尊崇是超越旁人的。另一方面，千百年來學者孜孜鑽研，字斟句酌，對於經文的判讀、篇章的分析，戰戰兢兢，除非有確切的證據，不敢隨意置喙，柳開為《尚書》的篇章分別高下、判定優劣的行為，相對於諸儒的謹慎，實在是個相當大膽的方式。這個方式雖然對後學毫無影響，但學者如果能夠體察到柳

開只單純地以是否爲孔子親爲來充當判別經書文字良莠的標準時，除了會對柳開大膽的行爲感到驚訝、對柳開草率而不明確的表準提出批判之外，也應該會對柳開因爲極度尊崇孔子而產生的學術自信有所體會。筆者以爲，上述兩個現象，因爲都是以單純的觀念與原則來判斷複雜的問題，不但可以作爲柳開對孔子的尊崇是超過其他學者的明證，更可以說明對孔子的崇敬確實是深刻地影響著柳開的經學研究。至於柳開爲什麼在經學研究上如此地尊崇孔子，筆者以爲除了一般經學家的傳統以外，「道統說」的驅使是強化柳氏信念的主要因素。韓愈的「道統說」，本來就是爲了與佛老爭長短、宏揚孔子學說而制作的，雖然他前後列舉十數位古代聖哲，建立了「道統」體系，但主要仍是希望提高孔子的地位，與佛陀、老子相抗衡，柳開對「道統說」拳拳服膺，自然也能夠了解韓愈學說的深層意義，因而對孔子特別尊崇。因此，〈答臧丙書〉一文中，柳開提到：「聖人之道，傳之以有時矣。三代已前，我得而知之；三代已後，我得而言之。在乎堯、舜、禹、湯、文、武、周公也。……昔先師夫子，大聖人也，過於堯、舜、文、武、周公輩。」（《全宋文》，冊 3，卷 117，頁 592－599）明白地指出孔子所處的地位超過其他同屬於「道統」體系的聖人，這段文字，除了是柳開極度尊崇孔子的最佳註腳，也爲柳開受「道統說」的影響，極度崇敬孔子，以之作爲經學研究的遵循指標，因而發展出個人獨特經學觀的心路歷程作了相當完整的說明。

　　爲經書修補亡佚的文字與篇章，是柳開經學的特色之一，他曾經說：「讀夫子文章，恨《詩》、《書》、《禮》、《樂》下至《經》（可能專指《春秋》）遭秦焚毀，各有亡佚，到今求一字語要加于存者，無復可有，況其盡得之乎！」（《〈五峰集序〉，全宋文》，冊 3，卷 121，頁 650－651）認爲經書經過秦火及輾轉相傳，文

字亡失的情形是存在的。一般學者對於經書文字的訛誤，往往有修正的辦法，但是對於文字的亡佚，卻只能望而興嘆。柳開卻不同，他採取積極的方式，依照傳、記、注疏的記載，在他認爲經書有闕漏的地方作修補，而編寫成《補亡篇》九十篇。事實上，這個特殊的經學方法，並非出自柳開本身的構思，而是淵源自「道統說」體系與對唐代後期古文家的模仿。唐代後期的古文家曾經爲經書亡篇進行過修補工作，柳開「補經」的行爲，也許就是直接承襲自此；此外韓愈記述的「道統」傳承中，囊括了隋朝的大儒文中子王通，王通不但意在承繼孔子之道，更有志於立言，希望能夠接續六經的記載，因而從事「續經」的工作。柳開自認爲承續「道統」，因此援用了王通「續經」的精神，從事經書修補的工作，撰成《補亡篇》。他的學生張景在〈柳公行狀〉中說：「公……慕文中子王通續經，且不得見，故經籍之篇有亡其辭者，輒補之，自號補亡先生。」直接了當地指出柳開補經的作法是淵源自王通的續經，更是柳氏經學演繹自「道統說」體系的確切證據。

柳開經學的另一個特色，是以義理來判斷經書文字的蘊涵及注疏的是非。就他補經的行爲來說，傳記是他依循的標準之一，另外一個更重要準則則是經書的義理，而經義的地位是高於傳記的，他在〈補亡先生傳〉中說：「凡傳有義者，即據而作之，無之者，復己出辭義焉。」由此可見，柳開是將經義作爲經學研究的最高指標。此外，在〈補亡先生傳〉裡評斷注疏得失時，他說：「先生又以諸家傳解箋注于經者，多未窮達其義理，常曰：『吾他日終悉別爲注解矣。』」因爲注疏無法窮達義理而全面否定其功能及價值，可見柳開對經書義理的重視，而經書義理的探究，自韓愈創建「道統說」以後大受發揚，成爲古文家研讀經書的第一要務，柳氏之所以重視經書義理，應該可以

說是因緣於此。另一方面，柳開說自己「大探六經之旨，已而有包括揚、孟之心。」(〈補亡先生傳〉)說「道統說」體系中諸學者「孟軻氏、揚雄氏、王通氏、韓愈氏數子之書，皆明先師夫子之道者也。……今我之所以成章者，亦將紹復先師夫子之道也。」(〈答臧丙書〉)更是明白地說出他所追尋的確實是經書中的義理——所謂的「六經之旨」、「夫子之道」，而他所追尋仿效的對象，就是身處「道統」之中的孟、揚、王、韓諸人。由此可見，說柳氏的經學觀深受「道統說」的影響，應該是正確的。

此外，除了上述的三個現象之外，有一小段文字也可以充份地表現出柳開在經學研究上深受「道統說」的影響。不喜注疏，希望能夠全面為經書作新注，是柳氏經學思想的一大特色，在談到為《論語》作新注時，柳開說道：「吾聞韓文公昔重注之，今吾不得見，吾將下筆，又慮與韓犯，使吾有斯艱也，天乎哉！」(〈補亡先生傳〉)從這段近乎慨歎的文字之中，很明顯地可以看出柳開之所以對為《論語》作新注的躊躇猶豫，完全是因為韓愈已經為《論語》作注在前，唯恐自己作的新注會有與韓愈牴觸的現象。從柳氏深具個人觀點、改革作風與勇於立論的經學思想來看，這是極為不可思議的表現，對於這個特殊的現象，筆者以為，除了柳開極度地尊崇韓愈的學說，在經學研究工作上深受「道統說」影響外，其他的理由是無法解釋的，就此而言，更證明了「道統說」深刻地影響著柳開的經學思想。

二、對經書、注疏的看法與修補經書之失

對於經書，尊經與尊孔子是柳開研讀的指導原則，他堅信

六經的確經過孔子編刪，也相信經過孔子親炙的經書在文字與
義理上具有絕對的完整性，因此，他說：

> 夫刪《詩》、《書》，定《禮》、《樂》，贊《易》道，修《春
> 秋》，孔子知其道之不行也，故存其教之在其中，乃聖人
> 之事業也。(〈答臧丙書〉)
>
> 夫子之於經書，在《易》則贊焉，在《詩》、《書》則刪
> 焉，在《禮》、《樂》則定焉，在《春秋》則約史而修焉，
> 在《經》(《孝經》)則因參也而語焉。(〈昌黎集後序〉，《全
> 宋文》，冊 3，卷 121，頁 651－652)

在這兩段文字中，除了可以看出柳開深信六經與《孝經》是孔
子親手編刪及寫作之外，更可以看到柳開認為孔子編纂經書並
非是純粹性的文獻整理，而是有計畫、有目的的義理傳遞行為。
既然孔子編輯經書是一項包含著高深義理的傳遞、有特殊意蘊
的動作，那麼經書應該是絕對無瑕疵、無缺漏的，所以他在〈上
王學士書〉中說：「文哉文哉，不可苟也矣；如可苟也矣，則《詩》、
《書》不刪去其偽者也。」(《全宋文》，冊 3，卷 116，頁 580－
584)這一段其實是創作理論探討的記載，不但說明了柳開相信
經書在文句與義理上的完整性，也更深一層地證實他堅信孔子
在整理六經時的確寄託了深沉的寓意於其中，表現了他對經書
的極度尊崇。

在確信柳開極度尊經的觀念之後，筆者以為，這個觀點與
「道統說」成為一體的兩面，形成主導柳氏研究經學的準則：
其一，柳開因著經書在文字與義理上應該毫無瑕疵的信念審查
經書，發現無論在經文或義理上都存在著缺陷，為了維護經書
的完整性與崇高性，他發展出「補經」的獨特方式來修補經書。

其二，由於認爲經書具有絕對完美的義理，使柳開對經書義理的追尋抱持著相當高的標準，由於這個標準產生，柳開於是開始檢覈漢唐注疏、批判漢唐注疏，發現了其中的不足與錯誤，因而對注疏之學提出質疑，希望將「漢唐舊學」全面推翻。其三，由於確信孔子與經書的關係，在研讀經書時便經常以自由心證下的「孔子模式」作爲判別優劣是非的標準，例如在研讀《尙書》時，柳開就曾經因爲認爲〈堯典〉、〈禹貢〉、〈洪範〉等篇是孔子親書，表現出特別尊信的態度，並對其他篇章的價值有所貶抑。

柳開研究經學既然因著尊經思想而首重經義，對於著重文字訓詁與名物制度考據、無法闡釋經義，因而被韓愈棄諸道統之外的注疏之學，自然表現出不信任的態度，事實上，柳開會因爲懷疑經書的完整性而補經，對依附經書生存的注疏，可能也就不會相信了，因此，張景在〈柳公行狀〉中談到柳開研讀經書與注疏的態度時便說：「公凡誦經籍，不從講學，不由疏義，悉曉其大旨，注疏之流，多爲其指摘。」並且，柳開自己在〈補亡先生傳〉之中也說：「先生又以諸家傳解箋注于經者，多未窮達其義理，常曰：『吾他日終悉別爲注解矣。』」在此，兩段文字表現了兩層意義：其一，柳開對注疏之學不但不信任，更因爲學者緣著注疏之學無法達到追尋義理目的，而有將之全面推翻的打算。其二，既然注疏已經無法滿足經學研究，那麼就應該重新樹立一個標竿，作爲詮釋經書的準則，而柳開所追尋的經書義理，就是能夠完全滿足經學研究的最佳形式，所以他想藉由這種方式來重新解釋經書，爲經文做最完善的注解。另一方面，雖然柳開對所有注疏都不滿意，但是他在文章中直接提出批判的卻只有《鄭箋》與《論語集解》，在〈補亡先生傳〉中，他說：

先生……大以鄭氏箋《詩》爲不可，曰：「吾見玄之爲心，
務以異其毛公也，徒欲强己一時之名，非敢通先師之旨。
且《詩》之立言，不執其體，幾與《易》象同奧，若玄
之是《箋》，皆可削去之耳。」又以《論語集解》闕注者
過半。……

在此，柳開不但指責何晏《論語集解》過於簡略，而且更全面
否定《鄭箋》。《論語集解》過於簡略，是學者公認的，柳開的
指責並不新奇，但是全面地否定《詩經》學史上的偉大著作《鄭
箋》，卻是相當大膽的，就連宋元改經諸儒也沒有如此激烈的行
爲。至於《毛傳》與《鄭箋》之間的公案，學術界一直叨嚷紛
紛，孔穎達等人在編纂《毛詩正義》時，對於二者之間解經的
差異分歧總是極力彌縫，不敢有所辨析，柳開斥責鄭玄，顯示
他的經學研究已經跨越了《正義》之學的藩籬，不再受注疏之
學的限制，這個時候，他不但有能力批判舊經學，並且也有了
自己的評定標準，完全不受拘束，只要是他認爲不對的，便提
出指正，這樣的方式，在宋初保守的經學環境裡，形成了相當
特殊的案例。

　　雖然柳開治經以韓愈所揭示的「義理」爲標準，但是韓愈
在提倡追求經書義理的同時，並未樹立一個標準，也沒有建構
任何方法，只規畫了一個模糊的精神路徑，因此，後世以經義
爲解經標準者，經常透過自由心證建立了自身的標準，於是就
形成了以己意說經的現象，雖然柳開解經文字流傳至今的並不
多，但卻充滿著這樣的色彩，〈補亡先生傳〉記載了他與塾師討
論經學的過程，便清楚地表現這種情形，這段討論以《尙書・
堯典》：「日中星鳥，以正仲春。」一句爲中心，塾師依照注疏
照本宣科，只是機械式地說春分日黃昏，觀察南方的朱雀七星

來確定節氣。柳開對塾師提出問題，認為南方主夏季，既然是在春天觀察星宿，那麼就不應該觀察南方，而應該觀察東方，現在〈堯典〉說「日中星鳥，以正仲春。」是否有特殊的意義？對於柳開的問題，塾師無法回答，只說是依照注疏講述，柳開於是解釋著說，春季為一歲之首，四方的星宿都回復到原位，這個時候聖人（帝王）南面而坐，當其前的正好是南方朱雀七星，所以觀察它來正定春分之日。這樣的解釋，可以說是忽略了星座的運行，如果採用這個解釋，則其他三個季節的天象觀測就無法解說了，但是仔細推敲柳開的話，可以知道他是根據本身體認的義理，並且依照比較進步的人文觀念來做解釋的，如此以己意說經的方式，雖然不一定能夠百分之百正確地闡釋經書，卻能夠刺激經學研究，使經學的發展呈現多元化，就這點來說，柳開的經學是極為進步的。另外要陳述的一點是，柳開在這次的討論中並沒有說注疏錯誤，而是認為它不夠詳盡完整，無法觸及問題的重心，筆者認為，這個現象提供的訊息是，宋代的經學家在批判注疏之學的過程中，可能並不是一概地懷疑其正確性，他們也對注疏的完整性感到不滿（當然，認為注疏之學無法滿足義理追尋的要求，就已經多多少少地認知了它的不完整性），這個狀況或者就是使注疏之學衰微的另一個主要原因。

為經書補修章節，是柳開經學的最大特色，為了補經而作的《補亡篇》九十篇，就是他唯一的經學專著。柳開補經，固然是受了文中子王通「續經」與唐代古文家補經書亡篇的影響，但是他因為強烈的尊經思想而相信秦代焚書確實造成了經書文字的部份喪失，並且由傳記的記載裡發現經書中常有應當發揮義理而卻文字無存的現象，則是促成他為經書作修補工作的主要原因。柳開修補經書，一是根據經書傳記，一是根據他所認

定的經書義理。傳記所陳述的,如果蘊涵著義理,那麼他便依照其中的義理推演成篇,訴諸文字;如果傳記之中並沒有義理的成份,或者應該有所記載卻漏失,那麼他便依照本身的推論,爲經書創造相合的義理與文字,繁衍成篇。此外,如果遭遇到傳記的辭義都已闕漏的情況,爲了免除其他人對所補經文的疑惑,在正式開始文字纂寫工作之前,柳開總會先立論說明,〈補亡先生傳〉談到他補經的手續時說:

> 凡傳有義者,即據而作之;無之者,復己出辭義焉。……既而辭義有俱亡不知其可者,慮人之惑,先生即皆先立論以定其是非,用質其旨要。

可以看出柳開在從事補經工作時態度是相當負責的。

事實上,柳開補經,由經學史的角度來看,可以說是精神意義大於實質意義,他爲多少經書修補篇章,爲多少經文增添義理,因爲並無可以依賴的標準,其實並不重要,重要的是他修補經書的意義。會爲神聖崇高、居典範地位的經書作修補工作,在基本上已經蘊藏著對現行經書的不信任,雖然柳開覺得現行經書有所不足,但是並不表示他對經典不尊崇,相反地,就是因爲他極度尊經,才會以補經的方式解決經書中矛盾訛誤的問題。這樣的精神,與後世因尊經而疑傳疑經的概念實無二致,兩者都想要釐清經書中的問題,只是柳開補經,後世刪經改經,表現的方式不一樣罷了。認識了柳開補經的始末之後,筆者以爲,宋儒在經學研究中最爲人稱道的「疑經改經」,從唐代後期初揭其緒,幾經波折,到宋初柳開沿用發皇,其基本精神已經樹立,所欠缺的只是一套完備的方法,慶曆以後學者紛紛對經典提出質疑,這個風氣大行其道,在柳開從事補經時,

已經可以預見了。

三 柳開的經學檢述

柳開在經學研究工作的表現上可以說是極為特立獨行，對與同一時代的學者來說，他的先驅性是相當明顯的，雖然柳開的經學專門著作《補亡篇》已經全數亡佚，但是在閱讀其文集中的相關資料時，還是會讓學者覺得趣味富饒，從中發掘若干問題：

其一，關於柳開在從事補經工作時所採取的「據傳義而作」、「出己辭義」與「先立論定其是非，用質其旨要」等方式，筆者以為，從表面上看，只是因應補經工作需要而產生的三個層次不同的作法，實際上卻是柳開「議論解經」的三種表現方式。就第一、第二層來說，揣摩出蘊藏在傳記文字的義理，撰寫成經文，本身就已經蘊涵著議論的色彩，如果未曾經過議論的手續，是不可能「出己辭義」的；至於第三層的作法「立論定是非」、「質旨要」，更是明顯地表示工作的完成絕對必須要經過議論的手續。因此，就這三個作法來看，〈補亡篇〉的文字，雖然是為了修補經書而產生，實際上卻是經過柳開的議論而形成的。這些篇章，不只可以視為填補經書亡佚部分的作品，更應該將之視作柳開「議論解經」的文字。

其二，柳開為經書判別高下，可以說是完全是出於自己的學術觀察，並非前有所承。而為經書修補亡失，雖然是參酌了王通續經的作法，但是在判斷經書文字與義理亡失的所在與多寡時，也是根據自身所認定的義理標準。至於完全否定注疏，希望以本身所認同的方式與觀念為經書重作新注，更是完全表現出柳開個人對經書的看法。從這些行為的內涵來觀察，可以

發現柳開在從事這些工作時所憑藉的標準完全是本身的自由意志，也就是說，柳開詮釋經書的方式與基本精神事實上就是「以己意解經」的模式。這個基本精神，正是柳開的經學思想之所以充滿了革新成份的緣故。宋人王應麟在《困學紀聞》中說：

> 漢儒至於慶曆間，談經者守訓故而不鑿。《七經小傳》出，而稍尚新奇矣。至《三經義》行，視漢儒之學若土梗。（卷8，〈經說〉，頁 774）

認爲經學研究的風氣與方式到宋仁宗慶曆之後方纔有重大的轉變，在此之前是相當保守的。這段資料後來更被清末經學名家皮錫瑞轉引，在《經學歷史》一書中被用來當作宋初經學研究風氣「篤守古義」的有力證明。（《經學歷史‧8》，〈經學變古時代〉，頁 237）自皮錫瑞以後，這個說法一直以來被視爲討論宋初經學的原則。然而，這個準則是無法在柳開身上得到印證的，柳開「以己意解經」，置諸「古義」於不顧，勇於創造新說，一再表現出不同於王、皮二人所述的現象。事實上，王應麟所描述的應該是普遍的學風，而柳開所表現的則是個人的特殊觀念；雖然柳開的表現與《困學紀聞》的記載有很大差異，卻也不應該被用來作爲全盤否定王應麟、皮錫瑞等人說法的理由。筆者以爲，雖然柳開的經學思想不能作爲當代整體學風的代表，但是他在一向被認爲學風普遍保守的時代所展現的經學觀，不僅說明了當時的經學家與研究風氣並非一層不變地遵守古義古訓之外，更重要地是爲研究往後進步經學思想的形成提供了可供追尋的線索，雖然不能說後來宋人解經之所以突破舊藩籬是因爲柳開的創新，但是說從柳開的時代起新觀念的確開始在緩緩地形成中，應該是可以成立的，事實上，這正是柳開

的經學思想最具價值意義的一面。

其三，柳開無論在補經、批判注疏、判別經書篇章高下時都各有個標準，從現有的記載裡，雖然可以看出這些標準的大略面貌，但是其細部內容究竟如何，或者因為柳開根本沒有說明，或者因為資料已經散失，今日已經無從考辨，在這個情形下，實在很難正確地給柳開的經學成就公正的評價。然而可以確信的是，在現存的資料表象下，柳開反對所有注疏，完全不理會注疏其實也負擔了訓解經書文字與名物制度的功能；依照自己的討論修補經書，完全不考慮經書原本的面貌可能與他所相信的有差距；隨著本身的意見評判經書，完全不對經書的編輯與作者作徹底的檢討；雖然使他的經學研究充滿了強烈的改革思想與前進的動力，卻也令他的經學思想充斥著武斷與自我意識膨脹的缺點。這些強悍的作法，其實已經證明了柳開的經學在觀念上並非處於常態、在方法上也非普遍可通行的規則。因此，柳開在經學思想方面雖然對宋初的學者可能會有所啟迪，但他的研究方法與結果或許是很難被後人接受的。在探討過柳開的經學思想以後，筆者以為，清代四庫館臣在《四庫全書總目・經部・總序》中用來陳述與批評宋代中葉以後經學發展的這段話：

> 洛閩繼起，道學大昌，摒落漢唐，獨研義理。凡經師舊說，俱排斥以為不足信，其學務別是非，及其弊也悍。(卷1，經部，易類1，頁1上－1下)

若是被使用來作為對柳開學術的評價，將會非常適當。

第二節　王禹偁「議論解經」

所開拓的經學方法

　　王禹偁，字元之，濟州鉅野（今山東巨野）人。生於後周世宗顯德元年（954），九歲就能爲詩文，宋太宗太平興國八年（983）登進士第，任官十數年，三度遭到謫貶，仕途頗爲坎坷，卒於宋真宗咸平四年（1001），年四十八。王禹偁除以詩賦文章馳名外，亦曾於咸平初年參與纂修《太祖實錄》，可以說既善詩文又兼有史識，一生著述頗豐，計有《小畜集》、《小畜外集》、《五代史闕文》、《承明集》、《奏議集》等五部著作，其中《小畜集》爲王氏親手編輯，而《承明集》、《奏議集》兩書則已經亡佚。

　　王禹偁繼承韓柳學風，是以文章創作爲職志的學者，在經學改造的工作方面，王氏最重要的貢獻是採用了「議論解經」的方式來詮釋經書、發揚義理，將經學研究由章句訓詁提昇至義理了探求。因此，研究王禹偁的經學，最主要的就是探討其「議論解經」的主要內容、影響及在經學史上所表現的意義。再者，王禹偁因著「議論解經」的方式，以進步的人文思想評判經書的書法、以古文家的創作理論歸結經書文字難易的含意，不但提昇了研讀經書的層次，也同時突顯了當時經學研究的若干現象，可以說爲探討經學史發展的轉折提供了相當有助益的參考資料。

一「議論解經」所展現的經學觀

　　撰寫文章議論道理，本來就是古文家爲文的特色，這種討論含蓋的範圍極爲廣闊，幾乎所有的命題如哲學、政治、經濟、文學、史學都是討論的重點，至於以議論詮釋經書，由於從漢代以來解經的方式著重在文字訓詁與名物制度的說明，所以並沒有長足的發展。自從唐代韓愈、柳宗元二人提倡古文運動，鼓吹「道統」思想，並且主張「文以載道」以後，散文創作的範疇再一次被擴大，由於韓愈等人主張自經書之中找尋義理，所以承續古文運動的學者便有可能將二者結合，形成以議論解經的模式。另一方面，因爲從韓愈開始的古文家對於注疏之學始終持著懷疑的態度，既懷疑其說解不正確，又覺得其說理不完備，在注疏之學無法達成義理追尋的情形下，爲了尋求可以正確而且完整闡釋經書的途徑，學者有可能採用既能達成義理的討論發揚，又能批判注疏之學的議論手法，來作爲研究經學的新方式。當然，這是就經學的內在發展而作的假設，或許可以作爲議論解經形式發展的一個因素。

　　王禹偁本身並沒有專門的經學著作，所以研究他的經學思想，必須借助他所撰寫的單篇文章。王氏的文集之中，議論形式的文章爲數不少，指涉也相當廣泛，其中大部分是議論時政的文章，關於經學議題討論的則有五篇，分別是〈明夷九三爻象論〉、〈既往不咎論〉、〈死喪速貧朽論〉、〈省試四科取士何先論〉、〈五福先後論〉，這五篇文章，充份地表明了王禹偁的經學方法及經學觀。

（一）〈明夷九三爻象論〉（《全宋文》冊 4，卷 151，頁
　　　445—447）

　　〈明夷九三爻象論〉是王禹偁解經諸篇的表率，王氏在這篇文章中，首先條列出《易經》中〈明夷〉卦九三爻的〈爻辭〉及〈象辭〉，並且依循《經》、《傳》文字分別陳列王弼的《注》，

隨後再附上孔穎達《周易正義》的說解及王禹偁自己標示爲「論」的討論文字。整篇文章在標識命題、設定範圍、提出質疑、尋求文字的真正蘊涵等方面都有相當清晰而且理性、人文的表現，這樣的體例與精神，可以說是後世採用議論方式研究經學的固定模式，從體制上來說是成熟而且完整的。

從內容方面來說，本文主要是王禹偁針對王弼《周易注》解釋經文的錯誤而發。關於經文「明夷於南狩，得其大首，不可疾貞。」王弼《注》說：「處下體之上，居文明之極，上爲至晦，入地之物也。故夷其明以獲南狩，得大首也。南狩者，發其明也。既誅其主，將正其民，民之迷也，其日固以久矣，化宜以漸，不可遽正，故曰不可疾貞。」認爲〈爻辭〉所指涉的主要意義是：征服了南方的國度之後，其國君既然已經遭到刑懲，接下來的工作，便是應該妥善地教化其人民百姓，但是百姓在惡劣的舊風俗中已經迷失太久了，所以應該和緩地進行教化工作，不要急進。《正義》秉持著發揮注文的精神，自然沒有超越這個講法，只是以更詳盡的文字將王弼的意思作進一步的表達。王禹偁對於王弼的說法表示不滿，他認爲〈明夷〉是「文王之卦也，非武王之象也。」[1]而根據歷史事實，征伐殷商、推翻紂王的是武王，並非文王，所以說「獲紂首者，武王之事也，非文王之時也。」因此，作《易》者在觀象立言時，緣著「文王以文明之盛，當商紂至簡之世，若南狩而發其明，可得大首。然以臣伐君，義不可速，在乎貞正，俟彼貫盈。」的歷史事實及君臣倫理，爲九三爻繫上「明夷於南狩，得其大首，不可疾貞。」的辭句。至於〈明夷〉九三爻所表現的完整意義，王

---

[1] 〈明夷〉卦的〈彖辭〉說：「內文明而外柔順，以蒙大難，文王以之。……」王氏可能根據這段話作出最初判斷。

禹偁認為「文王三分天下有其二，猶率諸侯以事紂，此其義。」並且對於王弼錯誤的說解，提出了「若南狩發其明，又獲大首，則天下文明矣，安得謂之明夷乎？」的質疑。同時，王禹偁又針對〈象辭〉不解釋經文「不可疾貞」的現象提出說明，認為「文王以文明之德，晦明事紂，『不可疾貞』之義，于文易曉，故〈象辭〉不繁述也。」指出〈象辭〉簡易是有其根本原因的，藉此更進一步地充實自身說法的正確性。

綜合上述說法，可以知道，王禹偁認為：作《易》者的用意是在彰顯文王「三分天下有其二，猶率諸侯以事紂」的沉潛精神，所謂「得其大首」並不是指對征服敵國、擄獲首酋，「不可疾貞」也不是在說教化勝國百姓應該和緩，整句話的意思是在說明文王雖然具備了征服商紂的條件，但是為了謹守君臣之義，他並沒有積極地從事滅殷的工作。同時王禹偁又運用《尚書》〈泰誓〉、〈武成〉經文與《偽孔傳》及其他文獻中關於武王伐紂的記載，用來作為文王不曾伐紂的歷史事實作旁證。基於這些看法，王禹偁對於王弼的說法作出了「何其誤也」的批評，雖然他在文章中說王弼的《周易注》「諸家莫之及」，但並不是絕對的相信，對於有疑問的部份，他會提出反省，不再盲目屈從，雖然和當時全面反對「舊經學」的古文家柳開相比，王禹偁不相信注疏的情形顯得比較輕微，但是其懷疑精神的存在卻是不可否定的。

（二）〈既往不咎論〉（《全宋文》，冊 4，卷 151，頁 437—438）

《論語・八佾篇》：「哀公問社於宰我，宰我對曰：『夏后氏以松；殷人以柏；周人以栗，使民戰栗也。』子聞之曰：『成事不說，遂事不諫，既往不咎。』」針對這段記載，王禹偁提出的並不是關於前人注解正確性的批駁，而是對於經文含蘊的深層

解釋。王氏首先彰顯一個觀念:「仲尼之教,應機而設,語于一時,流于千載。千載之下,君子學之乃可以為事業,小人學之亦可以資奸佞;明聖得之謂之稽古,庸主得之因而飾非。」認為經書記載的道理雖然不容置疑,可以作為人生事業修為的指導;但若是認識不確實或有心曲解,則會形成錯誤的典範,貽誤人心。基於這個概念,王禹偁將孔子回答宰我的「成事不說,遂事不諫,既往不咎。」三句話抽離出本文,作為題材來發揮議論。

王禹偁先為孔子道出「既往不咎」一辭的用意作解釋,認為孔子之所以這樣說,乃是因為宰我的說法太過於無稽,而為了使宰我日後能謹慎言行,所以語氣較重,純粹是「夫子戒宰我一時之言」,事實上,這並非孔子處事的標準。接著他又把該觀念延伸至君臣對待的關係上面,認為學者如果誤會了孔子的用意,人人「成事不說,遂事不諫,既往不咎」,將會造成「上安其危,下稔其禍;事卒不言,言卒不聽」,而使社稷覆亡,所以鼓勵學者要用心去體會經書中的聖人義理。

然而,王禹偁之所以會提出如此的討論,並非憑空思考,而是經過深刻地觀察歷史所致,他在文章中這樣說:「……後之人由儒術位於朝,睹國家昏亂、政教缺失,不能扶救者,率曰:『事已成矣,吾不說矣;事已遂矣,吾不諫矣;且既往不咎,聖人之言也。』」從這段話可以知道,王禹偁的確是在仔細地觀察了歷史記載、體認了歷史事實之後才提出這個論題的。另外,王氏更舉出西漢張禹對成帝說:「罕言命,不語怪力。」王莽說:「天生德于予。」兩個奸佞曲解經書義理與聖人意旨對社稷造成災難的例子,加強說明經書文字不可輕忽濫用的道理,更可以證明王禹偁在閱讀經書時並非只是一味地參照注疏,以前人

所言爲滿足[2]，而是融入了歷史經驗與對時勢的認識；當然，藉著這個方式，可以較深沉地了解經書文字、闡揚經書義理，相對於單純的「注疏之學」，這樣的作法可以肯定是較爲進步的。

（三）〈死喪速貧朽論〉（《全宋文》，冊4，卷151，頁 438—439）

〈死喪速貧朽論〉是針對《禮記・檀弓篇》中一段記載而發的，這段文字主要是登載孔子弟子曾子、子游、有若三人探討禮學概念的過程。三人之間的討論由有若揭起，有若問曾子是否曾經向孔子請教過辦理喪事的原則，曾子以由孔子處聽得的「喪欲速貧，死欲速朽」——「喪失了官位就應該馬上變得貧窮，人死了就應該使屍體馬上腐朽」兩句話回答；有若聽了之後，覺得這樣的觀念不符合孔子的思想，認爲「非君子之言」，於是就再去徵詢也聽到這個說法的子游，子游於是爲有若說明孔子說這些話的原因與孔子對失位、喪事的真正處理原則。

根據子游的說法，孔子之所以會說「死欲速朽」，是因爲見到宋國司馬桓魋爲自己營建石槨，規模龐大，歷經三年不能完工，孔子覺得桓魋太過於奢侈浮靡，便批評說：「若是之靡也，死不如速朽之愈也。」所以「死之欲速朽，爲桓司馬言之也。」至於孔子處理喪事的真正原則，從他爲中都制定的制度「四寸之棺，五寸之　」來看，可以知道他是認爲「死不欲速朽」的。關於「喪欲速貧」的說法，乃是因爲南宮敬叔在喪失了官位去國遠行之後，每次回國朝見都攜帶著大量的財貨來炫耀疏通，

---

[2] 邢昺的《論語注疏》完成於宋真宗咸平四年，恰好是王禹偁的卒年，因此王氏當時所能參考的《論語》注解應該是皇侃的《論語義疏》，而《論語義疏》在注解本章時，偏重於名物的解釋，所以可能無法滿足王禹偁對追尋聖人義理的需要。

孔子深感不滿，所以說出「若是其貨也，喪不如速貧之愈也。」所以「喪之欲速貧，爲敬叔言之也。」而從孔子在魯國辭卸司寇官職之後，想要到荊楚拓展仕途，前後派遣子夏、冉有先行到楚地活動的事蹟看來，孔子「喪不欲速貧」的心理是很明顯的。這兩個概念的討論與釐清，就是這整段文字記述的重點。

對於上述爲禮學概念爭議的結果，王禹偁全然接受，並且依照經文提出進一步的申論。針對「死欲速朽」這個概念，王氏除了爲經文作詳細的說明之外，更採用〈檀弓篇〉中成子高所說：「生有益于人，死不害于人。吾縱生無益于人，吾可以死害于人乎哉？我死，擇不食之地而葬我焉。」以及國子高所說：「葬也者，藏也；藏也者，欲人之弗得見也。是故，衣足以飾身，棺周于衣，槨周于棺，土周于槨。」等兩段關於喪葬觀念討論的記載作爲引申的媒介。這兩篇文獻，成子高所言部份是關於墓地選擇的原則，國子高所說的則是關於壽衣棺槨使用的標準，對於喪葬制度都設定了合乎禮制又合乎理性的準則，因此王禹偁用他們作爲旁證，說桓魋「爲石槨，三年不成，可謂害于人矣。」來進一步證明「死欲速朽」並非孔子的處理原則，而孔子之所以會如此說，完全是因爲桓魋預營後事奢侈浪費，「死害于人」，所以才產生了如此權宜性的說法，而其主要的用意，是在告誡在位者不可逾禮非份、奢侈浮靡。關於「喪欲速貧」的說法，王禹偁承續子游的說法，認爲南宮敬叔之所以喪失官位，完全是因爲貪好財貨，而在喪失官職，去國遠行之後，仍不知反躬自省，反而在回國朝見時炫耀財貨。孔子認爲南宮敬叔的行爲不正當，所以才有「喪欲速貧」的譏諷。在根本上，王氏認爲「中牟畔、費畔，召子，皆欲往。且曰：『如有用我者，吾其爲東周乎！』」的例證，完全可以證明孔子的真正原則並不是「喪欲速貧」。而既然不甘於貧困，是否表示孔子是汲汲於仕

途利祿呢？王禹偁認為，雖然孔子在失位後先後派遣子夏、冉有赴楚國活動，中牟、費等附庸國舉事，徵召孔子，孔子都想前往，所有的舉動並不是說明孔子喜好利祿權位，而是孔子因為急於要行仁政、布施王道，所以在機會來臨時，便顯得相當主動與積極。因此，王禹偁在文章中說：「苟能用夫子之道，可以王矣，則民受其賜矣，非謂貪乎祿者也，奚速貧之足論哉？」為這個觀念的討論作了最佳的註腳。

在這篇文章中，王禹偁又對曾子、有若、子游的討論提出看法，他先說：「喪欲速貧、死欲速朽，曾子、子游皆曰『聞諸夫子』有若曰：『是非夫子之言也。』三子互有援引，而《禮》經兩存之，予為論之。」將本文所要討論的主題以及重點明確地道出，而從這段話可以清楚地知道，王氏所要論述的，除了經文的內容外，更重要的是《禮記》一書的編輯方式及其性質。在發揮內容義理之後，王禹偁在文章的最末說了一段話，來表達他本身對《禮記》編輯的看法：

>……三子親受聖人之教而各執聞見，《禮》成於二戴，又雜以漢之諸儒，亦具存焉，蓋《禮》非褒貶之書也，故予論而無譏。

從這段文字裡，可以看出：其一，王禹偁似乎認為，保存聖人言論義理的經書，應該不能存在模稜兩可，混淆是非的記載。雖然整個討論是在曾子、有若、子游三位孔子的嫡傳弟子之間進行，而討論所獲得的結果也是正確的，但仍然會對義理的追尋造成某種程度的阻礙。經書既然有神聖的地位，就應該正確地記載文字，編輯者應該要有所選擇，要能夠明白分辨文獻的適當性，將正確且有助於聖人義理的部份記錄下來，對於錯誤

及混淆的部份,即使出自於聖人門下,也應該略而不載。筆者以為,王禹偁之所以會有這樣的看法,完全是因為他服膺於儒家思想,極度地尊崇孔子與經書,因而更加強要求經書的正確性所致。其二,基於上述的看法,王禹偁對《禮記》提出了態度溫和的質疑。他認為漢代大小戴編輯《禮記》時,在時間上距離孔子已十分遙遠,資料的正確性已不十分充足,再加上《禮記》為論文集形式,蒐羅了先秦至漢代的禮學思想,參雜了許多漢儒的說法,因此產生了將正確與錯誤觀念並存紀錄的情形,這樣的失誤,王禹偁認為並不能等閒視之,仍需要仔細地判別,只是因為《禮記》並非如《春秋》般是「褒貶之書」,所以他便採取「論而無議」的方式來凸顯問題。

(四)〈省試四科取士何先論〉(《全宋文》,冊 4,卷 151,頁 448—450)

〈五福先後論〉(《全宋文》,冊 4,卷 151,頁 450—451)

〈省試四科取士何先論〉、〈五福先後論〉兩篇雖然各取材自《論語·先進》與《尚書·洪範》,但所論述的主題與模式卻一致,均是以「尊德行」為前提,針對經書文字的次序及涵意進行解釋與批判。

〈省試四科取士何先論〉主要是藉討論人才選取的標準,超越固有文字訓解,進一步詮釋孔門「德行、言語、政事、文學」四學科的內涵與排列順序的道理。文章的開頭,王禹偁說:

> 立身者莫若德,故德行以首之;……表德者莫若言,故言語次之;……化民者莫若政,故政事又次之;……經緯者莫若文,故文學又次之。

在此，王氏首先依照本身的看法，簡單地說明了四科的內涵與功用，在他的說明之下，孔門「四科」的排列順序顯得相當合理，而「尊德行」的觀點，也在此凸顯出來。同時，在「尊德行」的前提之下，王禹偁認為如果只是精通於「言語、政事、文學」而不講求「德行」，就會造成「捷給縱橫，辯說之流進矣」、「苛刻聚斂，刀筆之徒用矣」、「浮華巧豔，諂諛之辭作矣」的不良後果，所以說選取人才的標準應該是「凡欲取士，必先考德」。因此，雖然《論語》之中標示嫻於「四科」者各有其人，看起來好像互不相干，但實際上卻是「知修其德、立其行者，則言語、政事、文學可以兼而有也。」至於這個說法是不是成立呢？王禹偁認為名列「德行」科的顏回就是最好的例子：在「言語」方面，孔子「與回言終日，其心如愚」，是「夫人不言，言必有中」的表現，所以「則回之言語可知也」；在「政事」方面，孔子說顏回「不遷怒、不貳過」、「其殆庶幾乎」，所以「則使回從政又可知也」；在「文學」方面，《論語》記載顏回「聞一以知十」、「好學不倦」、「拳拳服膺」，所以「則回之文學亦可知也」。

上述文字除了表明王禹偁尊崇「德行」的意識之外，也展現了王氏解經的某些特點：其一，雖然孔門以德行修養為最高追求，但《論語》中關於「四科」的文獻，是不是依照「尊德行」的標準來排列，實際上是無法確定的，而王禹偁卻因為本身已經預先確立了「德行第一」的觀點，因此對經文排列順序的意義與經書概念之間的統攝，作出極具自我獨立性的詮釋。類似的情況，也發生於〈五福先後論〉一文中，在此，王禹偁基於「好德」的前提，對於箕子將「五福」——「富、壽、康寧、攸好德、考終命」作如此排列感到不滿，認為箕子「陳五福」，「將以教人而垂世，盍以德為首乎？」而且〈洪範〉篇中

所討論的，是「世之模範也，傳爲格言，貽我後代」爲百世遵循的教條，實在是不能輕忽，而「誕其說」。簡單地說，王禹偁認爲「攸好德」應該在「五福」中列首位，而箕子的作法，會造成讀經者的混淆。〈五福先後論〉的例子，再一次說明了王氏以本身預先存在的看法解釋經書，而產生獨特說法的情形；筆者認爲，雖然〈省試四科取士何先論〉與〈五福先後論〉在解說經書文字的深度及說服力方面並不如上述三篇文章，但卻清晰地顯示出王禹偁喜歡以本身意識解說經書的現象，而這些現象，正是宋人「以己意說經」學風的明顯表現。其二，在這兩篇討論經學的文章中，王禹偁不論解釋《論語》或《尙書》，都沒有採取漢唐舊說[3]。儘管王氏並沒有在文章中直接指明注疏的說法不正確或者說理不充足，不值得採用，但是在「以己意說經」的觀念與方式下，注疏之學在經文的詮釋上顯然無法發揮大作用。從這個觀察角度，王禹偁對於注疏之學並非全然接受與遵循的態度，可以說甚爲明顯，而學者抱持著「以己意說經」的態度研究經學，將會威脅注疏之學的地位，造成經學發展的重大變革，也在此確實地表現出來。

---

[3] 在解釋「孔門四科」方面，皇侃《論語義疏》說：「四科次第立德行爲首，乃爲可解；而言語爲次者，言語，君子樞機，爲德行之急，故次德行也；而政事是人事之別，比言語爲緩，故次言語也；文學指博學古文，故比三事爲泰，故最後也。」（卷6，頁2下）雖然在解釋次第或內涵方面也有合理統系，但王禹偁顯然沒有採用。至於解說「洪範五福」方面，孔穎達《尙書正義》除了解釋「五福」的個別意義之外，另外說：「王者思睿則致壽，聽聰則致富，視明則致康寧，言從則致攸好德，貌恭則致考終命。」（卷12，頁25下）完全是就王者個人修行作解釋，看不出孔穎達對於文字先後的意義具有任何的價值判斷，王禹偁在此沒有採用舊說是相當明顯的。

二 經由人文角度與歷史觀察研讀經書，
討論經書文字難易的意蘊

從王氏以議論方式討論經學的文章中，除了可以發現王禹偁「以己意說經」的經學特色之外，如果學者仔細觀察王氏在解經時所秉持的「意見」，更可以發現他總是採用進步的人文角度與歷史觀察來研讀經學。

就〈明夷九三爻象論〉來說，他提出批判的原因，從表象上說是因為對王弼的詮釋不滿意，從內在因素來講，則是因為王禹偁本著進步的人文思想與歷史事實去探究經書的義理，希望能夠尋得合乎當時人文思想，較能博得信任的解釋。文中，王氏用來反駁王弼的意見，一是歷史事實、一是義理規範。在歷史事實方面，他援用〈彖辭〉，證實〈明夷〉為「文王之卦」，並且徵引其他古籍，確定文王不曾對紂發動戰爭；在義理規範方面，他提出君臣對待的道理，說明文王修仁德、重倫理，不可能罔顧君臣之義，犯上伐紂。在觀察過這些討論後，學者雖然不一定會認為他的說法正確，但是大致上都會同意王禹偁是運用進步的人文思想與詳細的歷史觀察在研讀分析經書。此外，從〈省試四科取士何先論〉以及〈五福先後論〉兩篇文章，可以看出王禹偁以「尊德行」的前提研討經書，是進步的人文思想與縝密的歷史觀察使然，在這個懷抱之下，「孔門四科」在排列次第上包含的特殊意義、「洪範五福」在順序上安排的不合理，都明顯地呈現出來。事實上，經書文字的次第是否包含著特殊意義，是一個見仁見智的問題，如果因為堅持某個理念而強為說解，縱使能自圓其說，通常也只能聊備一說，無法說服所有的學者；在另一方面，處在分類觀念不發達的時代中，經書的作者是不是有能力分別出各種概念，為之建立具有特殊意

義的秩序，也相當值得懷疑；在這樣的考慮之下，王氏的作法便值得商榷了。雖然討論的過程與結果有些不週全，但是，王禹偁之所以對經書文字的排列次第會有新的詮釋及批判，成爲經學討論脫離舊典範的實例，完全是因爲他接受了自先秦儒家就秉持的人文思想，加上在歷史記載的觀察中尋獲了實證所致，就這點來說王氏的方法是可取的。

除此之外，另一個可以代表王氏以人文角度了解經書的例子是〈書蝗〉一文：

> 仲尼修《春秋》，設凡例，物爲災則書之，不爲災則闕之。
> 蓋物之災祥，繫君之善惡，特取其爲災者，以垂戒爾。
> 苟不爲災者亦書之，則慮後之爲君者，謂災不由德而由于數也。（《全宋文》，冊4，卷152，頁456－457）

在這篇文章裡，王禹偁採用進步人文的角度爲《春秋》經的書法做詮釋，在制度方面，他並未做引申；在精神內蘊方面，他則表示《春秋》之所以有選擇性地記載災異，完全是孔子依照人文精神的標準書寫經書所致。那麼人文精神的準則爲何？就是災害產生肇因於君主的失德，而非天數的運行；也就是政治的秩序、社會的倫理取決於文明的規範，並非人格天的賦予及主導。換句話說，王禹偁在這裡所要表示的，是人文發展的進步與神權思想的沒落，從這個例子便可以看出王氏以進步的人文思想角度觀察經書的特色。

漢代章句之學之所以在漢末魏晉時代急速消亡，被形式簡短的訓詁注解所取代，原因固然很多，最主要的則是因爲包含神權思想的章句之學無法滿足魏晉時代進步的人文思想，相對地，注疏之學雖然較章句之學進步，但是經過了近千年的發展，

到了宋初也已經不合乎當時的人文需要，這種文化進步而使得舊經學遭到唾棄的現象，應該也是中國經學史上治經風氣與方法轉換的主要外緣因素。

唐代韓愈鼓吹「文以載道」，提倡文章必須結合義理（經義），後代學者紛紛沿用，但是從未分析講論義理必須借助古文原因，對於這一點，就連韓愈本人也不曾作詳細的論述，而近世研究文學史的學者在分析這個問題時，總是針對外在因素進行研討，對於古文家採用散文的形式來闡釋經學的內在原因幾乎無法涉及。對於這個問題，王禹偁文章中的幾句話或者可以提供一個思考方向，在〈答張扶書〉中，他說道：

> ……文不背經者，甚可嘉也。姑歃遠師六經，近師吏部，使句之易道，義之易曉。……
> ……予又讀六經之文，語艱而義奧者十二三，易道而易曉者十七八，其艱奧者，非故為之語，當然矣。……（《全宋文》，冊4，卷146，頁357－360）

分析以上所述，可以看出：其一，王禹偁認為古文的寫作必須要蘊涵著經書意旨，這是創作的第一標準；雖然文章所敘說的是崇高的義理，但是創作者必須要使文句簡明易讀，更要使所講說的經義清晰易懂。其二，經書中的文字，清晰簡明易讀的佔十之七八，艱澀難讀的只有十之二三，而經書中義理的平易或深奧，是與文字的難易相對應的。其三，既然為文的標準要辭易讀、義易懂，那麼辭易讀、義易懂的經書，恰巧可以作為文章創作的指標與典範。在分析了王禹偁對文章創作與經書關係的闡發以後，筆者以為：古文家寫作文章的主要目的在於闡發經旨、研究經學，他們研究的對象之中，除了少數是以韻文

的形式寫作外，絕大部分的經書是用清晰易曉的散文體寫作而成的，由這種散文體制所撰寫成的經文，文句最為清晰，說理最為明快，最能符合古文家講經說理的需要，所以，說古文家在從事創作時，直接援引他們研究對象的文體作為本身創作論說的模式，是絕對可以成立的。韓愈在鼓吹文以載道、提倡散文創作時，對於堅持使用古文寫作的因素講述得並不清楚，王禹偁討論經書文字難易的話，或者可以提供學者一個內在思考的線索。

三‧王禹偁的經學檢述

經過了上述的討論之後，筆者認為，王禹偁雖然沒有專門的經學著作，卻留給後世研究經學史的學者許多啟示：

其一，就王禹偁的討論來看，王氏只是討論經書中錯誤的記載，並沒有全面懷疑經書。對於《禮記》，完全是肇因於他認清了《禮記》的成書背景，了解到《禮記》是經過歷代諸儒編纂而成，並非全然出自聖人之手的經典，在廓清聖人之學的使命驅使下，對於其中的錯誤，必須指出並且改正。基於這個觀點，王禹偁對《禮記》提出質疑，而他的討論，的確也僅及於其中錯誤的部份，對於正確的記載，則是肯定的。另一方面，在討論《尚書‧洪範》篇中的「五福」時，王禹偁雖然對於箕子的說法不滿，但在《尚書》是古代聖人手書、孔子編輯的認知下，卻不說〈洪範〉的記載有錯或者不值得信任，可見王氏對經書的價值及正確性是絕對肯定的。觀察了上述的兩個例子，可以知道：雖然王禹偁對經書採取絕對信任的態度，但只要認為經書的記載有問題，便會提出討論，雖然這些討論不至於傷害經書的地位，而王氏也不是基於懷疑經書的前提去檢索

經文，不能將他等同於「疑經改經」的學者，但是這種「提出問題」的討論，絕對是經學風氣變動的因素之一。

其二，至於王禹偁對於注疏之學的看法，王氏說王弼注《易》「諸家莫之及」，但對於王弼《注》有疑問的地方，也會提出來討論；此外，雖然王禹偁在〈馮氏家集前序〉中還是相信「卜商作〈序〉」，並且認同〈詩序〉的說法（《全宋文》，冊 4，卷150，頁 419—421），但是對於無法完整解釋經書的注疏，甚至全然不採用。可以這麼說，王禹偁對注疏是有條件地採用，不全然相信，也不全盤否定，顯示注疏之學在解經時不再具有指導作用。至於王氏捨棄注疏的原因，一方面是因為注疏之說不正確，一方面是因為注疏之說雖然正確卻不充足。由此又可以知道，在王禹偁的經學研究中，注疏之學之所以會遭到否定，固然是因為其中的說法有錯誤，而無法經由注疏滿足深層義理的追尋，則是最大的因素。這個現象，或許可以說明注疏之學衰退的真正原因，也可以凸顯宋儒仍舊相信注疏中正確的說法，並非全面否定漢唐舊學。

其三，從「議論解經」的諸篇文章中，除了釐清王氏的經學思想外，最重要的是發現了王禹偁以「提出主題」模式討論經學的特色。王禹偁討論經學，並不是依附著經書文字逐一作說解，而是從經書中發現問題，說明其可議性，進而加以討論。在這樣的模式下，幾乎所有的關於經學上的問題如經書義理、經書人物，經書作者，經說然否等都可以被討論，對於經學研究範圍的擴展具有相當的影響。事實上，如果仔細觀察稍後的學術發展，便會發現這個方式一直在延續，宋中葉以後，這個方法除了影響經學問題的討論外，也誘發「理」、「氣」、「性命」等命題的提出造成了理學的興起。當然，如果因為王禹偁以「提出主題」的方式研究經學，就說王氏規範了宋代經學發展的架

構，是絕對過當的，但是說王禹偁的討論文字表現並且確定了以「提出主題」研究經學的方法在宋初的經學發展上已經發生了極巨大的影響，則是恰當的。

其四，雖然王禹偁表現了先進的經學思想，也以進步的人文思想與細密的歷史觀察詮釋經書，對經學風氣的革新頗有助益，但是因為他太過於主觀，所以在解經時便不免有些過當之處。單就王禹偁討論經書文字的次第而言，便可以看出其不適當的地方；王氏對於「孔門四科」次第的解說，還能夠令人接受，而他硬要將「攸好德」置於「洪範五福」之首的作法，則不能令人苟同。事實上，〈洪範〉篇中「五福」的排列順序，並不包含價值判斷，就前後文整體來看，「五福」只是在講述五種福澤，在地位上是平等的，並沒有孰輕孰重的問題，如果硬要附以秩序上的價值判斷，便顯得扞格不入。其實，如果依照王禹偁的觀念研判經書，不僅「五福」的次序有問題，就連〈洪範〉篇所列的「九疇」在排列次地上都會有問題。事實上，眾所周知，〈詩大序〉在敘述「六藝」時便不是依照學者所熟知的「風、雅、頌、賦、比、興」作排列，而是將「六藝」排列成「風、賦、比、興、雅、頌」；再者，帛書《易經》中六十四卦的順序，也不同於通行本《易經》，更不符合《十翼》中〈序卦〉一篇的說法。經由這兩個例子，可以知道：經書文字排列的順序並不一定具有特殊的含意，也不一定包含次第價值。從這點來說，雖然王禹偁能夠勇於提出議論，但是解經時偶而會流於主觀，對於王氏經說的完整性、正確性與說服力，有相當程度的傷害。

第三節　石介「尋求義理」與

經學研究範圍的伸展

　　石介，字守道，又字公操，兗州奉符（今山東泰安）人。生於宋真宗景德二年（1005），宋仁宗天聖八年（1030）登進士第，歷任鄆州、南京推官，後任嘉州軍事判官，丁母憂歸。居喪期間，躬耕徂徠山下，並開館講學，以《易經》教授於家，魯人稱之為徂徠先生。宋仁宗慶曆二年（1042），服除，召入為國子監直講。慶曆三年，撰寫《慶曆聖德詩》歌頌范仲淹慶曆新政，後因新法失敗，恐懼不能自安，於是請求外放，得濮州通判，未及赴任，於慶曆五年（1045）卒，年四十一。石介是北宋初年著名的思想家，富有文才與史識，推尊韓愈的「道統說」，並且極力倡導古文運動，排斥佛、老與楊億「時文」。石介除了其自編文集《徂徠集》傳世之外，尚有以記載評判唐代史事的《唐鑑》，頌揚宋太祖、太宗、真宗的《三朝聖政錄》與《周易解》等三部著作，可惜三書均已亡失，僅存殘篇少許。

　　由於石介崇尚韓愈「道統說」，大力提倡古文，因此他的文章裡時常出現對「道統說」與道統人物頌揚的文字，「道統說」不但是石介文章創作的基本理論，也同時是他經學研究的指導原則，他曾經說：

> 六經就，堯、舜、禹、湯、文、武、周公之道存。（〈上蔡副樞書〉，《全宋文》，冊15，卷620，頁195－199）
> 日抱《春秋》、《周易》讀誦，探伏羲、文王、周公、孔子之心。（〈與祖擇之書〉，《全宋文》，冊15，卷622，頁

228－229）

認為經書存在著韓愈道統體系中諸聖人的道理，而研讀經書，
主要就是在探求聖人的義理。這樣的觀念，幾乎是自韓愈以下
諸位古文運動者研究經書的重要原則。除了以「道統說」作為
經書研究的精神指標以外，石介也對漢唐注疏之學有所批判，
同時，在「議論解經」方法的落實與對經書、傳記的檢討方面，
他也有不同於前人的表現，這些作法，對於經學研究範圍的伸
展有相當的貢獻。

一 批判注疏、回歸原典與議論解經

　　石介之所以對於漢唐注疏之學產生懷疑，與他服膺韓愈的
「道統說」，相信六經的確保存著聖王之至道，希望能從經書文
字之中探求「周公、孔子之心」的心理有關。事實上，注疏之
學總和了由先秦至唐初學者研讀經書的經驗，在時代上比較接
近孔子，在時間上經過學者千餘年的考覈，正確性應該很高，
或許是追求聖人義理的最佳途徑，但石介卻否定注疏的功用，
認為：

　　　　《春秋》者，孔氏《經》而已，今則有左氏、公羊、穀
　　　　梁氏三家之《傳》焉。
　　　　《周易》者，伏羲、文王、周公、孔子而已，今則說者
　　　　有二十餘家焉。
　　　　《詩》者，仲尼刪之而已，今則有齊、韓、毛、鄭雜焉。
　　　　《書》者，出於孔壁而已，今則有古今之異焉。
　　　　《禮》則周公制之、孔子定之而已，今則有大戴、小戴

之《記》焉。

是非相擾，黑白相渝，學者茫然慌忽，如盲者求諸幽室之中，惡睹夫道之所適從也？（〈上孫少傅書〉，《全宋文》，冊 15，卷 622，頁 222－224）

在這段文字裡，石介不但說所謂的《三傳》、《毛傳》、《鄭箋》、《禮記》等書非但不能提供學者了解經書、研讀義理的資料，更認為這些作品「挈正經之旨，崩析而百分之，離先儒之言，叛散而各守之。」會破碎經文的真正意旨，掩蓋經書的真正面目，各是其是，各非其非，使學者無法分清是非黑白。這些看法，與鄭樵所謂「諸儒窮經而經絕」的意見相當類似。在這個意識之下，注疏之學的優點如《三傳》為《春秋》序書例、記史實，《毛傳》、《鄭箋》為《詩經》明訓詁、道詩旨，《大、小戴禮記》為《禮經》明制度，都變成割裂經書、離亂經義的缺點，受到嚴厲的批判。這些從漢代以來就被學者視為具有詮釋經書、追尋義理功能的重要著作成為經學研究的障礙，是石介全面反對漢唐注疏之學的基本因素。

石介批判漢唐注疏之學的文字不只一處，他接著提道：

文中子曰：「九師興而《易》道微，《三傳》作而《春秋》散，齊、韓、毛、鄭，《詩》之末也，大戴、小戴，《禮》之衰也。」……《易》，其九師之蠹乎？《春秋》，其《三傳》之蠹乎？《詩》，其齊、韓、毛、鄭之蠹乎？《禮》，其大戴、小戴之蠹乎？（〈錄蠹書魚辭〉，《全宋文》，冊 15，卷 627，頁 294）

左氏、公羊氏、穀梁氏，或親孔子，或去孔子未遠，亦不能盡得聖人之意。至漢大儒董仲舒、劉向，晉杜預，

> 唐孔穎達，雖探討甚勤，終亦不能至《春秋》之蘊。(〈與
> 張洞進士書〉，《全宋文》，冊 15，卷 621，頁 215)
> 夫子之道不行於當年，傳於其家……夫子沒，後世有子
> 思焉、安國焉、穎達焉，止於發揚其言而已。……亦不
> 能盡行夫子之道。(〈上孔中丞書〉，《全宋文》，冊 15，
> 卷 620，頁 199－202)

上述三則文字，以第一段語氣較為強硬，仍然認為漢唐舊經說
是經書義理蒙蔽不彰的原因，在此觀點之下，石介甚至以蠹魚
來形容漢唐經師對於六經的傷害。第二與第三段的語氣較為溫
和，但仍舊對漢唐注疏之學頗有微辭。除了可以清楚表達石介
反對注疏之學的強硬立場以外，筆者以為，這些字句也能夠用
來說明幾個現象：其一，石介引用韓愈道統體系中隋代大儒文
中子王通的意見作為本身批判漢唐注疏之學的依據，是「道統
說」影響其經學思想的最佳旁證。其二，石介說《三傳》、董仲
舒、劉向、杜預、孔穎達等人「探討雖勤，終亦不能至《春秋》
之蘊」，說子思、孔安國等人「止於發揚其言而已，不能盡行夫
子之道」。在這裡，他承認漢唐的《春秋》學者對《春秋》的研
討的確是頗盡心力，只不過不能達到最高要求，尋得孔子作《春
秋》的意蘊；他也承認孔安國、孔穎達的確發揚闡釋了孔子的
言論，只是不能宏揚與施行孔子之道。這些評語，並沒有全面
否定注疏之學，相反地，卻間接表現出石介承認了這些漢唐經
師的某些貢獻。這些說法，似乎與石介稱漢唐經師為蠹魚的說
詞相互矛盾。事實上，從石介認為研讀經書的目的是為了追求
「周孔之心」、探尋「聖人之旨」的基本觀念來看，他對於只能
訓詁文字，解釋明物制度，不能發揮經書義理，各自死守學說
立場、迷惑學者的注疏之學產生不滿是當然的。但是，注疏所

訓釋的文字如果是正確的，他也沒有否定的理由。因此，石介雖然想要全面推翻注疏之學，卻也不能不採用及承認其中的正確部份。石介的作法，又再一次說明了宋儒之所以不相信注疏，是因為注疏的不完整，沒有辦法達到發揮經書義理的功能，而不是因為注疏的訓詁錯誤叢生。

石介既然否定注疏之學，對於當時拋棄注疏、懷抱著革新風格的經學研究者自然有所讚賞，在〈上蔡副樞書〉中，他稱讚學子士建中「大聖人之言，辨注疏之誤」，在〈上范思遠書〉中，他則說「有一士建中，其人能通明經術，不由注疏之說。」（《全宋文》，冊 15，卷 620，頁 202—205）士建中是石介的得意門生，他常常於書信中稱讚士氏在古文創作與經學研究方面的成就，而士氏拋棄注疏之學的學術態度，最令石介激賞，從此又可見石介對注疏的否定態度。此外，石介又說進士張洞研究《春秋》學「為論十數篇，甚善，出三家之異同，而獨會於《經》」〈與張洞進士書〉，對於張氏捐棄《三傳》、回歸《春秋》經文，由經書本身檢討問題，進而能於經旨有所裨益的研究方法與成果極為讚揚，自認為「拳拳服膺矣」，又可以看出石介本人對注疏之學的不信賴。從石介反對注疏之學，稱頌當時能夠拋棄注疏、從經文本身研討經書義理的學者等行為來看，除了可以說明當時不信注疏的學風已經逐漸風行、不再是特定少數學者的獨有經學觀念之外，也可以說明石介拋棄注疏的行為其實是所謂的「回歸原典」思想。就經學史的發展而言，注疏是詮釋經書的作品、研究經文的憑藉，注疏的說法不能滿足研究的需要，學者就必須面對經書本身，從經書的文字記載中分析問題，找尋義蘊，這就是所謂「回歸原典」的研究方式。石介說漢唐注疏之說蠹害經文、隳壞聖人之道，固然是因為對注疏之學的不信任，但從另外一個角度看，他對於時代最早、最接

近孔子的經說提出否定，卻也是爲研究經學、探討經書義理必須回歸經文本身的作法提出宣示。

雖然石介對注疏之學抱持否定的態度，但是他除了籠統地說注疏之學混淆是非、漢唐經師是蠹魚之外，直接列舉注疏錯誤的篇幅並不多，如果將石介專門研究《春秋》學的文字〈春秋說〉獨立出來，那麼他討論注疏疏失的文章則僅僅只有兩篇，一篇是〈釋汝墳卒章〉(《全宋文》，冊 15，卷 627，頁 293)，一篇是〈憂勤非損壽論〉(《全宋文》，冊 15，卷 630，頁 325－326)。

〈釋汝墳卒章〉是討論鄭玄箋《詩》錯誤的文章。對於《詩經·周南·汝墳》最後一章的前兩句「魴魚赬尾，王室如燬。」《鄭箋》的解釋是：「君子仕於亂世，其顏色瘦病，如魚勞則尾赤。所以然者，爲王室之酷烈，是時紂存。」石介認爲這個解說並沒有問題，而有疑義的是後兩句「雖則如燬，父母孔邇。」的訓解。《鄭箋》對這兩句經文的說解是：「辟此勤勞之處，或時得罪，父母甚近，當念之，以免於害，不能爲疏遠者計也。」認爲雖然王室酷烈、苛政如火，但是因爲父母居處甚近，仍然要勉力行役，切勿逃避，以免獲罪而累及雙親。在這裡，可以明顯地看出鄭玄是將「父母孔邇」句中的父母解釋爲雙親。對於這個解釋，石介覺得不滿意，他說「紂之苛政甚矣，烈如猛火，不可嚮邇，雖慈父慈母，又豈能恤其子哉？」認爲在紂王的暴政之下，即使是最慈愛的雙親，也無法憐恤子女，更不用說要子女恬念著父母，因此說詩人所謂父母，並非一般人所說的雙親，而是別有指涉。石介進一步轉述《詩序》的說法，認爲「〈汝墳〉，道化行也，文王之化行乎汝墳之國。」雖然紂王的苛政酷虐，人民不堪其苦，但是因爲文王德化施於「汝墳之國」，在生活艱困的情形下，百姓卻仍然愛戴文王如父母。在上述的認識下，石介認爲，所謂「父母孔邇」，指的是「紂亡之日

可待也，民望文王不遠矣」，也就是說文王取代紂王、德化仁政取代暴虐苛政的時日已經不遠了，因此所謂「父母」，實際上指的就是文王，並非《鄭箋》說的雙親。對於鄭玄的解釋，石介認爲是「似未達詩人之旨」，這個評語雖然從表面上看起來不如石介其他批評注疏之學的文字強烈，但是對於千年來被視爲《詩經》學正宗的《鄭箋》來說，說其作者鄭玄「未達詩人之旨」，無疑是相當嚴厲的批判。

〈憂勤非損壽論〉是討論鄭玄注《禮記‧文王世子篇》失誤的文字。鄭玄注《禮記‧文王世子篇》時說：「文王以憂勤損壽，武王以安樂延年。」對於鄭玄的注解，石介持反對的立場，他認爲「憂勤所以延年，非損壽也；安樂所以損壽，非延年也。」當然，石介之所以提出這樣的說法，並非因爲他反對注疏之學，故意與鄭玄唱反調，而是經過詳細的歷史觀察導致的。依據歷史觀察，石介認爲「堯、舜、禹、湯皆憂且勤。」他並且藉著史料（主要是《尙書》）逐一說明四位聖王憂勤而壽永的情形：首先，石介以「四凶在朝，丹朱不肖，堯不憂乎？親睦九族，平章百姓，欽若昊天，曆象日月星辰，分命羲、和，平秩四時，堯不勤乎？」而「堯壽一百二十歲。」爲例，說明「憂勤所以延年，非損壽也」。接著又以同樣的方式說明舜、禹、湯都身處憂勤，卻得享長壽的事實，藉以加強自己的理論依據。接著，石介又以商代中宗、高宗、祖甲三王「不敢荒寧」（《尙書‧無逸篇》文），卻各自享國七十五、五十九、三十三年的情形與其後諸王「生則逸，不知稼穡之艱難，不聞小人之勞，惟耽樂之從。」因而損生減壽，僅僅得以享國十年、七八年、五六年甚至三四年的事實互相比較，進一步說明「憂勤延年，安樂損壽」的觀點。在闡明了「憂勤所以延年，非損壽也；安樂所以損壽，非延年也。」的觀念之後，石介開始批駁鄭玄的謬誤：在「文

王以憂勤損壽」這點上，他說：「文王享年九十有七，所不至禹、湯者三歲，豈爲損壽乎？」認爲文王只比享壽百歲的夏禹及成湯少了三年歲壽，並不能算是因爲憂勤而減損壽命，因此，說「文王以憂勤損壽」是不對的。在「武王以安樂延年」這點上，石介認爲武王「繼父之事，受天之命，順人之心，與八百諸侯同伐紂，以生萬民，以啓天下，天下有一夫橫行，武王則羞。」如此的辛勤、如此的憂懷，戰戰兢兢，怎麼能算是安樂？因此，說「武王以安樂延年」也是不正確的。最後，石介對鄭玄的說法提出嚴厲的批判，他說「康成之妄也如此」，並且，他更提出「心憂乎天下，則驕奢淫佚之志無自入，則情性安、血氣盈，壽命固矣。樂在乎一身，則驕奢淫佚之志有自入，則情性亂、血氣耗，壽命夭矣。」的說法，再一次推論「憂勤延年，安樂損壽」的因果關係。在這些推論之下，對於鄭玄注《禮記·文王世子》所造成的錯誤認識與歷史動盪，石介以爲「康成之言，其害深矣」，並且，他還說「自東漢而下，至於魏、晉、梁、隋、唐、五代，其人君皆耽於逸樂，荒於酒色，敗德失度，傾國喪家，壽命不長，享國不永者。」都是「康成之罪也」，更認爲東漢至五代君王淫縱失德而造成宗社覆亡、黎民生靈塗炭的歷史錯誤，完全是由鄭玄錯誤的解釋造成的。在檢討出鄭玄的解釋造成了如此巨大的歷史變亂後，石介又重複了「康成之言，其害深矣」兩句話爲最終的評語，對於鄭玄的解釋，作出了全盤否定，也再一次表現了他對漢唐注疏之學的厭惡。

在敘述了石介檢討注疏之學錯誤的兩篇文章之後，可以發現：其一，雖然石介否定注疏的價值，卻沒有完全否定注疏的功用。這兩篇用來批評注疏的作品，不但可以說明石介對注疏不屈從、不信任，勇於檢討的態度；從另一方面看，卻也說明了石介也研讀注疏，他所列舉的問題，都是需要經過仔細閱讀、

經過深思熟慮才會發現的，並非道聽塗說可以得來的，如果石介完全不研究注疏，根本不可能發現其中的錯誤，這兩篇文章，確實地證明了石介仍舊閱讀注疏。石介既然全盤否定注疏之學，卻沒有放棄研讀注疏，既然反對注疏之學，卻無法逐條舉出其中的錯誤的情形，再一次說明了他對注疏之學的真正態度是否定其價值——認爲憑藉注疏無法滿足義理的追尋；肯定其某部份功用——認爲其中大部份的說解訓釋是正確的。其二，從這兩篇文章裡，可以看出石介也有「議論解經」的方法。在〈釋汝墳卒章〉一文中，他藉著由《詩序》獲得的歷史觀，不但檢討《鄭箋》的錯誤，同時更將自己的看法敷演成說，用以討論〈汝墳〉的詩旨，進而斷定該詩是稱述文王德化的作品，而所謂「父母孔邇」表現的是對文王德政的殷切期待。石介這種不同於漢唐舊學逐字訓解、逐句說明的討論方式，實際上就是「議論解經」的方式。在〈憂勤非損壽論〉一文中，石介首先確定檢討的主題，接著便以人文的角度與歷史記載的事實對相關的主題意識與正反證明逐一進行議論說明，將鄭《注》的錯誤以及影響藉由討論說理的方式清晰表達出來，完全不使用舊經學的訓詁方式，使「議論解經」的方式不但在此發揮明顯的作用，也更證明了石介的經學研究方法中包含了「議論解經」一項。

二《周易解》與〈春秋說〉展現的經學觀

　　根據歷代公私目錄的記載，石介的經學著作有《周易解》與〈春秋說〉兩部。其中，《周易解》爲訓解《易經》的專書，〈春秋說〉依照今日所見則應該是詮釋《春秋》經的單篇文章。

　　歷來對於《周易解》書名與卷數的記載，各文獻頗不一致：

[1]《宋史‧藝文志‧易類》云:「石介《口義》,十卷。」(卷 202,頁 5035);元代馬端臨《文獻通考‧經籍考》云:「石徂徠《易解》,五卷。」(卷 175,頁 1518);元代董真卿《周易會通》說:「《周易口義》,十卷。建本作《解義》。」(〈周易會通引用諸書群賢姓氏〉,頁 5 下);清代朱彝尊《經義考》引《紹興書目》則作《易義》,卷數則與《宋志》相同(卷 18,頁 1 上—1 下)。這些記載雖然能夠在《周易解》已經亡佚的情形下爲其流傳與刊刻的歷史提供些許資料,但對於《周易解》的內容並沒有說明,實在無法作爲研究的依據。所幸,《郡齋讀書志》、《直齋書錄解題》中的僅有記載與《周易會通》對於石介「經說」的徵引,爲討論石介的《周易解》保存了珍貴的資料。

關於《周易解》的形式,從陳振孫《直齋書錄解題》說本書:「止解六十四卦。」(卷 1,頁 10)與董真卿所徵引的十七則「經說」中包含了對〈小象〉的解說等現象來看,可以知道石介只訓解了《周易》之中的《上、下經》部份,而對於《十翼》中的〈繫辭〉、〈說卦〉、〈序卦〉、〈雜卦〉等篇並沒有作闡釋。石介的作法,使《周易解》在形式以及範圍上與王弼的《周易注》頗爲類似。

雖然《周易解》已經亡佚,但是從殘存在《周易會通》中的十七則文字裡,學者仍然可以略見石介《易》學的梗概與淵源。根據筆者的觀察,石介殘存的《易》說十七則大體可分爲兩類,一是因循前人,一是自創其說。所謂的因循前人,事實上就是緣著王弼與孔穎達的說法立說。在解釋〈蒙卦〉初六爻的爻辭「發蒙」時,石介說:「二以陽明下照於初,故初之蒙得

---

[1] 關於《周易解》一書的名稱,本文採用朱彝尊《經義考》所著錄的書名。

以發也。」（《周易會通》，卷 2，頁 24 上）認為初六爻是依賴九二爻的陽明照耀而得以啓發蒙昧的。對此，王弼的解說是：「處蒙之初，二照其上，故蒙發也。」孔穎達則說：「發蒙者，以初近於九二。二以陽處中，而明能照闇，故初六以能發去其蒙也。」（《周易正義》，卷 1，頁 31 下—34 下）都認為初六爻因為九二爻的照耀而能發蒙去昧。從此來看，石介的說法不但在意義上與他們完全一致，甚至在文句上也可以見到因循的痕跡。另外，在解釋〈訟卦〉六三爻的爻辭「食舊德」時，石介說：「六三順以從上，故得保其舊日之祿位。」（《周易會通》，卷 2，頁 35 上）以為六三爻因為順從其上的陽爻而能夠保有舊日的祿位。對此，王弼解釋道：「體夫柔弱以順於上，不為九二自下訟上，不見侵奪，保全其有。」孔穎達則說：「六三以陰柔順從上九，不為上九侵奪，故保全己之所有。」（《周易正義》，卷 2，頁 4 上—8 下）同樣也都認為六三爻因為能夠順從其上的陽爻而得以保持已有的祿位。在此，石介因循舊說的情形又再一次得到證明。至於自創其說的部份，石介在解釋〈師卦〉卦名的由來時說：「五陰而一陽，取其兵出於一。」（《周易會通》卷 3，頁 1 下）認為該卦之所以命名為「師」，是由於只包含一根陽爻，與軍令只出自主帥一人的精神相似所致。這個說法不見於漢唐諸說，為前人所未有，是石介個人的創說。

　　陳振孫曾經說石介的《周易解》「無大發明」，董真卿也說石介的《周易解》「說本王弼旨」，都認為石介研究《周易》沒有新意，陳、董二人皆親賭原書，所記應該較為確實。事實上，在石介殘存的十七條「經說」中，因襲前人的部份較多，屬於石介自創的確較少，而無論那一部份，對於《易經》也確實沒有新的發揮。雖然這十七則資料不能作為說明《周易解》面貌的正面依據，卻間接地證明了陳振孫、董真卿的看法。

　　對於石介的〈春秋說〉,《宋史》並沒有記載,宋、元兩代
學者如晁公武、尤袤、鄭樵、陳振孫,馬端臨也都未曾提及,
歷代文獻只有朱彝尊編纂的《經義考》,黃宗羲編撰的《宋元學
案》與王梓材、馮雲濠纂寫的《宋元學案補遺》曾經加以記載。
在僅有的三段記錄中,朱彝尊《經義考》只是錄其書名,題曰
「未見」(卷179,頁2上),除了使學者知道石介撰有關於《春
秋》學的著作外,對於了解〈春秋說〉的內容、卷帙與體例並
沒有幫助;至於《宋元學案》(卷2,頁145—147)與《宋元學
案補遺》(卷2,頁41下)則各自收錄了屬於〈春秋說〉的文字
數則,這些珍貴的資料就成了討論石介《春秋》學的唯一憑藉。

　　在檢討石介的《春秋》學之前,有一個關於〈春秋說〉的
外圍問題必須先提出來說明:就宋元史籍與文獻資料絕無有關
〈春秋說〉記載的情況看來,石介的〈春秋說〉如果不是流傳
有限、早已亡佚,很有可能就是一部不曾獨立傳世、收錄於文
集之中的單篇文章或筆記式的不完整作品。〈春秋說〉是不是早
已亡失,如果從歷來史傳與目錄記載的慣例來檢視,則答案是
肯定的,但是從朱子門生徐寓一段相關的記錄中,卻使問題有
重新再思考的必要:

　　　前輩做《春秋》義,言辭雖粗率,卻說得聖人大義出。……
　　　如二程未出時,便有胡安定、孫泰山、石徂徠,他們說
　　　經雖是甚有疏略處,觀其推明治道,直是凜凜然可畏。
　　　(《朱子語類・春秋・經》,卷83,頁2174)

這段文字雖然主要是在稱許胡瑗、孫復、石介三人的《春秋》
學能夠道出聖人大義、推明治道,但卻也表現出朱子曾經研究
過三人關於《春秋》的學說,曾經研讀過三人關於《春秋》的

著作。既然朱子曾經研讀過石介的〈春秋說〉，又對他有相當不錯的評價，以朱子為學的謹慎、不可能只用一些殘篇斷簡就判定學者成就高下的態度來看，他應該閱讀過石介〈春秋說〉的大部份篇章，因此，說〈春秋說〉至少在朱子的時代尚有流傳或篇幅尚稱完整，應該是合理的。既然〈春秋說〉並非早已亡佚，為什麼宋元史籍目錄均未提及，而直到朱彝尊《經義考》才有著錄？筆者以為，這也許是因為石介的〈春秋說〉只是一篇筆記形式的文章，各家目錄按例不收錄單篇文章，所以皆不著錄，到了朱彝尊為求遍載所有經說，不分專書或者單篇文章，盡皆收錄於《經義考》中，因此才被初次登載。就《宋元學案》與《宋元學案補遺》所鈔錄〈春秋說〉的文句來說，這篇文章裡有記載與批評所謂《春秋》「書例」、說明《春秋》總旨的「總論」部份，有發揮經書義理、評論歷史事件的「議論」部份，條例分明，在體例上表現得相當完整。雖然有如此完整的體例，但卻仍然無法說明〈春秋說〉是部完整的專書。相反地，從〈春秋說〉的內容來看，不論是檢討「書例」或是討論「經義」、評斷歷史事件，他的文字都顯得相當簡單。例如對於「書例」的檢討，石介只作大綱式的標示如「稱人者，貶也，而人不必皆貶，微者亦稱人。」、「繼故不書即位，而桓、宣則書即位。」等，在敘述上都相當簡短，這些簡單的敘述，使〈春秋說〉看起來像是一篇筆記式的文章。當然，在殘存文字篇幅不多的情況下，說〈春秋說〉只是一部筆記形式的單篇文章，只能是一個推測。然而，在不能得見〈春秋說〉全貌的情形下，事實上也唯有說〈春秋說〉是並非完整的專書，只是一篇單篇文章，才能解釋為什麼史傳目錄不曾記載，而〈春秋說〉又的確曾經流傳於世的狀況。

　　石介的〈春秋說〉雖然已經有部份亡佚，但是保存於《宋

元學案》與《宋元學案補遺》中的文字就文句段落與意念表達上來說依舊相當完整，因此，從這些殘篇之中，仍然能夠看出石介《春秋》學的大要。如前所述，石介的〈春秋說〉包括了「總論」和「議論」兩個部份，這兩大單元各有不同的討論方式和重點，分別可以看出石介對《春秋》經義理的發揮與對前人解《春秋》的意見。

在「總論」部份，石介列舉了十則前人為《春秋》經整理的「書法」：

> 稱人者，貶也，而人不必皆貶，微者亦稱人。稱爵者，褒也，而爵未必純褒，譏者亦稱爵。繼故不書即位，而桓、宣書即位。妾母不稱夫人，而成風則稱夫人。失地之君名，而謝侯奔楚則不名。未踰平之君稱子，而鄭伯伐許則不稱子。會盟先主會者，而瓦屋之盟則先宋。征伐首主兵者，而甗之師則後齊。母弟一也，而或稱之以見其惡，或沒之以著其罪。天王一也，或稱天以著其失，或去天以示其非。

由於石介對這些記載並未作進一步說明，使得這十則條例在此出現的用意顯得蒙昧不清，然而，如果從其中表象較為明顯的數則條例作分析，就可以知道石介之所以會有如此的載錄，是因為對這些書法條例的不信任：先就「稱人者，貶也，而人不必皆貶，微者亦稱人。」一則來說。雖然《公羊傳》曾經提到「稱人者微」，《穀梁傳》也曾經說「稱人者貶」，但是基本上，所謂「稱人者，貶也。」是《公羊傳》的解釋，而「稱人者，微也。」則是《穀梁傳》的說解。就書寫的語氣來看，石介在此並不是要說兩《傳》的詮釋孰優孰劣，他想要表達的，似乎

是對兩《傳》訓解同樣的文字與事件卻有不同說法、阻礙了學者了解經書義理的不滿態度。就「繼故（弒）不書即位，而桓、宣書即位。」一則來說，《公羊傳》與《穀梁傳》都認為，依照《春秋》的書法，國君見弒，繼承者登位是不能稱「即位」的，因此《公羊傳》說：「繼弒君不言即位。」（《春秋公羊傳注疏‧桓公元年》，卷4，頁1上）《穀梁傳》也說：「繼故不言即位，正也。」（《春秋穀梁傳注疏‧桓公元年》，卷3，頁2上）對於「繼故不書即位」這個說法，石介因為《春秋》經文中桓公、宣公「繼故書即位」的事實，而抱持著懷疑與否定的態度。當然，《公羊》、《穀梁》二傳對於這兩個特例是有解釋的，但是石介顯然並不相信。除了上述二則文字之外，從其他的記載中也都可以見到石介對這些條例的反駁，因此，將這些記錄視為石介對書例懷疑與否定態度的具體表現，應該是合理的推斷。

　　除了記錄不合理的書法條例之外，石介在「總論」中又為《春秋》經的撰著提出說解，他說：「《春秋》為無王而作，孰謂隱為賢且讓而始之哉？」認為《春秋》的撰作是因為「當時國君世臣，無位而行誅賞」，天子卻無法如「黃帝伐蚩尤，舜流四凶，禹戮防風，周公殺管、蔡」一般伸張王權正義、「明示天子之法於天下」。（〈與張洞進士書〉）與隱公賢能並且有謙讓之心而居《春秋》之首、開啟經書的記載毫無關係。從這個觀點上，除了可以發現石介對《春秋》的確有較為進步的看法外，又可以見到石介對舊說的反駁。關於《春秋》為魯隱公賢讓而作的說法，現存文獻中說的最明顯的是孔穎達，《春秋左傳正義》說隱公是「讓位賢君」，因此能為「《春秋》之首」（卷2，頁14下）。認為《春秋》作者以魯隱公為經書之首、展開《春秋》經的敘述，完全是因為隱公賢能而且謙讓，孔穎達甚至還認為魯隱公的賢德應該被王室史官採納，編列入《詩經‧魯頌》之中，

對隱公可謂稱美備至。當然，孔《疏》有此說，並不能代表石介的批駁是針對孔穎達的說法而發的，但是孔《疏》的說法卻證明了這個舊說的存在，也同時說明了石介的《春秋》學包含著批駁舊說的革新特色。

在〈春秋說〉的「議論」部份，石介憑藉著對於歷史事件的觀察與認識，針對《春秋》經文的記載作義理上的發揮，充分展現了他「議論解經」的經學特色。在闡釋〈宣公元年〉經文「公子遂如齊逆女」(《春秋左傳正義》，卷21，頁1上)時，他說：

> 翬弒隱公，遂弒子赤。桓公之立，逆女使翬；宣公之立，逆女使遂。斯二人者，在國以為賊，而桓、宣以為忠也。故終桓、宣之世，翬、遂皆稱公子，無異詞。

從表面上看，這段文字只是在解釋公子翬、公子遂兩人雖然弒君而經書卻仍稱他們為「公子」的因由。事實上，其中卻包含了對魯桓公與魯宣公的批判以及石介個人對《春秋》書法的獨特了解。對於有弒君叛逆行為的公子翬與公子遂，石介認為他們「在國以為賊」，是國家的罪人，應該受到討伐，但是因為他們的弒君而得以即位的桓公和宣公，不但不追究二者的叛逆行為，反而視之為忠臣，並且委以國政重任。在此，雖然石介並沒有直接說桓公、宣公的行為有偏差，也沒有說桓公和宣公是因為對翬、遂弒君，使自己能夠即位掌理國政的「恩惠」心存感念，而視二者為忠臣，但是學者藉由「而桓、宣以為忠」這句話，便可以想見桓公與宣公的內心，體會到石介對桓、宣二公的批判。在這個認識之下，石介因而認為《春秋》經之所以稱翬、遂為「公子」，「終桓、宣之世無異詞」，是因為對桓公與

宣公的譏諷和貶抑。就這則記載來看，石介對《春秋》的義理
與書法不但有相當深入的了解，就是他本身的〈春秋說〉也和
《春秋》經一樣，包含著相當深遠的義理，具有「字字褒貶」
的內涵特色。此外，在探討〈宣公四年〉經文「鄭公子歸生弒
其君夷」（《春秋左傳正義》，卷 21，頁 18 下）時，石介則說：「歸
生不從，則子公不弒，靈公不死，凡鄭之亂，歸生爲之也。」
認爲鄭公子子公弒其君靈公的事件，如果不是公子歸生順從輔
助子公，不加以阻止，子公是不可能犯下弒君之罪的，因此鄭
靈公的被弒、鄭國政事的紛擾，完全是鄭公子歸生的責任。這
則討論雖然在經書的詮釋上沒有新意，但是卻清楚表現出石介
評判歷史事件、尋求正義的解經精神。

三 • 石介的經學檢述

在經學研究方面，石介與其他古文家不同的是，他不但在
文章中討論經學，也著手注解經書，在詮釋經書時展現他的經
學觀，這不僅使學者能更加深入地了解石介經學思想的真正面
貌，也使得比較二者之間差異的工作成爲經學史上的有趣課題：

其一，從論說注疏錯誤的諸篇文章中，可以知道石介研究
經學的基本態度極富人文理性色彩而且深受歷史觀察與義理追
尋使命的影響。雖然對注疏不信任，但是在討論鄭玄注《禮記·
文王世子》的問題時，石介並非以個人好惡爲檢討的前提，除
了理性地解析確切的文獻資料之外，他更藉著人文的判斷與對
歷史事實的認識取得結論，論斷經說的合理與否。在如此精密
的分析與判斷之下，石介的意見顯得相當合理，容易令人信服，
相對的，鄭《注》的錯誤就被凸顯出來了。事實上，這樣的精
神也就是石介的經學研究能夠跳脫舊窠臼的主要因素，由於對

歷史有的深刻認識與義理追尋責任的趨使，使他發展出個人獨有的經學觀、具有判斷漢唐注疏之學的能力，因此，石介才會對於《三傳》所整理的《春秋》經「書例」抱持否定的態度，才能直接從經文的記載中探討歷史的真相與《春秋》經確實的「筆削大意」，開拓《春秋》學的新方法與新觀念，伸展經學討論的範圍。其實，石介的態度，也正是其後宋儒研究經學的基本態度，宋代學者能夠以「以己意解經」的方式，繼漢代學者之後開創經學發展史的另一高峰，就是因為他們對歷史經驗的認識更加深刻與進步的人文風氣使然。

其二，從《周易解》的殘文以及陳振孫、董真卿二人的記錄中，可以知道石介的《周易解》無論在形式與內容上的確都沒有脫離漢唐注疏之學的範圍。這個現象，與石介在〈春秋說〉中批駁《三傳》，勇創新說；在諸篇文章中竭力批判注疏；讚揚不依靠注疏研讀經書、創作經說的學者；說漢唐注疏蠹害經書、割裂經義，說者各自死守學說立場、混淆是非，是學者了解經書的障礙；在觀念上完全否定舊經說，表現出和鄭樵「諸儒傳經而經絕」的意見幾乎一致的立場大相徑庭。筆者以為，這項矛盾不但再一次證明了注疏仍然可以輔助學者了解經書、研究經書是絕對無法完全脫離注疏的論點之外，也同時說明了石介經學思想的真正面貌：就立意與施行方面來說，石介由於注疏之學無法滿足經書義理的追求，因而對注疏懷抱著全盤否定的態度，在觀念上是革新的，但是在訓解經書時，他卻無法提出新的方式，只能因襲前人舊說，在方法上則顯得停滯，就此，除了說石介眼高手低外，實在無法找到其他合理的解釋。就不同經書之間的差異來說，石介在解釋《周易》時全無新意，在詮釋《春秋》時屢有新說，充份顯現出石介對經書的認識其實深淺有別。事實上，就文獻資料的表現來說，宋初否定漢唐舊

說的學風確實已經存在，而某些經書的研究方式也已經有了新的突破，但是卻很少有學者能夠自創新說，或是將這些進步的研究方法全面施行在經書研究上。之所以會形成這種現象，新風氣不普及當然是主要的原因，而當時的經學家都如石介，除了在某些方面稍有創獲之外，對經學研究其實並沒有整體性的看法，也是使經學研究層次無法完全擺脫舊思維的重要因素。

其三，就石介的《春秋》學來說，他認為《三傳》是學者了解《春秋》大義的阻礙，因此，石介不但主張「出三家之異同而獨會於經」，認為研讀《春秋》應該拋棄《三傳》、回歸原典，在〈春秋說〉之中更是對《三傳》為經書整理的書法條例加以批駁。就這些言行來看，石介研究《春秋》，表面上的確是作到了拋棄《三傳》，但是就〈春秋說〉的「議論」來說，情形就變得可議了。石介〈春秋說〉的「議論」部份是討論歷史事件因果、人物功過得失的褒貶文字，要討論這些課題，《春秋》經的記載是不足的，《三傳》的所說書例固然可以棄之不理，但是《三傳》所載錄的史事卻不能不加詳閱，尤其是《左傳》「詳於史事」，更不能忽略。因此，筆者以為，石介雖然有全面「拋棄《三傳》」的意識與行動，但是他所能拋棄的，只是那些解經的書例和價值判斷，對於歷史事實的記載，他不但無法揚棄，反而更要仔細研究。自從唐代啖趙學派在《春秋》學的研究上有所創新之後，學者研讀《春秋》都以「拋棄《三傳》」為要務。然而，如果只閱讀《春秋》簡略的經文，不依靠《三傳》的記載，不但不可能發揮《春秋》義理，就連基本的史實也無法了解。因此，研究《春秋》學要完全揚棄《三傳》，是絕對不可能的，石介的〈春秋說〉就是一個明證。

第三章　僧人隱逸的經學

　　由於人文思想發達，宋人的文化活動與哲學討論在深度以及參與度上都超越了前代，因此，除了一般仕宦與知識分子之外，方外人士和山林隱逸也紛紛在學術研究中展露頭角，成為後世景仰的對象。宋初僧隱諸人之中，逸士王昭素以《易》學擅場，僧人釋智圓則忠實地紀錄了當時經學研究概況，是研究經學最有成就的方外及隱逸人士。

第一節　王昭素的《易》學思想

　　王昭素，開封酸棗人（今河南開封），生於後唐昭宗初年（892─899）。少年即篤志向學，不求仕宦，德行高潔，為鄉里所稱頌。宋太祖開寶年間（968─975），王氏年七十七，受召赴闕講述《易經·乾卦》，深得太祖嘉許，於是拜國子博士致仕。宋太宗太平興國、雍熙年間（976─987），因病卒於家中，年八十九。王昭素學術淵博，除了博通九《經》之外，更兼及《莊》、《老》，對《易經》、《詩經》的鑽研尤其有過人之處，著有《易論》三十三卷，宋人徐鉉曾編刪其精要為《易論要纂》十卷，可惜兩書均已亡佚，只能從後人的徵引鈔錄中略窺其面貌。

一、御前講經與檢討注疏

　　王昭素研究《易》學最為人稱道的事蹟，就是他在宋太祖御前講說〈乾卦〉九五爻。對於這件事情，不管是記載王氏生

平或學術成就史料，都有記載。當然，這固然是因為能在君主御前講經說道的確是一項殊榮，而王昭素的說解相當生動，深得《易經》通變之理，也是學者稱述不斷的原因。

關於王昭素御前說〈乾卦〉的記載，《宋史‧儒林傳》寫道：

> （太祖）令（昭素）講《易‧乾卦》，至「飛龍在天」，
> 上曰：「此書豈可令常人見？」昭素對曰：「此書非聖人
> 出，不能合其象。」（卷431，頁12808）

除此之外，王應麟的《玉海》也有相同的記載，只是在文字上稍有差異，王昭素的回答多了一句，變成「此爻正當陛下今日之事，非聖人出，不能合其象。」（卷36，頁18上－18下）在這兩段記錄中，王昭素將宋太祖當時所處的地位比喻為「飛龍在天」，認為唯有聖人（天子）才能與其爻象相契合，解除了宋太祖的疑惑。從這兩段文字裡，除了可以推知出王昭素解《易》有將人事、時勢比附於經書的作法之外，尚看不出他解經的高明處，而真正能夠表現出王昭素深得《易經》「通變之理」的，則是朱子回答門人董銖的一段話：

> 太祖一日問昭素曰：「『九五，飛龍在天，利見大人。』
> 常人何可占得此卦？」昭素曰：「何害！若臣等占得，則
> 陛下是『飛龍在天』，臣等『利見大人』，是利見陛下也。」
> 此說最好。（《朱子語類‧易》，卷68，頁1693。董銖記）

在這段較為詳盡的記載中，王昭素解《易》的先進之處表露無遺：其一，就王昭素將〈爻辭〉區隔為「飛龍在天」與「利見大人」的作法來看，可以知道王昭素不但善於將人事比附於經

文，而且深知變通，不拘泥於經書的文字形式，因此能爲經書找到最適當的解釋。其二，王昭素將「飛龍在天」屬太祖、「利見大人」屬群臣的作法，表現出他深知「占者與爻互爲賓主」的道理。所謂「占者與爻互爲賓主」，就是說占卜者是「占卜行爲」的主體，是主動的，是具有思考行爲能力的，因此，對於所占得的卦、爻、辭，占卜者不能以死板的態度去了解，應該考量自身的處境，擷取最適合自己的部分。由於有這個觀念，王昭素才能不拘於經文與形式，給經書最合乎人事義理的詮釋，表現出《易經》「三百八十四爻而天下萬事無不可該，無不周遍」善於通變、運用不窮的精神。（《朱子語類・易》，卷 68，頁 1693。董銖記）

　　對於王昭素的解釋，除了朱子曾經說講〈乾卦・九五〉「此說最好」之外，元代胡一桂的《周易啓蒙翼傳》也有所稱道。雖然胡一桂說說《易論》「專辨注疏同異，往往只是文義之學。」（《周易啓蒙翼傳・傳注》，中篇・頁 41 上—41 下）對王昭素的《易論》似乎評價不高，但是卻認爲就他講〈乾卦・九五〉的精闢內容來看，「解中說象占必有可觀者」，可以說就是憑藉著這段記載而肯定了王昭素在《易》學方面的成就。從這個現象來看，王昭素在宋太祖御前所講述的，的確是《易經》解釋史上的佳作。

　　王應麟《玉海・藝文部》在記述王昭素撰寫《易論》三十三卷的動機時，引南宋陳騤編輯的《中興館閣書目》說：「昭素以王、韓注《易》及孔、馬《疏》義或未盡，乃著此《論》。」同時，晁公武的《郡齋讀書志》也說「其書以注疏異同互相詰難，蔽以己意。」（卷 1 上，頁 20）除此之外，胡一桂的《周易啓蒙翼傳》更是直接說該書「專辨注疏同異」（中篇，頁 41 上）。

這些說法都充分顯示出批判及檢討注疏在王昭素的《易》學與《易論》中占了相當重要成分，因此，探尋王昭素批判《周易》注疏的內容，就成為了解王昭素《易》學思想的重要課題。由於《易論》一書早已亡佚，學者要了解王昭素對注疏的檢討，只能從後人所鈔錄的著手，在引用《易論》文字的諸家之中，以南宋朱震的《漢上易傳》徵引最為完整，是今日研究王氏批駁注疏梗概的唯一憑藉。《漢上易傳》所保留的《易論》文字是王昭素針對《注》、《疏》講〈復卦〉採用「六日七分說」的錯誤而發的。

《易經‧復卦》的〈卦辭〉與〈彖辭〉都說：「反復其道，七日來復。」（周易正義‧卷3，頁18下—21下）對於這兩句經文，王弼《注》的說法是：「陽氣始剝盡，至來復時凡七日。」孔穎達的《正義》則緣著王弼的解釋接著說：

> 謂陽氣始於剝盡之後至陽氣來復時凡經七日。觀《注》之意，陽氣從剝盡之後至於反復，凡經七日。……案《易緯‧稽覽圖》云：「卦氣起於〈中孚〉，故〈離〉、〈坎〉、〈震〉、〈兌〉各主其一方。其餘六十卦，卦有六爻，爻別主一日，凡主三百六十。餘有五日四分日之一者，每日分為八十分，五日分為四百分，四分日之一又為二十分，是四百二十分。六十卦分之，六七四十二，卦別各得七分，是每卦得六日七分也。」〈剝卦〉陽氣之盡，在於九月之末，十月當純坤用世，卦有六日七分，〈坤卦〉之盡則〈復卦〉陽來。是從剝盡至陽氣來復隔坤之一卦，六日七分，舉成數言之，故輔嗣言凡七日也。

在說解中，王弼與孔穎達都認為，所謂「七日來復」，指的是陽

剛之氣從消彌殆盡之後，必須經過七日才會再行滋長。至於為
什麼會作這樣的解釋，從孔穎達引用《易緯・稽覽圖》就可以
很清楚地看到，是因為王、孔是採用了漢代京房等人的「卦氣
說」。就如同《稽覽圖》所說的，「卦氣說」將一年三百六十五
又四分之一日分屬於《易經》中的六十卦，因此，每個卦所掌
控的時間是所謂的「六日七分」。同時，在「卦氣說」的順序之
中，〈剝卦〉、〈坤卦〉、〈復卦〉是相連續的，〈剝卦〉象徵陽氣
即將運行殆盡，〈坤卦〉象徵陰氣主宰全局，〈復卦〉則表示陽
氣開始從新滋生。由於王弼、孔穎達二人採信「卦氣說」的講
法，因此他們認為陽氣從消彌殆盡（〈剝卦〉）到重新滋生（〈復
卦〉），中間相隔了一個〈坤卦〉，而每個卦掌控的時間是「六日
七分」，取其成數，剛好是七日，所以經文才會說「七日來復」。
對於王、孔的解說，王昭素以兩個步驟提出反駁。第一個步驟
是檢討經書義理，從根本上否定《注》、《疏》的作法，他說：

> 〈序卦〉云：「物不可以終盡，〈剝〉窮上反下，故受之
> 以〈復〉。」以此知不剝盡也，況〈剝・上九〉有一陽，
> 取「碩果」之象，「碩果」則不剝盡矣。〈坤〉為十月卦，
> 十月純陰用事，猶有陽氣在內，故薛麥先生，直至〈坤
> 卦〉之末，尚有「龍戰」之象，龍亦陽也。假使運有剝
> 盡之時，則商王受剝盡元頁，賊虐諫輔，乃億兆夷人離
> 心離德，當此之時，豈無西伯之聖德、箕子之賢頁乎？
> 則知陽氣必無剝盡之理。況陰陽者，剛柔迭用，變化日
> 新，生生所資，永無盡矣。（《漢上易傳・卦圖》，卷下，
> 頁 14 下）

在這裡，王昭素先舉三則例子，證明「陽氣必無剝盡之理」：其

一，王氏認為〈序卦傳〉所謂「物不可以終盡」，而以〈復卦〉銜接〈剝卦〉的說法，就是陽氣必定不會消彌至盡的明證，而且〈剝卦〉上九爻以「碩果」擬象、代表陽爻，所謂「碩果僅存，難以剝落」，從此又可以知道陽氣是不會剝削殆盡的。其二，王氏認為十月由〈坤卦〉主宰，〈坤卦〉是純陰之卦，但是在陰氣盛極、萬物消極的十月，薺麥還能萌芽生長，可見蘊生萬物的陽剛之氣在此時仍然保存，況且〈坤卦・上六〉有「龍戰于野」之辭，「龍」屬陽，是陽剛之氣的表象，〈坤卦〉中出現這個詞，可見在極陰之時，陽氣仍然是存在的。其三，王氏舉歷史事實為例，認為在紂王暴虐無道、苛政酷烈，黎民黔首離心離德的情況下，卻仍舊還有如西伯姬昌、箕子等賢良以聖德立世，所以，陽剛正氣是不會消滅的。除了舉三個例證證明「陽氣必無剝盡之理」之外，王昭素更總結所見，認為由於陰陽剛柔迭生相用是萬事萬物化生的源頭，因此陽氣是不可能剝落殆盡的。就字面上看，王昭素在此極力證明「陽氣必無剝盡之理」，似乎沒有批判《注》、《疏》的意思，但是，從王氏證成「陽氣必無剝盡之理」之後，王弼與孔穎達的說法就已經被全盤否定了。既然陽氣無剝盡之日，那麼所謂「七日來復」的說法就是無稽之談了，所以，王弼與孔穎達採用「卦氣說」解經的作法，從根本上就是錯誤的，是不需要的，因此，王昭素針對《注》、《疏》作了批評，說王、孔「並違夫子之義」。事實上，從王昭素反駁《注》、《疏》的論點中，可以發現他的討論比較富有義理與歷史觀察的深度，從這一個角度，王昭素點出了王弼與孔穎達不明經書義理的錯誤，也表現出他對經書的認識不同於前人。

王昭素反駁王、孔說解的另一步驟，是從方法與解說內容上分析《注》、《疏》的不正確，並且提出一個自己認為能夠正

確詮釋經書的說法。在指出《注》、《疏》的錯誤方面，王昭素認為如果按照《疏》所引用的「六日七分」之法，那麼「十月之節終，則一陽便來也」，這樣的情況和陽氣到冬至之日開始孳息的說法在時間上相差十五天，與現實有所牴牾，所以，他說「知『七日』之義難用《易緯》之數矣」，從方法與內容的正確性上推翻了《注》、《疏》舊說。(《漢上易傳・卦圖》，卷下，頁十五上) 批判《注》、《疏》之後，王昭素提出本身的解釋：

> 今論「七日」者，不離〈乾〉、〈坤〉二卦。〈乾〉有六陽，
> 〈坤〉有六陰。自建子而一陽生，至巳統屬於〈乾〉。自
> 建午而一陰生，至亥統屬於〈坤〉(《漢上易傳・卦圖》，
> 卷下，頁 15 上)
> 〈乾〉有六陽，〈坤〉有六陰。一陰自五月而生，屬〈坤〉，
> 陰道始進，陽道漸消，九月雖有一陽在上，無奈眾陰之
> 剝物也。至十月則六陰數極，十一月一陽復生，自剝至
> 十一月，隔〈坤〉之六陰，六陰盛時，一陽自然息迹，
> 陰數既六，過六而七，則位屬陽，以此知過〈坤〉六位
> 即六日之象，至於〈復〉為七日之象矣。(頁十八下)

在王昭素的觀念裡，討論〈復卦〉經文「七日來復」，是不能脫離〈乾〉、〈坤〉二卦的。他認為一年中的十二個月由〈乾卦〉六爻與〈坤卦〉六爻各自掌握：自建子（十一月）一陽孳生，到建巳（四月）六陽盛極，是陽氣生息階段，屬於〈乾卦〉；自建午（五月）一陰孳生，到建亥（十月）六陰盛極，是陰氣生息階段，屬於〈坤卦〉。因此，陽氣從消息到再度孳長必須經過六個月，也就是必須經過〈坤卦〉的六個爻位，通過這六個爻位，就是所謂的「六日之象」。既然陽氣必須通過「六日之象」

才得以復生，那麼在爻位上是屬於第七個階段，也就是有所謂的「七日之象」，所以處在這個地位的〈復卦〉才會繫有「七日來復」的經文。從王昭素將「七日」視作爻位表象的作法上，可以看出他在解經時不泥於經文形式，的確要比王弼與孔穎達靈活，不管王昭素說得對不對，但是這樣的思考方式卻代表了《易》學研究的進步。

二 校勘經書文字、更動經書篇章與考辨經書作者

除了更正注疏的錯誤之外，對於《易經》的文字，王昭素也進行了校勘的工作。王氏校勘經書的意見部分被宋代「恢復古《周易》運動」的參與者晁說之引用，經過宋代朱震《漢上易傳》與元代董真卿《周易會通》的再次徵引後，現今所能見到的僅有十四則，其中九則在《上、下經》之中，四則在〈繫辭傳〉裡，有一則則屬於〈序卦傳〉。

屬於《上、下經》的八則分別是：

1 ·〈坤卦·初六·小象〉：「履霜堅冰，陰始凝也。」（《周易正義》，卷1，頁23下）

王昭素引徐氏（不詳何人）的說法，認為無「堅冰」二字。（《周易會通》，卷2，頁8下）

2 ·〈比卦·彖傳〉：「比，吉也。」（《周易正義》，卷2，頁11下）

王昭素認為「多此『也』字」。（《周易會通》，卷3，頁9下）

3 ·〈同人卦，彖傳〉：「同人曰。」（《周易正義》，卷2，頁26上）

王昭素認為「此『同人曰』三字錯」。（《周易會通》，卷4，

頁4下）

4·〈隨卦·象傳〉:「天下隨時。」(《周易正義》，卷 3，頁 1
下）

王昭素說:「舊本無此『時』字，乃有『之』字。」(《周易
會通》，卷4，頁26上）

《漢上易傳》引王氏之言云:「舊本多不連『時』字。」(卷
2，頁31下）

5·〈大畜卦·九三·爻辭〉:「良馬逐。」(《周易正義》，卷3，
頁26上）

王昭素認為應該作「良馬逐逐」。(《周易會通》，卷 6，頁
8上）

6·〈井卦·象傳〉:「改邑不改井。」(《周易正義》，卷5，頁
15上）

王昭素引徐氏的說法，認為該句「下脫『無喪無得，往來
井井』二句」。(《周易會通》，卷9，頁24上）

7·〈震卦·彖辭〉:「出可以守宗廟社稷。」(《周易正義》，卷
5，頁24上）

王昭素引的徐氏說法，認為「『出』字上脫『不喪上鬯』四
字」。(《周易會通》，卷10，頁4下）

8·〈巽卦·彖傳〉:「重巽以申命。」(《周易正義》，卷6，頁
7上）

王昭素考校王弼《注》，發現《注》文中有「命乃行也」四
字，認為「『命』字下脫『命乃行也』四字」。(《漢上易傳》，
卷6，頁13上）

屬於〈繫辭傳〉的四則是:

1·〈繫辭傳·上·第九章〉:「遂成天地之文。」(《周易正義》，
卷7，頁24下）

王昭素說「天地之文」「諸本多作『天下之文』」。(《周易會通》，卷 12，頁 41 上)

2‧〈繫辭傳‧下‧第二章〉：「觀鳥獸之文與地之宜。」(《周易正義》，卷 8，頁 4 下)

王昭素說：「印本『地』上脫一『天』字，諸本多有。」(《周易會通》，卷 13，頁 5 上)

3‧〈繫辭傳‧下‧第二章〉：「斲木爲耜，揉木爲耒，耒耨之利。(《周易正義》，卷 8，頁 5 上)

王昭素說「耨」字「諸本作『耝』，乃合上文」。(《周易會通》，卷 13，頁 6 上)

4‧〈繫辭傳‧下‧第九章〉：「能說諸心，能研諸侯之慮。」(《周易正義》，卷 8，頁 23 上)

王昭素說：「剩『侯之』二字，必是王輔嗣以後，韓康伯以前錯。」認爲「侯之」二字是衍字。(《周易會通》，卷 13，頁 28 下)

屬於〈序卦傳〉的一則是：

〈序卦傳〉：「離者，麗也。」(《周易正義》，卷 9，頁 12 下)

王昭素說：「諸本更有三句，云：『麗必有所感，故受之以咸。咸者，感也。』」(《周易會通》，卷 14，頁 21 上)

在看過王昭素校勘經書的文字之後，可以發現：其一，王昭素用來校正經文的底本很可能是官方的標準本，而從他校〈繫辭傳〉「與地之宜」時舉「印本」爲檢討對象的舉動來看，王昭素所校的，應該就是五代北宋中央政府印行的本子。這說明了在宋太宗大力整理校勘經書以前，知識分子之中就已經有人在進行經書校勘的工作了。其二，從王昭素校勘經書多引前人說法來看，王氏似乎有要使《周易》的文字回復最初面貌的想法。當然，在資料不足的情況下，絕對不能說王昭素是「恢復古《周

易》運動」的參與者，但是，從文字上出發，探尋經書的原貌，或許就是「恢復古《易》」的最初步驟與思想，晁說之就是運用王昭素說〈序卦傳〉另有的三句經文的說法斷定《周易》古經是沒有《上經》、《下經》之分的（《困學紀聞・易》，卷 1，頁 69）。此外，王昭素以舊說諸本改動經書文字，也包含了所謂「疑經改經」的觀念與作法。

如果改動經書文字還不能完全表現出王昭素「疑經改經」的思想，那麼更動經書篇章就是這個觀念落實的確切明證了。王昭素更改經書篇章的實際行為，在朱震《漢上易傳》的徵引之中表現出來，這兩個實例都出現在〈繫辭上傳〉：其一，將孔《疏》的第三章從「《易》與天地準」至最末句「故知死生之說」（《周易正義》，卷 7，頁 9 上）全數併入第四章。（《漢上易傳》，卷 7，頁 7 下）其二，將孔《疏》第七章（《周易正義》，卷 7，頁 18 下—20 下） 全數併入第六章（《周易正義》，卷 7，頁 16—18 下）。（《漢上易傳》，卷 7，頁 7 下）上述二例，朱震在徵引時僅說明是「依王昭素說」，並未完整敘述王氏的作法與用意，所以無法從中推見王昭素如此行動的原因。然而就經學史發展的角度來說，恢復經書原貌就是學者因尊經而更動經書章句的最大理由，王昭素更動〈繫辭傳〉章句的行為，除了證明他已經有「疑經改經」的觀念之外，似乎也為宋代「恢復經書古本運動」的起因與初期作法找到了可能的說明與實例。

除了校正經書文字、更動經書篇章之外，王昭素對《十翼》的作者也可能有所考辨。自從漢代以來，學者都認為《十翼》是孔子的作品，但是王昭素卻不以為然，元人陳友文說：

> 《十翼》，先儒皆謂夫子作，獨范諤昌、王昭素乃謂〈彖〉、
> 〈象〉（指〈大象〉、〈爻辭〉、〈小象〉、〈文言〉並周公作。

（《經義考》，卷 17，頁 4 下）

從這段敘述之中，可以知道王昭素認為舊傳孔子作《十翼》的說法並不可信，《十翼》之中至少有〈彖辭〉、〈大象〉、〈小象〉、〈文言〉等部份是周公的作品，並非完全出自孔子之手；這些意見的提出，說明了王昭素對經書的作者有所質疑。然而，《漢上易叢說》的登錄卻與陳友文的說法相歧異：朱震在敘述《十翼》作者時徵引《正義補闕》，列舉「夫子因文王〈彖〉（指〈卦辭〉）而有〈彖〉（指〈彖辭〉）」——〈彖辭〉為孔子所作的說法，並且指出王昭素與胡旦也都贊同這個意見，間接地表現了王昭素曾經懷疑《十翼》作者的記載或許不可信。（《漢上易叢說》，頁十四上）由於這兩個說法出入頗大，並且直接影響到王昭素經學思想的定位，所以原本是研究王氏經學必須研討的重要課題，但是在《易論》亡佚殆盡、無法考究兩項記載孰是孰非的情形下，王昭素是否對《十翼》的作者進行過檢討，就成為無法研議與解答的問題。

三·王昭素的經學檢述

在檢討過王昭素的《易》學思想以後，筆者以為，雖然王氏在其他經書的研究上沒有成績，但是從他的《易》學思想中卻表現出許多經學史研究者應該注意的重要現象：

其一，就王昭素對注疏的反駁來說，雖然他可能只是當時的一個特例，但是事實已經形成，王昭素的行為證明，反對注疏的學風確實在當時已經存在。以王昭素活動的年代來說，反對注疏的觀念，應該早就萌芽，絕對不是如後世所說的到宋仁宗才略見端倪。此外，從王昭素批判注疏錯誤以及後世學者都

認為《易論》是為了「辨注疏之同異」而作的情形看來，似乎可以證明在義理的要求尚未成為學術主流以前，學者否定注疏的最初因素是因為發現了其中的錯誤。

其二，就王昭素批駁王弼、孔穎達採用的義理與歷史角度來看，可以知道《易》學研究在他的時代已經略有進展，義理要求勝過了神怪思想，歷史的認識代替了毫無根據的迷信學說，哲學的思考再也不會被抹煞。雖然不能說王昭素引用史事證經、證明注疏錯誤的作法是程顥、程頤以史事說《易經》、崇尚人文義理的前導，但是王昭素行為說明了他的時代已經不願接受違背人文思想的學說，凡是不能符合人文要求的舊說，遲早都要被淘汰。這樣的情形，似乎又為其後注疏因為逐漸遠離進步人文觀，而遭到學者揚棄的狀況提前作了註腳。

其三，從《易論》中校正經書文字、更動經書篇章的作法來看來，王昭素確實已經有了「疑經改經」的觀念。這或許又是當時的一個特例，但是從王昭素的動機與行為上，卻可以發現到學者「疑經改經」的最初目的是為了恢復經書原貌，就這點來說，不管改的對或不對，所有改經的學者其實都是「恢復經書古本運動」的執行者，筆者以為，這是王昭素的《易》學研究給後人的最大啓示。此外，就《易論》一書包含了校正經書文字、更動經書篇章與訂正注疏等內容來看，這部書在形式上應該比較接近《周易正義》、《易本義》、《周易會通》等書，是一部注釋經典的著作，雖然名為《易論》，但和稍後學者以議論形式討論經書命題的「議論解經」文章是不相同的。

第二節　釋智圓對宋初經學的忠實記載

　　釋智圓，生於宋太宗太平興國元年（976），字無外，自號中庸子，或稱潛夫，錢塘（今浙江杭州）人，俗姓徐氏，八歲受戒於杭州龍興寺。二十一歲，從奉先寺源清法師學天台三觀。孜孜研探經論，撰著講訓，為天台宗「山外派」[1]義學名僧，宋真宗大中祥符末，卜居西湖孤山瑪瑙院，學者歸之如市，與梅妻鶴子的處士林和靖為鄰，宋真宗乾興元年（1022）二月圓寂，年四十七。宋徽宗崇寧三年（1104）賜諡法惠大師。

　　智圓除致力天台佛理外，並兼宗儒教，旁涉《莊》、《老》，喜為詩文。，根據《佛祖歷代通載》所記，智圓一生著述宏富，經論疏鈔科注等佛學著作凡百餘卷，今尚存《般若心經疏》、《請觀音經疏闡義鈔》等七、八種；並有《閑居編》五十一卷，收錄其雜著詩文，智圓關於儒學的論述，便是收錄在《閑居編》中。

　　釋智圓的《閑居編》裡，並沒有專門討論儒學的篇章，他對儒學的見解，通常出現在寫給友人的書信中，同時也散見於他所撰寫的各篇序文、雜文內。在〈撒土偶文〉中，智圓說：「吾學佛以修心，學儒以治身。」（《全宋文》，冊8，卷316，頁301—302）在〈代元上人上錢唐王給事書〉裡，他又說：「又知治世立身，無踰于儒典，由是兼讀五經，以裨佛學。」（《全宋文》，冊8，卷307，頁182—183）同時，〈中庸子傳〉也說：「儒者飾

---

[1] 宋代初年天台宗諸僧因為爭論教義問題而分裂為各以知禮、悟恩為首的兩派，知禮一派以正統自居，自稱「山家」，視悟恩等人為異端，貶之為「山外」。所謂「山」，指的是天台宗的聖地天台山，稱呼「山外」，就是譏嘲悟恩等人違背天台教義。智圓是悟恩的再傳弟子，是當時參與論辨的重要人物之一，為「山外派」名僧。

身之教，故謂之外典也；釋者修心之教，故謂之內典也。唯身與心，則內外別也。」(《全宋文》，冊 8，卷 315，頁 289—295)綜合上述數段文字，可以得知：其一，智圓認爲儒學在規範個人外在行爲、建立典章制度、確定政治依據的作用，也就是所謂對於外王的指導，是無可取代的，所以他說「學儒以治身」、「治世立身，無踰于儒典」、「儒者飾身之教，故謂之外典」。其二，雖然儒學在「外王」的層次上具有絕對的功能與作用，在心性及內在義理的探討上，也就是對於內聖的指導，卻不能與佛學相比較，所以他說「學佛以修心」、「釋者修心之教，故謂之內典」。其實，「內聖」與「外王」，在佛教傳入中國之前，就已經是儒家學說的精華，智圓雖然沒有爲二者作出高下的論斷，但是對於儒家學說「內聖」作用的忽略，卻可以看出宋初官方只提倡利於建構典章制度的「經學」，使儒學陷入仍無法建立足與和佛教心性論義理相抗衡的窘境。

除了肯定儒學對「外王」的功用外，釋智圓也與純粹的儒學家相同，對於二帝、三王、周、孔、孟、揚遞相傳承的古道，懷抱著高度景仰，〈送庶幾序〉說：

> 吾于學佛外，考周、孔遺文，究揚、孟之言，或得澈旨。……夫所謂古文者，宗古道而立言，言必明乎古道也。古道者何？聖師仲尼所行之道也。昔者仲尼祖述堯舜，憲章文武，六經大備。……老莊楊墨棄仁義，廢禮樂，非吾仲尼祖述堯舜、憲章文武之古道也。(《全宋文》，冊 8，卷 308，頁 184—186)

在這裡，除了見到智圓對六經的尊崇外，也可以知道他和自孟子以來的儒學家態度相同，對楊、墨、老、莊「棄仁義，廢禮

樂」的學說感到不滿，並且堅持爲文必須「宗古道而立言，言必明乎古道」，只能宏揚周孔義理，不能偏及楊墨學說，所以他一再說「仲尼祖述堯舜，憲章文武之古道」。由於堯舜周孔的古道包含了「內聖」、「外王」的精神，智圓在肯定其「外王」的功能後，是否真的無法見到其中的「內聖」蘊涵？收錄於《閑居編》裡的數篇文章恰好可以說明這個問題。在〈對友人問〉一文中，他說：

> 古者周公聖人，既攝政，于是制禮作樂，……孔子有聖德而無聖位，乃刪《詩》、《書》……仲尼無他也，述周公之道也。……孟軻生焉，述周孔之道，非距楊、墨。……揚雄生焉，撰《太玄》、《法言》，述周孔孟軻之道。……王通生焉，修六經，代賞罰，以晉惠始而續經，《中說》行焉，蓋述周、孔、軻、雄之道。……韓、柳生焉，宗古還淳，以述周、孔、軻、雄、王通之道也。……代異人異，辭異而道同也。(《全宋文》，冊 8，卷 311，頁 231－232）

又〈敘傳神〉裡，他說：

> 仲尼得唐、虞、禹、湯、文、武、姬公之道……仲尼既沒，千百年間，骸嗣仲尼之道者，唯孟軻、荀卿、揚子雲、王仲淹、韓退之、柳子厚而已。(《全宋文》，冊 8，卷 312，頁 252－253)

分析上述文字，可以看出：其一，在智圓的心目中，儒學古道的傳遞，存在著一個系統，雖然斷斷續續，其傳遞性是絕對肯

定的。其二這個傳道系統，自孟子以下的揚雄、王通、韓愈等人，都是傳承儒家義理之學的人物，[2]尤其是韓愈，更是儒家心性之學再復興的推動者，這其中並無所謂單純傳授「經學」的「經師」。所以，智圓可能也了解，在儒家的學說中，的確是包含著討論「修心」、「心性之學」的「內聖」成分，只是礙於身為佛教法師的立場，他必須說佛教的心性理論要比當時還不甚成熟的儒家心性論來得高明；或者，智圓處在這個「新儒學」觀念潛伏醞釀的環境中，經常受到薰染，便不自覺地述出這樣的觀點。當然，認識韓愈在〈原道〉一文中提出的「道統」學說者，可能會認為智圓這些說法是承襲自中唐「新儒學」的。事實上，筆者在閱讀《閑居編》各篇文章時，確實也發現到這個現象，他不考慮韓愈排佛的事實，不但在談論儒學道統時將韓愈列為近世儒學重要人物，在闡論經書涵義時，也引用韓愈的說法，例如韓愈在〈原道〉中說：「仁與義為定名，道與德為虛位。」（《昌黎先生集》，卷 11，頁 1 下─4 下）而智圓在〈道德仁藝解〉一文中闡釋《論語‧述而篇》：「志于道，據于德，依于仁，游于藝。」時便說：「韓文公曰：『道德為其虛位，仁義為其定名。』」（《全宋文》，冊 8，卷 312，頁 256─257）根據這些表現，說釋智圓接受了韓文公以來的「新儒學」思想，並且深受影響，應該是可以成立的。

在討論過《閑居編》裡幾篇關於儒學思想文章之後，筆者認為：其一，雖然韓愈主張排佛，但是釋智圓的儒學思想卻仍然承襲自韓文公的系統，這證明了「新儒學」在宋初那種惡劣

---

[2] 智圓曾經撰寫〈廣皮日休《法言》後序〉（《全宋文》，冊 8，卷 310，頁 222─223）、〈讀《中說》〉（《全宋文》，冊 8，卷 312，頁 248─249）兩篇文章，讚揚揚雄、王通、皮日休對於儒家道統及義理心性之學的貢獻。

的環境下依舊有其活動力。其二,智圓的心目中,儒學的心性義理成分是存在的,雖然他強調佛教在心性哲學方面優於儒學,但是在討論這些命題時,他卻不自覺地流露出對儒家心性哲學肯定的態度。總而言之,智圓在《閑居編》各篇文章中所表現的,不但說明了智圓本人的儒學思想,也表現了儒學發展的某些現象,同時更證明了日後儒佛交融、助長「宋學」產生的可能性,可以說是對當時儒學的忠實紀錄。

一 對儒家經學的討論

　　經學的研究在儒學發展史中,一直是最重要的課題,不管是任何形式的儒家學術討論,都是從經書中找尋依據的,智圓雖然不曾將純粹傳授「經學」的「經師」放置在他的儒學體系中,對經書、「經學」及其所衍伸的各種問題,卻不能不加留意,所以,《閑居編》裡,也有一些關於「經學」的論述。

　　首先要探討的問題,是智圓對於儒家經書的看法,在〈送庶幾序〉裡,他說:「昔者仲尼祖述堯舜,憲章文武,六經大備。」又〈講堂擊蒙集序〉說:「夫仲尼之旨,布在六經。」(《全宋文》,冊8,卷310,頁220—221)同時,在〈黃帝陰符經題辭〉中,他表示:「孔子刪《詩》、《書》,撮其機要。」(《全宋文》,冊8,卷310,頁216—218)這些文句充分地顯示雖然智圓對儒學的要求已經進入「新儒學」的境地,但是他的經書觀相對於其後懷疑經書作者、質疑經書內容的「疑古風潮」,仍然處在所謂「保守」階段,認為不管是經書的編刪或撰寫,都與孔子有密切關係;並且,他在〈謝吳寺丞撰《閑居編》序書〉中提到:「準的五經,發明聖旨,樹教立言,亦應可矣。」(《全宋文》,冊8,卷307,頁174—177)認為經書實在是高深學術的起源。基於

這兩個原因，智圓當然對經書會相當尊崇，這也是宋代疑經風氣盛行之前的一般狀態。

〈謝吳寺丞撰《閑居編》序書〉中，智圓對於各個經書單獨看法，有頗詳盡的敘述。

在《易經》方面，他認為《周易》「本乎太極，闢設兩儀，而五常之性韞乎其中矣。」這個看法，似乎已經突破舊有《易經》「為卜筮之書」的刻板印象，而認為至少其中潛藏著哲學課題中所謂「本體論」的義蘊。

對於《尚書》，他說：「聖師以二帝三王之道，作範於後代，尊揖讓，鄙干戈，故以二〈典〉首之也。」宋儒在談到《尚書》時，言論與智圓幾乎相同，都是注重其中包含的義理、古史、治道及聖人「作範於後人」的精神，從這點可以看出儒者對《尚書》的看法由古至今似乎沒有產生多大的改變。

關於《春秋》，智圓並沒有多獨到的見解，所談到的不乎外是「仲尼約魯史而修《春秋》，以賞罰，貶諸侯，討大夫，以正其王道者也。」等平常的意見。顯然宋初國家內政的困境及對外關係的緊張並沒有深刻地刺激智圓，使他對《春秋》產生新的詮釋。

談到《禮經》（應該是《禮記》），他說：「弟子記述諸，漢儒雜糅諸，後賢易置諸。」認為《禮記》並非出自一人之手，應該是經過儒家學者從先秦起的逐漸累積，才匯編成書，此書未經孔子之手，智圓認為其中所載，雖然還存在著他所尊崇的「古道」，但是經過漢儒以後的混雜，所載已經不完全是聖人之道了，所以他在〈周公撻伯禽論〉中說：「吾謂周公無撻伯禽之事也，蓋傳之者濫耳。漢儒因而妄錄焉，非聖師仲尼之所述也；康成隨而妄注焉，非七十子之徒面受聖旨也。」（《全宋文》，冊8，卷311，頁233—234）表現出他對經書記載的懷疑態度。

在〈錢唐聞聰師詩集序〉一文中，智圓討論了《詩》的含義，他提到：

> 或問詩之道，曰：「善善，惡惡。」請益，曰：「善善，
> 頌焉；惡惡，刺焉。」「如斯而已乎？」曰：「刺焉俾遠，
> 頌焉俾遷，樂仁而恢義，黜回而崇見，則王道可以復矣。
> 故厚人倫、移風俗者，莫大於《詩》教與！……詩之道
> 出于何邪？出于浮圖邪？伯陽邪？仲尼邪？果出仲尼之
> 道也，吾見仲尼之道也。吾見仲尼之刪者，悉善善惡惡，
> 頌焉刺焉之辭耳。」(《全宋文》，冊 8，卷 310，頁 223—
> 224)

智圓認為孔子曾經刪《詩》，而《詩經》的主要作用在美刺，《詩》教的最大功效在於敦厚人倫、端正禮樂，其最終目的是在使國家的運行合乎王道的標準，在上述的文字中很清晰地呈現出來，這些都是儒家的舊理論，智圓只是承受而已。另外，在〈遠上人湖居詩序〉中，他說：「古者卜商受《詩》于仲尼，明其道，申其教，而其〈序〉甚詳。後世為詩者，……子夏所序之道不可咈也。」(《全宋文》，冊 8，卷 310，頁 226—227) 從這裡可以看出，智圓仍然認為學習《詩經》必須透過〈詩序〉，〈詩序〉的作者，他也依舊認為是孔子的學生卜商。就智圓對於《詩經》的認識來看，他所接受的，可以說是漢唐以來的觀念，後世「疑孔子未刪《詩》」、「疑〈序〉」、「疑〈序〉的作者非子夏」等幾個觀念，在他的時代尚未產生，或者說尚未發生作用。

在看了上述幾個智圓對於經書的觀點之後，筆者有以下幾個認識：其一，智圓或許在探討儒家道統或者「內聖」、「外王」之學方面有相當的成就，但是對於儒家經書的認識並不深入，

除了對《易經》的哲學蘊涵有類似於周敦頤《太極圖說》對《易經》的認知外，其他的知識可以說是全盤接受固有的說法。其二，值得注意的是，智圓在談論這些經書時，除了說他們包含了周孔古道，說某某經書具有某方面的特色或功用外，對於千百年來附著於經書之上的注疏，卻隻字不提，如果說智圓不讀注疏，那是不正確的，在〈道德仁藝解〉一文中，他曾經斥責何晏的《論語集解》雜糅《老》學解釋經書，可見他是讀注疏的，這個現象是不是說明了當時儒學界雖然並未放棄注疏，對其依賴及信任性則比以前大為降低？其三，雖然注疏在此有地位降低的現象，但是比他們高一層次的解經文字，如〈詩序〉，卻仍然受到信任，意味著此時的經學尚未全面展現宋代經學「疑經疑傳」的風氣。其四，《春秋》學雖然受到重視，但是《三傳》卻不曾被提及，說明了自唐以來的「回歸原典運動」已逐漸在奏效，至少在《春秋》學方面，所謂「《春秋三傳》束高閣，獨抱遺經究終始。」的風氣已經形成。其五，對於《禮記》的性質，智圓認為不純粹是記載聖人的道理，其中已經混雜了後世儒學者不太純正的思想，對於這個現象，他提出質疑；在「尊經」的前提下，智圓不可能說經典在編寫之初便蘊含著錯誤，既然經典本身不可能有差池，那麼現在見到的錯誤，自然是形成於傳承鈔寫的過程中，所以他說「傳之者濫耳，漢儒因而妄錄焉，非聖師仲尼之所述也。」也就是說，智圓所懷疑的並非原始經書本身，而是經由漢儒竄亂的部分。雖然智圓仍然相信〈詩序〉，依舊認為孔子編刪六經，對經典的懷疑並不如後世全面而強烈，但他對於這個現象的陳述，可以說等同於後來宋儒因尊經而懷疑經傳的基本精神——經典本身在創造時並沒有問題，錯誤主要是形成於後人（尤其是漢人）的傳授過程中，如果能分辨出漢人偽亂的部份，從而加以修正，在研議聖人的意

旨、孔門的真義時，便不會產生滯礙。當然，這樣從經書及經學的內在理路產生的懷疑態度並不能絕對性地視為後來宋代學者疑經觀念的先河，但卻可能是後世疑經風氣形成的內在發展因素。

另一方面，智圓對所謂「新儒學」重視的經籍，自然也注意到了，中唐韓愈、李翱等人重視的經書：《論語》、《孟子》、《大學》、《中庸》四部書[3]，智圓在《閑居編》的諸篇文章裡常常引用，〈道德仁藝解〉、〈勉學〉、〈中人箴〉、〈好山水辨〉諸篇更是議論《論語》中文句所蘊涵義理的文章。智圓對於後來被稱為「四書」的四部經書，了解度可能超過「五經」。這樣的形勢，證明了前「宋學」時期「四書」已經得到知識分子的重視，「四書」系統的發揚，並非「宋學」盛行時期的專利。

另外一個值得討論的問題是，智圓的儒學道統體系中，並沒有包含任何一個「經師」，，雖然說這個體系襲自韓愈，但也存在著智圓本身的意見，況且當時「漢唐之學」雖然有些不合乎時代需要，活動空間卻還相當大，智圓在體系中沒有收錄任何「經師」的現象，是不是意味著不管注疏之學是否能夠正確地解釋聖人的文字，由於缺乏討論義理的空間，或者這些經師所傳的根本不符合周孔之道，在儒學的發展上被認為無足輕重，所以在「新儒學」越來越發達的狀況下，「注疏之學」便會越來越衰微。當然，身處後世，我們一定可以為二者消長的現象找到合理解釋，但是如果能在這個思考方向中尋得答案，對經學史或儒學史的研究將會更有幫助。

---

[3] 韓愈在五〈原〉諸篇中，時時提到《孟子》、《中庸》二書，並撰有《論語筆解》。李翱在〈復性書〉中每每藉《大學》、《中庸》表達其情性理論。

二 議論解經與檢討注疏

　　討論智圓的經學方法，就是討論他闡釋經書的方式，從今日看來，闡釋（或稱解釋）經書的方法與名目雖然有很多，但是總歸不超過兩條主要路徑：訓詁解經與議論解經。訓詁解經，今日稱為「漢學」；議論解經則是「宋學」的主要方式。智圓不是一個純粹的儒學家，對於儒教經典的闡釋，自然不可能有獨到的手段，只是，他身為佛教天台宗法師，又衷心於儒家道統傳承的說法，對儒家典籍的發揮，或許有其特色，可以表現當時經學研究的某些現象。

　　在智圓的《閑居編》裡，關於經學闡釋的文章有兩種形式：一是藉經書的文字來發揮議論，或者說用議論的方式解釋經書；一是對於經典文字訓詁的討論。

　　在議論解經方面，智圓以議論的方式對經書中需要疏通的地方提出解釋，例如，在〈周公撻伯禽論〉中，他對於《禮記‧文王世子篇》（智圓誤為〈曾子問〉）「周公相，踐祚而治，抗世子法於伯禽，欲令成王之知父子君臣長幼之道。成王有過，則撻于伯禽，所以示成王世子之道也。」關於周公因成王有過失而責打伯禽的記載不以為然，分析道：「周公大聖也，治其家有治國之道，……罰者必以罪，賞者必以功……且伯禽傳體也，苟無辜而受撻，是自周公于撻己身也。……嗚呼，伯禽無辜受撻，其枉濫無告者何甚乎！周公知其無罪而撻之，其欺心亦何甚乎！」根據這些意見，可以看出：智圓對於這個事件，完全是站在人文主義的立場來否定「周公撻伯禽」這個不合乎人文精神的歷史記載，他並且將儒家「修、齊、治、平」觀念倒溯，認為既然周公能夠達到治國平天下，在誠意正心方面，一定有完美的修為，一個心正意誠的聖人，怎麼可能會有違背人倫是

非行為。所以他說「周公撻伯禽」是「傳之者濫耳」，對於鄭玄「隨而妄注」也表現出他的不滿。智圓這樣地討論經書，的確大不同於漢、唐諸儒迴護經書錯誤、彌縫傳注差異的態度，與稍晚「宋學」討論經書的方式可以說非常接近，同時也可視為宋代經學的主要方法——以「己意說經」——學者以自身意念與認識闡釋經書、不理會舊有學說的略為展現。

另外，在〈道德仁藝解〉中，智圓更是以議論的形式，詮釋《論語‧述而篇》：「志于道，據于德，依于仁，游于藝。」這段儒家學者視為標竿的文字。他說：「夫道德者，無他也，五常之謂也。道，蹈也；德，得也。仁義禮智信五常之謂道，行而得其宜之謂德。」在這裡，他將在中國哲學史中一向難以定位的「道」解釋為「五常」，即所謂的「仁義禮智信」，當然，這也是受到韓愈〈原道〉的影響。在解釋「道德」並給予定位之後，智圓更進一步說：「君子志在五常，故曰志於道；既志慕之，則據杖而行之，使得其宜，故曰據於德。……以游于藝者或不仁，故誡之必以仁，不然，則斯害也已。」可以看得出，智圓是以儒家的立場在進行論述，不管他的說法正不正確，原本難以解說的四個命題，在他以儒家人文平實的觀點詮釋之後，顯得貫通流暢，有利於儒家學術的確立。文中，智圓更對何晏用老子「道」的觀念來作詮釋的方式感到不滿，批評何晏：「玷儒教亦甚矣。」看來，智圓對經學的闡釋，可能比某些「經學家」要更接近儒學的真諦、孔門真義。

在訓詁解經這一部分，由於智圓對經學的體認不同於漢唐經師，所以對這個部份並沒有獨到見解，只能偶而在《閑居編》的幾篇文章裡看隻字片語。在〈與門人書〉中，他說到典籍中文字假借的問題時，提到「《禮記》逍遙做消搖，早暮作蚤莫。《左傳》埋馬屎，《史記》三遺屎，皆用弧矢字」（《全宋文》，

冊 8，卷 307，頁 180—181）在〈詳勘金剛般若經印板後序〉中，他談到經典文字的亡失時，說：「《春秋》夏五，杜、鄭、服虔皆云闕文，不加月字，吾竊韙之。」其實，這些說法都相當普通，算不上什麼成就。

此外，智圓在〈錄兼明書誤〉（《全宋文》，冊 8，卷 312，頁 245—247）一文中，表現了一個相當特殊的現象。《春秋》隱公四年記載：「衛州吁弒其君完（桓公）。」對於這個記載，丘光庭的《兼明書》認爲有錯誤，桓公的名字應該叫「貌」，不叫「完」，因爲「桓」和「完」同音，如果桓公的名字是「完」，那麼他就不應該被諡爲「桓公」。對於丘光庭的說法，智圓不以爲然，他提出「禮不諱嫌名。」——古代避諱不避同音字的說法，認爲「爲其難避耶。名舜禹之禹則不避其風雨之雨；名孔丘之丘，則不避其鳥區之區。」「完」和「桓」是嫌名，只是同音字，名「完」而諡爲「桓」，在禮法上是沒有錯的。又《尙書・武成》：「血流飄杵。」《僞孔傳》詮釋說：「血流飄杵，甚言之也。」是指的戰爭的慘烈。丘光庭則認爲「血流飄杵」的描寫不近人情，說「杵」應該是「扞」的誤字，「扞」比「杵」輕，較有可能漂浮，並且舉《漢書》「血流飄櫓（櫓即扞）」的說法來證明。智圓反駁丘氏，以爲《僞孔傳》「甚言之」的注解是合乎義理的。他說：「《書》云：『洪水滔天。』天其可沒耶？亦甚言之耳，劉勰所謂夸飾也。」在此，智圓使用文學技巧理論解釋難題，可以說相當具有巧思，較經師執著於文字訓詁有著相當顯著地進步；同時，智圓更舉《孟子》「以至仁伐至不仁，而何其血之流杵也。」作爲旁證，使光庭的懷疑不攻自破。

看了上述兩個例子之後，筆者以爲，這樣的討論方式與淸代最盛行的「考據學」似乎有些相似，沒有意氣的爭辯，沒有自由心證的推論，所有的只是客觀的證據及理論，獲得的結果

也最令人相信,這個現象,在一個佛教法師的著作中出現,是非常值得注意的。觀察了智圓的經學方法,筆者產生了以下的觀點:其一,智圓解經,著重點在議論,這點說明了「議論說經」在當時可能已經緩緩地在形成風氣,或者說這個方式本來就隱藏在「新儒學」的範圍裡,接受「新儒學」的學者,不管熟不熟悉,都會不自覺地使用這個方式。其二,雖然智圓的「考據學」思想與方法在基本精神上與後世無異,但是這類零星的表現只能說是智圓個人的意見,並不足以說明當時的經學研究大量地蘊藏著「考據」風氣。

三 釋智圓的經學檢述

在探討了智圓的儒學之後,吾人對智圓的儒學思想及當時的儒學環境,有以下數點認識:

其一,智圓是傾心於「新儒學」談論道統、研討心性的學風的,而他的儒學觀與中唐韓愈等人應該有直接而且密切的關係。對於漢唐注疏,他雖然也閱讀,但是已經沒有鑽研的興趣。對他而言,注疏只是了解經書的媒介,既沒有義理的討論,也不闡釋聖人之道,所以注疏出現問題,便要毫不掩飾地批評。而類似「考據學」形式學問的出現,很可能只是「漢唐注疏之學」在他儒學思想中的小波動,只能證明智圓仍然會不自覺地沿用舊的讀經模式,並不能說他喜好這樣的學術活動。

其二,從「注疏之學」與「新儒學」的痕跡都顯現在智圓的儒學上的現象來看,儒學在宋初是處於新舊典範交替的環境中,是可以確定的。但是就智圓極為重視「新儒學」諸學說的現象來看,「新學」即將掩蓋「舊學」,已經是無法挽回的事實了。由於重視義理心性的程度超過了重視注疏訓詁的程度,使

注疏在當時開始受到攻擊，學術地位因而降低；即使是經書，如果其中的記載有不確實，或者說不能契合當時儒學者的需要，也有遭到懷疑或者是重新被詮釋的危險，這樣的情形，也許就是日後己意說經與疑經學風的初期表現。關於宋代經學最為學者稱道的懷疑精神，智圓的討論給吾人相當大的啟示：所謂的懷疑，是基於對經典的尊崇，經書雖然是被懷疑的範圍，卻不是被懷疑的主體，懷疑精神主要是因應漢儒對經書的誤傳誤導而產生的，「疑」固然是宋代學者治經的主要方式、是宋代學者為學的主要精神，總歸來說，卻只是整個學術行為的過程，其基本精神，是因為對於文獻的尊崇，希望能夠藉著這個行為去除文獻中不真實的部份，其最終目的，是在追尋文獻典籍中所蘊涵的真正義理，如果只注意宋代經學中懷疑的特色，忽略了宋代學者抱著懷疑精神研究經學的目的，那麼對宋代以至後世關於「疑經」風氣的認識，只能說是片面的。

其三，因為接續宋初儒學的是體系完整、勢力龐大的「宋學」，所以學者在研究宋初儒學時，稍不注意便會落入「目的論」的窠臼，認為此時一切的學術行為都是向「宋學」形成必經的途徑發展，而成為「宋學」的宣傳工具，進而不能認清宋初儒學的真正本質，這是研究此期儒學應該留意的所在，也是智圓對宋初經學的忠實記載給學者的最大啟示。

結　　　論

宋初經學在經學發展史中的地位

　　自從宋人吳曾在其學術筆記《能改齋漫錄》中將宋代初年的經學研究勾勒出「因循守舊」的面貌之後，雖然不見得有學習上的承續關係，歷代學者的敘述總是無法跳脫這個窠臼，因襲日久，這個概念正不正確，研究者已經喪失了檢討的能力。近代皮錫瑞、馬宗霍、本田成之等人所撰寫的「經學史」更只是將宋初經學中的守舊風氣視作必然，純粹作文字上的交代，從來不曾進行過事實真相的探尋，也沒有思考過即使真的是「因循守舊」也能夠凸顯許多經學史上的問題。於是，宋初經學的真正面貌不但在偏失的記載與認識之下逐漸模糊，同時也喪失了吸引學者研究的誘因。事實上，筆者在經過觀察之後，發現經學研究在宋代初年不僅僅只有「守舊」的一面，也同時展現出影響後世深遠的「新風貌」，在完全釐清宋初經學發展狀況的前提之下，「新風貌」的影響固然值得探討，「守舊面」的貢獻也是重要的討論課題。

一　官方經學的表現

（一）科舉考試仍然影響經學研究

　　宋初的科舉承襲唐代與五代舊制，在「明經科」考試方式上仍然側重「帖經」、「墨義」，以經學為研究專長的學者想要求取功名，就必須要配合政府的規定，在方式上以背誦為主、在思想上不能逾越官方設定的解釋，能講明經書義理而不能完全正確背誦經文、《正義》的考生，依舊是政府摒除的對象。僵化的規定降低了學者的學習研究能力，「篤守古義，無取新奇」當

然是他們唯一能夠採行方式。筆者以為,在利祿的引誘下,宋初的經學研究者大多存在著這種心態,是可以理解的,而歷來認為宋初經學「因循守舊」的記載若是施用於此,則是百分之百地契合;此外,宋初經學的整體發展因為科舉考試而遭受挫折的現象,再一次證明了科舉制度的確會對經學研究產生影響,是學者研究經學史應該重視的課題。

(二)·官方對經說的編纂

經說的編纂是宋代初年官方重要的經學政策之一,自太祖建國至仁宗慶曆以前的八十年之間,中央政府一共編纂了五部經說《三禮圖集注》、《論語注疏》、《孝經注疏》、《爾雅注疏》、《孟子音義》,對於經學史而言,這些作品的出現各有其意義:

1 ·《三禮圖集注》

始於後周、成於宋初的編纂過程除了顯示五代宋初中央政府對體制建立的殷實需要,該書經過朝代更替從後周官方編修的經學作品一變而成趙宋政府編修的經學著作,則印證了宋初官方經學的承襲色彩。此外,就編纂人而言,總攬《三禮圖集注》纂修工作的聶崇義,參加商議的尹拙、竇儀,都是由五代入宋的儒臣,這些人在宋代初年繼續受到重用,繼續施行著他們在以前就制定的計畫,使得宋代初年官方經學政策的極度因循舊制成為最大特色。

2 ·三經《注疏》

從體制與文獻記載來看,三經《注疏》的編纂對舊說有著的強烈倚賴性,其內容與精神上仍然是完全因襲著傳統規範,沒能突破「漢唐注疏之學」舊藩籬,可以說是當時官方經學缺乏開創性的最佳證明。此外,透過三經《注疏》的編纂,「三小經」官方地位確立了,「九經」從此擴展為

「十二經」，唐玄宗的《孝經御注》、何晏的《論語集解》、郭璞的《爾雅注》也成爲標準經說，對於經學體系的建立有很大的影響。

3・《孟子音義》

雖然《孟子音義》只是解釋字音字義的《孟子》學初步作品，卻是官方承認學術界發揚《孟子》學成就的指標，也是《孟子》成爲經書的第一部。此外，中央政府能夠體察到學術界重視《孟子》學，開始進行《孟子》文字與說解的整理工作，似乎也說明了官方保守的態度正在逐漸改變。

（三）經書與十二經《正義》的整理刊行

雖然經書刊板在五代已經完備，但是經過多次印刷，難免脫落缺損，爲了維持經書刊板的品質，宋初官方曾經多次相補經書印版，對於經書文字的正確性與典籍的流傳極有助益。除了繼續整理經書刻板之外，宋代初年官方還施行了規模龐大、影響深遠的各經《正義》刊校工程。在這個計畫中，除了《孟子》以外，中央政府爲「十三經注疏」體系裡每一部經書的《正義》都進行了文字校勘（或編纂）與雕板刊行的工作。工作完成之後，「十三經注疏」體系中所採納的《注》與《疏》，到此完全底定，從此，這些經說便代表著學者稱之爲「漢學」的經學系統，。從經學研究的角度來說，「十三經注疏」體系的確立代表著「漢學」發展達到頂點；而就文獻學的角度而言，宋代政府編修板刊各經《正義》，則使得經說文字確定、文獻得以保存，對於經學研究風氣的持續與水準的提昇頗有幫助。

二「新經學」的表現

（一）對「注疏之學」的批判

　　對於「注疏之學」，宋初經學家柳開、石介二人曾經直接提出批判，柳開主張將注疏全數刪除，另作新注；而石介則指責「注疏之學」是經書的蠹蟲，妨礙學者認識經書義理。除此之外，王昭素作《易論》、黃敏求撰《九經餘義》、胡旦著《演聖通論》，都是以批判注疏為研究重心，可以證明批判「注疏之學」的風氣在宋代初年是存在的。

（二）「疑經改經」、「補經」觀念的落實

　　宋代初年「疑經改經」的活動可以分為懷疑經書作者、改易經書文字、更動經書篇章三項：

1．懷疑經書作者

　　范諤昌疑《十翼》非孔子作，樂史疑《儀禮》非周公作。

2．改易經書文字

　　王昭素、胡旦、范諤昌等人改動《易經》文字。

3．更動經書篇章

　　在經書整體結構的調整方面，胡旦的《周易演聖通論》將《易經》分成「經」、「傳」兩部份。「經」就是《周易》「上下經」，分為兩篇；「傳」就是所謂的《十翼》，分為〈彖〉、〈大象〉、〈小象〉、〈乾文言〉、〈坤文言〉、〈上繫〉、〈下繫〉、〈說卦〉、〈序卦〉、〈雜卦〉十個單元，共十篇。與王弼本以〈彖辭〉、〈大象〉、〈小象〉、〈文言〉散配經文的體制完全不同。

　　在更動部份章句方面，王昭素、胡旦二人曾經重新組合〈繫辭傳〉的各章。

　　宋初學者僅柳開一人為經書修補亡篇，他依照傳、記、注疏的記載，在經書有闕漏的地方作修補，而編寫成《補亡篇》九十篇。

（三）「議論解經」的施行

　　宋代初年以擬定主題、撰寫文章方式討論經學問題的學者不少,如王禹偁、釋智圓、柳開、夏竦、廖偁等人,都以「議論解經」的方式發揮了他們的經學思想。從參與人數的增加與各學者在議題擬定、討論方式、立論基礎、探究深度方面都有成熟的表現看來,可以知道「議論解經」的體制在宋代初年已經完全建立了。

（四）「以己意解經」觀念的確定

　　所謂的「以己意說經」,並不是專指某個確定的經學方法或是固定的研究模式,而是主導經學研究方向與活動的整體概念。以本身的認識評判經說的適當與否、按照本身對經書的認識發揮義理書、甚至自創新說,都是「以己意解經」的表現。宋初學者批駁代表舊典範「注疏之學」,按照本身的認識更動經書文字篇章與修補經書亡篇,可以說都是在「以己意解經」觀念指導下完成的。

三、新舊對立的宋初經學

　　在大致認識了宋代初年經學研究的整體面貌之後,可以發現當時的經學研究活動正處於「舊典範」逐漸喪失約束力、「新典範」也並未完全形成的環境之中,在新舊交替之間,兩個無法相容的經學系統各自堅持著本身的立場在運著,絲毫沒有相互妥協的跡象,對立性相當明顯。而雖然處於對立狀態,兩者卻都對經學研究有所貢獻:在以官方為代表的「舊經學」方面,經書經說的雕板印行確保了經學研究活動的持續,拓展了經學流傳的範圍,對於經學研究水平的提昇可以說貢獻良多;此外,藉著十二經《正義》的編刊,宋初官方建立了「十三經注疏」體系,雖然這個系統後來一直遭到「宋學家」的攻擊,但卻是

後世研究「漢學」的最重要依據,從這個角度來說,可謂意義非凡。至於「新經學」方面,從柳開、石介、王昭素、胡旦等人的表現之中,可以知道創始於唐代後期、興盛於仁宗慶曆之後的新學風在宋代初年的確存在著,而當時的經學家就是這股新思潮由小川化為洪流的關鍵人物,雖然沒有系統完備的整體經學著作傳世,但是如果沒有他們的摸索與嘗試,屬於宋人的新學風可能要經過更長的時間才能形成。

參 考 書 目

參 考 書 目

一·經　　部

周易　　〔魏〕王弼、〔晉〕韓康伯注，〔唐〕孔穎達正義

　　　　臺北：藝文印書館影印清仁宗嘉慶二十年(1815)江西南昌府學刊《十

　　　　三經注疏》本　　1985 年 12 月

易程傳　　〔宋〕程頤著　　臺北：世界書局影印刻本　　1987 年 4 月

易學辨惑　　〔宋〕邵伯溫著　　臺北：臺灣商務印書館影印清高宗乾隆三十

　　　　八(1773)至四十七年(1782)寫文淵閣四庫全書本　　1983 年 6 月

漢上易傳　　〔宋〕朱震著　　《無求備齋易經集成》影印南宋刊本配補明毛

　　　　晉汲古閣鈔本　　臺北：成文出版社　　1976 年

漢上易叢說　　〔宋〕朱震著　　臺北：大通書局影印清聖祖康熙十九年(1680)

　　　　刊通志堂經解本(〔清〕徐乾學等輯、納蘭成德刊)　　1970 年 2 月

周易啓蒙翼傳　　〔元〕胡一桂著　　臺北：大通書局影印清聖祖康熙十九年

　　　　(1680)刊通志堂經解本(〔清〕徐乾學等輯、納蘭成德刊)　　1970 年 2

　　　　月

周易會通　　〔元〕董真卿著　　《無求備齋易經集成》影印清聖祖康熙十九

　　　　年(1680)刊通志堂經解本(〔清〕徐乾學等輯、納蘭成德刊)　　臺北：

　　　　成文出版社　　1976 年

易學哲學史　　朱伯崑著　　臺北：藍燈文化事業公司　　1991 年 9 月

尚書　　舊題〔漢〕孔安國傳，〔唐〕孔穎達正義

臺北：藝文印書館影印清仁宗嘉慶二十年(1815)江西南昌府學刊《十

三經注疏》本　　1985 年 12 月

三經新義輯考彙評(一)──尚書　　宋〕王安石著，程元敏輯考彙評

臺北：國立編譯館　　1986 年 7 月

尚書學史　　劉起釪著　　北京：中華書局　　1989 年 6 月

詩經　〔漢〕毛公傳，〔漢〕鄭玄箋，〔唐〕孔穎達正義

臺北：藝文印書館影印清仁宗嘉慶二十年(1815)江西南昌府學刊《十

三經注疏》本　　1985 年 12 月

毛詩指說　　〔唐〕成伯璵著　　臺北：臺灣商務印書館影印清高宗乾隆三十

八(1773)至四十七年(1782)寫文淵閣四庫全書本　　1983 年 6 月

詩經評註讀本　　裴普賢編著　　臺北：三民書局　　1986 年 9 月

詩經詮釋　　屈萬里著　　臺北：聯經出版事業公司　　1983 年 2 月

三經新義輯考彙評(二)──詩經　　〔宋〕王安石著，程元敏輯考彙評　臺北：
國立編譯館　1986 年 9 月

中國歷代詩經學　林葉連著　臺北：臺灣學生書局　1993 年 3 月

詩經研究史概要　夏傳才著　臺北：萬卷樓圖書公司　1993 年 7 月

詩經的歷史公案　李家樹著　臺北：大安出版社　1990 年 11 月

周禮　〔漢〕鄭玄注

〔唐〕賈公彥疏　臺北：藝文印書館影印清仁宗

嘉慶二十年(1815)江西南昌府學刊《十三經注疏》本　1985 年 12 月

三經新義輯考彙評(三)──周禮　〔宋〕王安石著

程元敏輯考彙評

　　　臺北：國立編譯館　　　1986 年 9 月

儀禮　〔漢〕鄭玄注，〔唐〕賈公彥疏

　　　臺北：藝文印書館影印清仁宗嘉慶二十年(1815)江西南昌府學刊《十

　　　三經注疏》本　　　1985 年 12 月

禮記　　〔漢〕戴聖編次，〔漢〕鄭玄注，〔唐〕‧孔穎達正義

　　　臺北：藝文印書館影印清仁宗嘉慶二十年(1815)江西南昌府學刊《十

　　　三經注疏》本　　　1985 年 12 月

禮記集解　　〔清〕孫希旦　　臺北：文史哲出版社　　　1988 年 10 月

三禮圖集注　　〔宋〕聶崇義著　　《影印四部善本叢刊‧第一輯》影印宋末

　　　蒙古析城鄭氏家塾重校本配補明毛晉汲古閣影鈔宋刊本　　臺北：臺

　　　灣商務印書館　　不著出版年月

聶崇義《三禮圖》研究　　林碧琴著　　臺北：政治大學中國文學研究所碩士

　　　論文　　1993 年 6 月

春秋三傳比義　　傅隸樸著　　臺北：臺灣商務印書館　　　1983 年 5 月

左傳　　舊題〔周〕左丘明著，〔晉〕杜預集解，〔唐〕孔穎達正義

　　　臺北：藝文印書館影印清仁宗嘉慶二十年(1815)江西南昌府學刊《十

　　　三經注疏》本　　　1985 年 12 月

春秋左傳注　　題〔周〕左丘明著，楊柏峻注　　臺北：洪葉文化事業公司

　　　1993 年 5 月

左氏春秋義例辨　　陳槃著　　臺北：中央研究院歷史語言研究所　　　1993 年

5 月

春秋左傳學史稿　　　沈玉成、劉寧著　　　南京：江蘇古籍出版社　　　1985 月 12

公羊傳　　　舊題〔周〕公羊高著，一說〔漢〕公羊壽書於竹帛，〔漢〕何休解詁，

　　　　　　〔北朝〕徐彥疏

　　　　　　臺北：藝文印書館影印清仁宗嘉慶二十年(1815)江西南昌府學刊《十

　　　　　　三經注疏》本　　　1985 年 12 月

穀梁傳　　　舊題〔漢〕穀梁赤著，〔晉〕范甯集解，〔唐〕楊士勛疏

　　　　　　臺北：藝文印書館影印清仁宗嘉慶二十年(1815)江西南昌府學刊《十

　　　　　　三經注疏》本　　　1985 年 12 月

春秋釋例　　〔晉〕杜預著　　　臺北：臺灣商務印書館影印清高宗乾隆三十八

　　　　　　(1773)至四十七年(1782)寫文淵閣四庫全書本　　　1983 年 6 月

春秋集傳纂例　　〔唐〕陸淳著　　《叢書集成初編》本　　　上海：商務印書

　　　　　　館　　　1936 年 12 月

春秋微旨　　〔唐〕陸淳著　　　《叢書集成初編》本　　　北京：中華書局

　　　　　　1985 年

春秋集傳辨疑　　〔唐〕陸淳著　　　《叢書集成初編》本　　　北京：中華書局

　　　　　　1985 年

春秋宋學發微　　宋鼎宗著　　臺北：文史哲出版社　　　19869 年 9 月

論語義疏　　〔魏〕何晏集解，〔南朝梁〕皇侃義疏　　　臺北：廣文書局影印清

　　　　　　高宗乾隆至清宣宗道光年間(1736—1850)長塘鮑氏刊本(《知不足齋叢

　　　　　　書》本)　　　1991 年 9 月

論語筆解　〔唐〕韓愈、李翱著　臺北：中國子學名著集成編印基金會影印明世宗嘉靖年間(1522—1566)四明范氏刊范氏《二十種奇書》本1968 年 12 月

論語　〔魏〕何晏集解，〔宋〕邢昺疏

臺北：藝文印書館影印清仁宗嘉慶二十年(1815)江西南昌府學刊《十三經注疏》本　1985 年 12 月

論語邢昺疏研究　蔡娟穎著　臺北：臺灣師範大學國文研究所碩士論文1990 年 5 月

論語集注　〔宋〕朱熹著　濟南：齊魯書社　1992 年 4 月

孝經　〔唐〕唐玄宗御注，〔宋〕邢昺疏

臺北：藝文印書館影印清仁宗嘉慶二十年(1815)江西南昌府學刊《十三經注疏》本　1985 年 12 月

爾雅　〔晉〕郭璞注，〔宋〕邢昺疏

臺北：藝文印書館影印清仁宗嘉慶二十年(1815)江西南昌府學刊《十三經注疏》本　1985 年 12 月

孟子　〔漢〕趙岐注，舊題〔宋〕孫奭疏

臺北：藝文印書館影印清仁宗嘉慶二十年(1815)江西南昌府學刊《十三經注疏》本　1985 年 12 月

孟子音義　〔宋〕孫奭著　《無求備齋孟子十書》影印清仁宗嘉慶己巳年(十四年，1809)黃丕烈士禮居重雕宋蜀大字本　臺北：藝文印書館不著出版年月

升菴經說　　〔明〕楊慎著　　《叢書集成初編》本　　上海：商務印書　　1936

　　　　年 12 月

群經概論　　周予同著　　高雄：復文圖書出版社　　1989 年 3 月

十三經概論　　蔣伯潛著　　臺北：宏業書局　　1981 年 10 月

經書淺談　　楊柏峻等著　　臺北：國文天地雜誌社　　1990 年 11 月

經學歷史　　〔清〕皮錫瑞著，周予同注　　臺北：漢京文化事業有限公司

　　　　1983 年 9 月

中國經學史　　日·本田成之著，孫俍工譯　　臺北：學海出版社　　1985 年

　　　　9 月

經學史　　〔日〕安井小太郎等著，林師慶彰、連清吉譯　　臺北：萬卷樓圖

　　　　書公司　　1996 年 10 月

中國經學史　　馬宗霍著　　臺北：學海出版社　　1985 年 9 月

宋元經學史　　章權才著　　廣州：廣東人民出版社　　1999 年 9 月

宋代經學之研究　　汪惠敏著　　臺北：師大書苑有限公司　　1989 年 4 月

經學通論　　〔清〕皮錫瑞著　　臺北：臺灣商務印書館　　1989 年 10 月

經學源流考　　〔清〕甘鵬雲著　　臺北：維新書局　　1983 年 1 月

經學源流　　劉曉東主編，劉曉東、林開甲等執筆　　濟南：山東人民出版社

　　　　1992 年 11 月

經子肆言　　劉百閔著　　臺北：遠東圖書公司　　1964 年 6 月

經學通論　　劉百閔著　　臺北：國防研究院出版部　　1970 年 3 月

經學常談　　屈守元著　　成都：巴蜀書社　　1992 年 7 月

經學概論　　楊成孚著　　天津：南開大學出版社　　1994 年 5 月

經學通志　　錢基伯著　　臺北：學海出版社　　1985 年 9 月

經學纂要　　蔣伯潛著　　長沙：岳麓書社　　1990 年 12 月

經學提要　　朱劍芒著　　長沙：岳麓書社　　1990 年 12 月

經學通志　　錢基伯著　　臺北：學海出版社　　1985 年 9 月

經學與中國文化　　謝謙著　　海口：三環出版社　　1990 年 10 月

宋人疑經改經考　　葉國良著　　臺北：臺灣大學出版委員會　　1980 年 6 月

經學研究論集　　王靜芝等著　　臺北：黎明文化事業公司　　1981 年 1 月

中國經學史論文選集・上冊　　林師慶彰編　　臺北：文史哲出版社　　1990
　　年 10 月

中國經學史論文選集・下冊　　林師慶彰編　　臺北：文史哲出版社　　1993
　　年 3 月

書傭論學集　　屈萬里著　　臺北：聯經出版事業公司　　1984 年 7 月

說文解字　　〔漢〕許慎)著，〔清〕段玉裁注　　臺北：黎明文化事業公司影
　　印清仁宗嘉慶二十年(1815)金壇段氏刊經韻樓本　　1992 年 10 月

歷代石經考　　張國淦著　　臺北：鼎文書局影印民國十八年(1929)排印本
　　1972 年 4 月

二·史　部

史記　　〔漢〕司馬遷著，〔南朝宋〕裴駰集解，〔唐〕司馬貞索引，〔唐〕張守

　　　　節正義，〔日〕瀧川龜太郎考證　　臺北：洪氏出版社 1986 年 9 月

漢書　　〔漢〕班固著，〔唐〕顏師古注　　臺北：洪氏出版社　　1975 年

　　　　9 月

舊唐書　　〔後晉〕劉昫等著　　臺北：洪氏出版社　　1977 年 6 月

新唐書　　〔宋〕歐陽修、宋祁等著　　臺北：洪氏出版社　　1977 年 6 月

舊五代史　　〔宋〕薛居正等著　　臺北：洪氏出版社　　1977 年 10 月

新五代史　　〔宋〕歐陽修等著　　臺北：洪氏出版社　　1977 年 10 月

補五代史藝文志　　〔清〕顧櫰三著　　收錄於《二十五史補編》

　　　　北京：中華書局　　1991 年 3 月

　全蜀藝文志　　〔明〕周復俊著　　臺北：臺灣商務印書館影印清高宗乾隆三

　　　　十八(1773)至四十七年(1782)寫文淵閣四庫全書本　　1983 年 6 月

十國春秋　　〔清〕吳任臣著，〔清〕周昂拾遺　　臺北：鼎文書局影印清高宗

　　　　乾隆五十八年(1793)海虞周氏北宜閣校刊本　　1994 年 6 月

宋史　　〔元〕脫脫等著　　臺北：洪氏出版社　　1975 年 10 月

宋史考證　　顧吉辰著　　上海：華東理工大學出版社　　1994 年 10 月

宋史選舉志補正　　何忠禮著　　杭州：浙江古籍出版社　　1992 年 3 月

國語　　題〔周〕左丘明著，〔三國吳〕韋昭注　　臺北：漢京文化事業公司

　　　　1983 年 12 月

資治通鑑　　〔宋〕司馬光著，〔元〕胡三省注　　北京：中華書局　　1992

年 4 月

續資治通鑑長編　〔宋〕李燾著　　臺北：世界書局影印清德宗光緒七年(1881)

　　　楊文瑩等校浙江書局刊本配補乾隆年間四庫館臣輯明永樂大典本

　　　1961 年 11 月

續資治通鑑　〔清〕畢沅著　　臺北：洪氏出版社　　1986 年 5 月

東都事略　〔宋〕王稱著　　臺北：文海出版社影印宋光宗紹熙年間(1190—

　　　1194)眉山程舍人刊本　　1979 年 7 月

宋史質　〔明〕王洙著　　臺北：大化書局影印明世宗嘉靖年間(1522—1566)

　　　刊本　　1977 年 5 月

宋史新編　〔明〕柯維騏著　　臺北：新文豐出版公司　　1974 年 11 月

宋史翼　〔清〕陸心源著　　臺北：文海出版社影印清德宗光緒丙午(三二年，

　　　1905)顧儀堂初刊朱印本　　1983 年 6 月

太平治迹統類　〔宋〕彭百川著　　臺北：臺灣商務印書館影印清高宗乾隆

　　　三十八(1773)至四十七年(1782)寫文淵閣四庫全書本　　1983 年 6 月

唐大詔令集　〔宋〕宋敏求編集　　臺北：鼎文書局　　1978 年 4 月

宋大詔令集　不著編集者　　臺北：鼎文書局　　1972 年 9 月

五朝明臣言行錄　〔宋〕朱熹著　　臺北，臺灣商務印書館《四部叢刊・正

　　　編》影印上海涵芬樓借海鹽張氏涉園藏宋本影印本　　1979 年 11 月

三朝明臣言行錄　〔宋〕朱熹著　　臺北，臺灣商務印書館《四部叢刊・正

　　　編》影印上海涵芬樓借海鹽張氏涉園藏宋本影印本　　1979 年 11 月

名臣碑傳琬琰集　〔宋〕杜大珪編　　臺北：文海出版社影舊鈔本　　1979

年 7 月

麟臺故事　　〔宋〕程俱著　　臺北：臺灣商務印書館影印清高宗乾隆三十八

　　　　(1773)至四十七年(1782)寫文淵閣四庫全書本　　1983 年 6 月

宋人軼事彙編　　丁傳靖輯　　臺北：源流文化事業公司　　1982 年 9 月

通志　　〔宋〕鄭樵著　　臺北：臺灣商務印書館影印清高宗乾隆戊辰年(十三

　　　　年，1748)序武英殿刊本　　1987 年 12 月

文獻通考　　〔元〕馬端臨著　　臺北：臺灣商務印書館影印清高宗乾隆戊辰

　　　　年(十三年，1748)序武英殿刊本　　1987 年 12 月

唐會要　　〔宋〕王溥著　　上海：上海古籍出版社　　1991 年 1 月

五代會要　　〔宋〕王溥著　　臺北：世界書局　　1979 年 2 月

宋會要輯稿　　〔清〕徐松纂輯　　臺北：新文豐出版公司影印清仁宗嘉慶十

　　　　四年(1809)手稿本　　1976 年 10 月

五代十國史研究　　鄭學檬著　　上海：上海人民出版社　　1994 年 6 月

呂著中國通史　　呂思勉著　　上海：華東師範大學出版社　　1992 年 8 月

崇文總目　　〔宋〕王堯臣等編次，〔清〕錢侗等輯釋　　臺北：臺灣商務印書

　　　　館　　1978 年 7 月

郡齋讀書志　　〔宋〕晁公武著　　臺北：臺灣商務印書館影印宋理宗淳祐年

　　　　間(1241—1252)袁州刊本　　1978 年 1 月

遂初堂書目　　〔宋〕尤袤著　　《叢書集成初編》本　　北京：中華書局

　　　　1985 年

直齋書錄解題　　〔宋〕陳振孫著　　《國學基本叢書四百種》本　　臺北：

臺灣商務印書館　　　1968 年 3 月

經義考　　〔清〕朱彝尊編集，林師慶彰等審定，陳恆嵩等點校　　臺北：中

　　央研究院中國文哲研究所籌備處　　1997 年 6 月—1999 年 8 月

四庫全書總目　　〔清〕永瑢等領銜著，〔清〕紀昀總撰　　臺北：臺灣商務印

　　書館影印清高宗乾隆三十八(1773)至四十七年(1782)寫文淵閣四庫全

　　書本　　1983 年 6 月

五代兩宋監本考　　王國維著　　臺北：臺灣商務印書館　　1976 年 12 月

登科記考　　〔清〕徐松著　　北京：中華書局　　1993 年 9 月

中國考試制度　　鄧嗣禹著　　臺北：臺灣學生書局　　1967 年 5 月

古代選舉及科舉制度概述　　許樹安著　　天津：天津人民出版社　　1985 年

　　4 月

中國古代選官制度述略　　黃留珠著　　西安：陝西人民出版社　　1989 年

　　9 月

科舉制度與中國文化　　金諍著　　上海：上海人民出版社　　1990 年 9 月

唐代貢舉制度　　閻文儒注，閻萬鈞校補　　西安：陝西人民出版社　　1989

　　年 11 月

宋代教育　　苗春德主編　　開封：河南大學出版社　　1992 年 7 月

宋代教育——中國古代教育的歷史性轉折　　袁征著　　廣州：廣東高等教育

　　出版社　　1991 年 12 月

中國史論文集　　張舜徽等著　　香港：百靈出版社　　不著出版年月

三・子　　部

春秋繁露　　〔漢〕董仲舒著，〔清〕蘇輿義證，鍾哲點校　　北京：中華書局
　　　　1992 年 12 月

中說　　〔隋〕王通著　　《四部備要》本　　臺北：臺灣中華書局　　1979
　　　　年 2 月

兼明書　　〔五代〕丘光庭著　　《晉唐劄記六種》本　　臺北：世界書局
　　　　1984 年 9 月

朱子語類　　〔宋〕黎靖德編，王星賢點校　　北京：中華書局　　1994 年
　　　　3 月

能改齋漫錄　　〔宋〕吳曾著　　《叢書集成初編》本　　北京：中華書局
　　　　1985 年

容齋隨筆　　〔宋〕洪邁著　　鄭州：中州古籍出版社　　1994 年 1 月

困學紀聞　　〔宋〕王應麟著，〔清〕翁元圻注　　《人人文庫》本
　　　　臺北：臺灣商務印書館　　1978 年 4 月

宋元學案　　〔清〕黃宗羲著　　《黃宗羲全集》本　　杭州：浙江古籍出版社
　　　　1992 年 8 月

宋元學案補遺　　〔清〕王梓材、〔清〕馮雲濠著，張壽鏞校補　　臺北：世界
　　　　書局影印民國二十六年(1937)四明張壽鏞約園刊本(《四明叢書》本
　　　　1974 年 4 月

夢溪筆談　　〔宋〕沈括著　　香港：中華書局香港分局　　1987 年 4 月

鶴林玉露　　〔宋〕羅大經著　　臺北：正中書局影印明神宗萬曆甲申(十二年，

1584)福建黃貞升刊本　　1969 年 2 月

古今紀要　　〔宋〕黃震著　　臺北：臺灣商務印書館影印清高宗乾隆三十八

　　(1773)至四十七年(1782)寫文淵閣四庫全書本　　1983 年 6 月

青箱雜記　　〔宋〕吳處厚著　　北京：中華書局　　1985 年 5 月

日知錄　　〔清〕顧炎武著　　臺北：世界書局　　1984 年 11 月

冊府元龜　　〔宋〕王欽若等編撰　　北京：中華書局影印明思宗崇禎壬午年(十

　　五年，1642)刻本　　1994 年 10 月

群書考索　　〔宋〕章如愚編撰　　北京：書目文獻出版社影印明武宗正德戊

　　辰年(三年，1508) 劉洪慎獨齋刊本　　1992 年 5 月

玉海　　〔宋〕王應麟編纂 臺北：華文書局影印元惠宗至元(後至元)三年(1337)

　　慶元路儒學刊本　　1964 年 1 月

中國儒學史　　趙吉惠、郭厚安等主編　　鄭州：中州古籍出版社　　1993 年

　　4 月

儒家哲學　　梁啓超著　　臺北：臺灣中華書局　　1959 年 10 月

隋唐五代的儒學　　程方平著　　昆明：雲南教育出版社　　1991 年 12 月

唐代後期儒學的新趨向　　張躍著　　臺北：文津出版社　　1993 年 4 月

中國宋代哲學　　石訓、姚瀛艇等著　　鄭州：河南人民出版社　　1992 年

　　12 月

宋代學術思想研究　　金中樞著　　臺北：幼獅文化事業公司　　1989 年 3 月

宋代文化史　　姚瀛艇主編　　開封：河南大學出版社　　1992 年 2 月

北宋文化史述論　　陳植鍔著　　北京：中國社會科學出版社　　1992 年 3 月

宋儒之目的與宋儒慶曆至慶元百六十年間之活動　〔日〕諸橋轍次著，唐卓

　　群譯　　南京：首都女子學術研究會　　1937 年 7 月

北宋に於ける儒學の展開　〔日〕麓保孝著　　日本東京：書籍文物流通會

　　1967 年 3 月

石刻鋪敍　〔宋〕曾宏父著　　臺北：藝文印書館《百部叢書集成》影印清

　　高宗乾隆至清宣宗道光年間(1736--1850)長塘鮑氏刊本(《知不足齋叢

　　書本》)　　1966 年

四‧集　　部

全唐文　　〔清〕阮元等編　　上海：上海古籍出版社影印清仁宗嘉慶十九年

　　(1814)武英殿刊本　　1961 年 12 月

韓愈全集校注　　〔唐〕韓愈著，屈守元、常思春主編　　成都：四川大學出

　　版社　　1996 年 7 月

柳河東全集　　〔唐〕柳宗元著　　北京：中國書店　　1991 年 8 月

白氏長慶集　　〔唐〕白居易著　　《四部叢刊初編》縮影日本活字本

　　臺北：臺灣商務印書館　　1967 年 9 月

皮子文藪　　〔唐〕皮日休著　　縮影明刊本　　臺北：臺灣商務印書館

　　1967 年 9 月

司空表聖文集　　〔唐〕司空圖著　　《四部叢刊初編》縮影舊鈔本

　　臺北：臺灣商務印書館　　1967 年 9 月

全宋文　　四川大學古籍整理研究所編　　成都：巴蜀書社　　自 1988 年

　　6 月起印行

宋太祖文集　　〔宋〕趙匡胤著　　收錄於《全宋文》，冊 1，卷 1—7

宋太宗文集　　〔宋〕趙光義著　　收錄於《全宋文》，冊 2，卷 60—74

宋真宗文集　　〔宋〕趙恆著　　收錄於《全宋文》，冊 5—7，卷 212—266

尹拙文集　　〔宋〕尹拙著　　收錄於《全宋文》，冊 1，卷 8

張昭文集　　〔宋〕張昭著　　收錄於《全宋文》，冊 1，卷 8—9

竇儀文集　　〔宋〕竇儀著　　收錄於《全宋文》，冊 1，卷 36

竇儼文集　　〔宋〕竇儼著　　收錄於《全宋文》，冊 1，卷 38

聶崇義文集　　〔宋〕聶崇義著　　收錄於《全宋文》，冊 1，卷 41

舒雅文集　　〔宋〕舒雅著　　收錄於《全宋文》，冊 1，卷 44

孔維文集　　〔宋〕孔維著　　收錄於《全宋文》，冊 2，卷 47

邢昺文集　　〔宋〕邢昺著　　收錄於《全宋文》，冊 1，卷 50

胡旦文集　　〔宋〕胡旦著　　收錄於《全宋文》，冊 2，卷 59

柳開文集　　〔宋〕柳開著　　收錄於《全宋文》，冊 3，卷 115—125

李至文集　　〔宋〕李至著　　收錄於《全宋文》，冊 4，卷 127

晁迥文集　　〔宋〕晁迥著　　收錄於《全宋文》，冊 4，卷 133—134

王禹偁文集　　〔宋〕王禹偁著　　收錄於《全宋文》，冊 4，卷 137—158

孫奭文集　　〔宋〕孫奭著　　收錄於《全宋文》，冊 5，卷 193

种放文集　　〔宋〕种放著　　收錄於《全宋文》，冊 5，卷 206

劉崇超文集　　〔宋〕劉崇超著　　收錄於《全宋文》，冊 7，卷 268

張景文集　　〔宋〕張景著　　收錄於《全宋文》，冊 7，卷 271

釋智圓文集　　〔宋〕釋智圓著　　收錄於《全宋文》，冊 8，卷 307—316

穆修文集　　〔宋〕穆修著　　收錄於《全宋文》，冊 8，卷 322—323

石介文集　　〔宋〕石介著　　收錄於《全宋文》，冊 15，卷 619—634

歐陽修文集　　〔宋〕歐陽脩著　　收錄於《全宋文》，冊 16—18，卷 662—763

北宋的古文運動　　何寄澎著　　臺北：幼獅文化事業公司　　1992 年 8 月

五‧單篇論文

隋唐經籍及義疏之學的探討　　李威熊著　　孔孟學報第 48 期　　頁 27—45
1984 年 9 月

唐代經學思想變遷之趨勢　　汪惠敏著　　輔仁國文學報第 1 期　　頁 257—
287　　1985 年 6 月

唐代後期經學的新發展　　林師慶彰著　　收錄於《中國經學史論文選集‧上
冊》　　頁 670—677

《春秋》與柳文表現風格之關係析論　　王基倫著　　第四屆唐代文化學術研
討會論文集　　頁 165—186　　臺南：成功大學教務處出版組
1999 年 1 月

唐宋間儒道釋地位及其相互關係　　孫實明著　　學術交流 1990 年第期(總
第 31 期)　　頁 62—67　　1990 年 7 月

論宋代學者治學的博大氣象及替後世學術界所開闢的新途徑　　張舜徽著
收錄於《中國史論文集》　　頁 78—130

兩宋治經取向及其特色　　李威熊著　　中華學苑第 30 期　　頁 49—85
1984 年 12 月

宋人疑經的風氣　　屈萬里著　　收錄於《書傭論學集》　　頁 237—244

從疑經到疑傳——宋學初期疑古思潮述論　　陳植鍔著　　收錄於《中國經學
史論文選集‧下冊》　　頁 22—35

復古、疑古與變革　　陶懋炳著　　湖南師範大學社會科學學報 1988 年第 3
期(總第 65 期)　　頁 107—111　　1988 年 5 月

經學更新運動中的一個轉折點――論慶曆之際的社會思潮　　徐洪興著

　　復旦學報(社會科學版)1988 年第 6 期　　頁 102―108　　　1988 年 11 月

北宋儒學與古文運動　　陳植鍔著　　宋史研究集刊第 2 集　　頁 89―115

　　1988 年 12 月

北宋古文運動的興起與儒學復興思潮　　劉復生著　　天府新論 1991 年第 6

　　期　　頁 81―86　　1991 年 12 月

論科舉制度與宋學的勃興　　何忠禮著　　中國史研究 1991 年第 2 期(總第 50

期)　　頁 120―129　　1991 年 5 月

儒學復興思潮影響下的北宋中期貢舉改革　　劉復生著　　史學月刊 1992 年

　　第 5 期(總第 199 期)　　頁 26―31　　1992 年 9 月

論啖助學派　　劉乾著　　收錄於《中國經學史論文選集・上冊》　　頁 678―

　　701

中唐春秋學對史學發展的影響　　謝保成著　　社會科學研究 1991 年第 3 期

　　頁 72―77　　1991 年 5 月

唐代經學中的新思潮――評陸淳春秋學　　劉光裕著　　南京大學學報(哲

　　學、人文、社會科學)1990 年第 1 期　　頁 85―93　　1990 年 2 月

宋儒春秋尊王思想的發微與其政治思想(上)　　陳慶新著　　新亞學報第 10 卷

　　第 1 期　　頁 269―368　　1971 年 12 月

漢宋春秋學　　宋鼎宗著　　慶祝無錫施之勉先生九秩誕辰論文集

　　頁 215―239　　臺北：文史哲出版社　　1986 年 3 月

《春秋》經與北宋史學　　賈貴榮著　　中國史研究 1990 年第 1 期(總第 45 期)

頁 16—26　　1990 年 2 月

兩宋春秋學之主流　　牟潤孫著　　注史齋叢稿　　頁 140—161　　北京：中

華書局　　1987 年 3 月

《論語筆解》試探　　王明蓀著　　收錄於《中國經學史論文選集・上冊》

頁 702—730

丘光庭的論語說　　毛子水著　　孔孟月刊第 6 六卷第 5 五期　　頁 7—8

1968 年 1 月

談唐石經　　于大成著　　收錄於《經學研究論集》　　頁 311—321

唐石經與宋本　　封思毅著　　國立中央圖書館館刊新第 12 卷第 2 期

頁 1—6　　1979 年 12 月

十三經注疏板刻述略　　屈萬里著　　收錄於　《書傭論學集》　　頁 216—

236

論北宋朝廷對七經義疏的整理　　姚瀛艇著　　河南大學學報(哲學社會科學

版)1989 第 4 期(總第 109 期)　　頁 83—86　　1989 年 7 月

宋初古文家的經學觀析論　　馮曉庭著　　經學研究論叢第 1 輯　　頁 67—82

1994 年 4 月

「吾學佛以修心，學儒以治身」——宋僧智圓的儒學思想初探　　馮曉庭著

東吳中文研究集刊創刊號　　頁 113—127　　1994 年 5 月

U122

宋初經學發展述論

作　者　馮曉庭

發 行 人　林慶彰
總 經 理　梁錦興
總 編 輯　張晏瑞
編 輯 所　萬卷樓圖書(股)公司
臺北市羅斯福路二段 41 號 6 樓之 3
電話　(02)23216565
傳真　(02)23218698

發　　行　萬卷樓圖書(股)公司
臺北市羅斯福路二段 41 號 6 樓之 3
電話　(02)23216565
傳真　(02)23218698
電郵　SERVICE@WANJUAN.COM.TW
香港經銷
香港聯合書刊物流有限公司
電話　(852)21502100
傳真　(852)23560735

ISBN 978-986-478-793-7
2022 年 12 月再版一刷
定價：新臺幣 380 元

如何購買本書：
1. 劃撥購書，請透過以下帳號
　帳號：15624015
　戶名：萬卷樓圖書股份有限公司
2. 轉帳購書，請透過以下帳戶
　合作金庫銀行 古亭分行
　戶名：萬卷樓圖書股份有限公司
　帳號：0877717092596
3. 網路購書，請透過萬卷樓網站
　網址 WWW.WANJUAN.COM.TW
大量購書，請直接聯繫，將有專人
為您服務。(02)23216565 分機 610

如有缺頁、破損或裝訂錯誤，請寄
回更換

國家圖書館出版品預行編目資料

宋初經學發展述論/馮曉庭著. -- 再
版. -- 臺北市 ： 萬卷樓圖書股份有限
公司, 2022.12
　面 ；　公分
ISBN 978-986-478-793-7(平裝)
1.CST: 經學史 2.CST: 宋代

090.951　　　　　　　　111020334